# Le genre du capital

Collection L’envers des faits

COLLECTION L'ƎNVERS DES FAITS
dirigée par Stéphane Beaud, Paul Pasquali et Fabien Truong

Plus que jamais, les sciences sociales doivent jouer leur rôle de « poil à gratter », qui les rend si fécondes. Contre l'essayisme et l'académisme, il y a aujourd'hui urgence à défendre une certaine idée des sciences sociales qui allie créativité et combativité, imagination et vigilance sociologiques. En proposant des travaux originaux fondés sur des données ethnographiques, statistiques ou archivistiques, « L'envers des faits » entend éclairer les grands débats contemporains pour remettre à l'endroit des réalités sociales trop souvent pensées à l'envers.

La collection privilégie le croisement des méthodes et des récits, la richesse et la diversité des matériaux recueillis, l'inventivité des questionnements, la capacité à investir autrement des terrains connus ou à entrer de plain-pied dans ceux qui le sont moins. Elle met à l'honneur des enquêtes de première main, à la fois exigeantes et réflexives, aux résultats solides et accessibles.

Penser l'envers des faits, c'est donner à voir les ressorts les mieux dissimulés du monde social, en restituant toute son épaisseur humaine. C'est revisiter ces faits qui semblent déjà « tout faits » pour aller à rebours des représentations ordinaires. C'est, en définitive, une invitation à pénétrer dans l'envers du décor de l'enquête. Là où se font et se défont, pas à pas, les hypothèses, les traces, les preuves.

## Dans la même collection

Fabien Truong, *Jeunesses françaises. Bac + 5* made in *banlieue*, 2015.
Romain Pudal, *Retour de flammes. Les pompiers, des héros fatigués ?*, 2016.
François Héran, *Avec l'immigration. Mesurer, débattre, agir*, 2017.
Pascal Marichalar, *Qui a tué les verriers de Givors ? Une enquête de sciences sociales*, 2017.
Stéphane Beaud, *La France des Belhoumi. Portraits de famille (1977-2107)*, 2018.
Élodie Lemaire, *L'Œil sécuritaire. Mythes et réalités de la vidéosurveillance*, 2019.
Gérard Noiriel, *Le Venin dans la plume*, 2019.
Benoît Coquard, *Ceux qui restent. Faire sa vie dans les campagnes en déclin*, 2019.

Céline Bessière
Sibylle Gollac

# Le genre du capital

*Comment la famille reproduit les inégalités*

La Découverte

Composé par Facompo à Lisieux
Maquette de couverture : Ferdinand Cazalis
Dépôt légal : février 2020

Si vous désirez être tenu régulièrement informé de nos parutions, il vous suffit de vous abonner gratuitement à notre lettre d'information par courriel, à partir de notre site

**www.editionsladecouverte.fr**

où vous retrouverez l'ensemble de notre catalogue.

ISBN 978-2-348-04438-0

# Introduction

Elle s'appelle Ingrid. Son nom, répandu en Normandie, signifie le vassal d'un seigneur lui-même vassal : Levavasseur. Ingrid est née en 1987 dans l'Eure, non loin des boucles de la Seine. Avec ses trois frères et sœurs, elle a été élevée par sa mère, une femme de ménage devenue par la suite auxiliaire de vie. Un père violent et alcoolique, régulièrement pris en charge par l'Armée du salut, aux abonnés absents. À seize ans, Ingrid quitte le foyer maternel, sans diplôme. Elle enchaîne des petits boulots de serveuse, caissière, opératrice de téléphonie, et se marie. Deux enfants naissent. Un an après la naissance du second, elle divorce. Ingrid a alors vingt-quatre ans. Tout en étant sapeur-pompier dans un centre de secours la nuit, elle suit une formation d'aide-soignante. Ingrid occupe cet emploi, d'abord comme contractuelle de la fonction publique puis dans une clinique privée à Rouen. Elle a renoncé à devenir infirmière, car elle n'avait pas les moyens de payer la formation. En 2018, elle gagne 1 250 euros par mois, touche 95 euros d'allocations logement et 200 euros de pension alimentaire, en tout, pour ses deux enfants âgés de huit et treize ans dont elle a la garde. Elle vit dans une petite maison en location à Pont-de-l'Arche et doit mettre ses enfants à la garderie pour aller travailler à Rouen, à vingt kilomètres de là. Ses vacances se résument à trois jours par an en camping au Mont-Saint-Michel, elle a du mal à acheter des baskets à ses enfants et à remplir le frigo chaque mois. Ingrid a supprimé toutes les dépenses pour elle-même : pas de coiffeur, pas de sport, pas de resto. De toute façon, elle n'a guère de temps, seulement un week-end sur deux, quand ses enfants sont chez leur père.

Ingrid Levavasseur est devenue à l'automne 2018 une figure nationale du mouvement des Gilets jaunes[1]. Avec sa chevelure rousse immédiatement reconnaissable et ses traits à la Botticelli, elle a donné un visage dans les médias à ce que les données statistiques décrivaient depuis longtemps : la pauvreté des femmes qui sont à la tête de familles monoparentales. Ingrid Levavasseur en fait même une cause politique, puisque au printemps 2019 elle annonce la création d'un réseau d'accueil, proposant logement, garde d'enfants et activités pour les femmes élevant seules leur progéniture.

Le mouvement des Gilets jaunes a mis sur le devant de la scène des inconnues de classes populaires qu'on ne voyait jamais dans les médias auparavant. La présence de nombreuses femmes est remarquée, que ce soit sur les ronds-points[2] ou dans les manifestations[3]. Nombre d'entre elles sont séparées, élèvent seules leurs enfants et connaissent des fins de mois difficiles. Devant les micros, elles parlent des pensions alimentaires impayées, des longues démarches imposées par les caisses d'allocations familiales pour percevoir des aides sociales limitées. Elles racontent comment elles jonglent avec les factures au jour le jour, en plaçant les besoins de leurs enfants avant les leurs. D'autres sont en couple, tiennent les comptes, sont en charge des courses et des factures. Elles parlent du chômage, du temps partiel, de ce que signifie faire des heures à droite et à gauche pour un salaire réduit. D'autres encore ont quitté le salariat pour devenir autoentrepreneuses, sans que les revenus soient au rendez-vous. Enfin, il y a des femmes retraitées, parfois veuves, qui touchent de maigres pensions, insuffisantes pour vivre. Dans les classes populaires, les problèmes d'argent sont des problèmes de femmes[4].

Elle s'appelle MacKenzie. Elle est née en 1970 à San Francisco, en Californie, dans une famille fortunée : un père gestionnaire de patrimoine et une mère au foyer. Elle est diplômée de l'université de Princeton où elle a suivi les cours de littérature de Toni Morrison en vue de devenir romancière. Au début des années 1990, elle travaille dans le fonds d'investissement D. E. Shaw & Co à New York, un « job alimentaire » pour pouvoir écrire, explique-t-elle. Elle y rencontre son futur mari, Jeff Bezos un informaticien de formation, lui aussi diplômé de Princeton, devenu vice-président senior du *hedge fund.* C'est lui qui l'a embauchée, et il occupe le bureau qui jouxte le sien. En 1993, ils se marient, elle a vingt-trois ans, et lui trente. L'année suivante, le couple déménage sur la côte Ouest, dans une petite maison louée dans la banlieue de Seattle. C'est au cours du voyage en voiture *coast-to-coast,* alors que MacKenzie est au volant et Jeff sur le siège passager, que le *business plan* d'une nouvelle entreprise, qui consiste à vendre des livres par correspondance sur Internet, est mis sur le papier. L'entreprise est créée l'année suivante par son mari, sous le nom d'Amazon.

Dans les débuts de l'entreprise, MacKenzie est très impliquée : elle assure la comptabilité, participe aux premières embauches et décisions stratégiques, et met la main à la pâte en envoyant les premiers colis par UPS. « J'ai travaillé avec lui et beaucoup d'autres dans le garage reconverti, dans l'entrepôt en sous-sol, dans les bureaux à l'odeur de barbecue ou dans les centres de distribution en ébullition avant Noël », déclare-t-elle quelques années plus tard, quand l'entreprise est devenue le groupe numéro un mondial de la vente en ligne. En 1999 naît le premier enfant du couple, qui sera suivi de trois autres. MacKenzie et Jeff déménagent dans une maison d'une valeur de 10 millions de dollars. MacKenzie s'éloigne de l'entreprise. Elle met aussi entre parenthèses son ambition de romancière, pour s'occuper des quatre enfants. Elle dit qu'elle aurait pu recourir à des nounous mais qu'elle préfère s'occuper des enfants elle-même, allant jusqu'à faire l'école à la maison à certaines périodes. C'est en 2005 que paraît son premier roman sur lequel elle a travaillé en pointillé pendant dix ans ; un second suit en 2013. MacKenzie reçoit un accueil critique favorable, mais les ventes restent modestes, quelques milliers de copies seulement (des libraires refusent de vendre le livre, parce que l'entreprise dirigée par son époux les affaiblit considérablement)[5].

Après vingt-cinq ans de mariage, le 9 janvier 2019, MacKenzie et Jeff Bezos annoncent leur divorce sur Twitter par un message commun : « Nous voulons faire connaître aux gens ce changement dans nos vies. [...] Nous avons décidé de divorcer et de poursuivre nos vies comme amis [...]. Nous avons eu une vie tellement belle ensemble, comme couple marié, et nous envisageons encore un futur merveilleux, en tant que parents, amis, partenaires dans des entreprises ou dans nos projets, et en tant qu'individus en quête d'aventures. » Ce message qui met en scène un divorce apaisé et réussi n'est pas destiné à leurs proches, mais plutôt aux marchés financiers, investisseurs et actionnaires. C'est l'avenir de la plus grande fortune mondiale qui est en jeu : un patrimoine commun estimé à plus de 130 milliards de dollars, qui comprend notamment une grosse part du capital d'Amazon (16 % des actions). Dans l'État de Washington, où le couple réside et a fait fortune, le droit du divorce stipule que tous les biens acquis pendant la durée du mariage doivent être divisés en deux parts égales. C'est le même principe que celui du régime matrimonial légal qui s'applique par défaut en France, la « communauté de biens réduite aux acquêts ». Des centaines d'articles de journaux, partout dans le monde, s'inquiètent du devenir de la fortune des Bezos, en grande partie constituée d'entreprises : Amazon, mais aussi la société spatiale Blue Origin ou encore le quotidien *The Washington Post*. 8 % des parts d'Amazon risquent de tomber entre les mains d'une femme, faisant peut-être perdre le contrôle de l'entreprise à Jeff Bezos, et toute la finance mondiale tremble[6].

Trois mois plus tard, les détails du divorce sont révélés par le couple, à nouveau sur Twitter[7]. « Je suis reconnaissante d'avoir terminé le processus de divorce avec Jeff, en se soutenant l'un et l'autre, et avec la gentillesse de tous [...]. Heureuse de lui donner tous mes intérêts dans *The*

*Washington Post* et Blue Origin, ainsi que 75 % des actions d'Amazon et mes droits de vote, pour soutenir son action, ainsi que celle des équipes de ces formidables entreprises », écrit MacKenzie. Jeff Bezos reste donc le premier actionnaire d'Amazon et en conserve le contrôle. Il est toujours l'homme le plus riche du monde. Chez les riches, *a fortiori* les ultra-riches, le capital reste une affaire d'hommes[8].

## Inégalités de richesse, classes sociales et genre

Un océan et des milliards de devises séparent les vies d'Ingrid Levavasseur et de MacKenzie Bezos. Le patrimoine de la première se limite sans doute à sa voiture, peut-être un peu d'économies, sans doute guère plus de quelques milliers d'euros. MacKenzie Bezos sort de son divorce avec plus de 35 milliards de dollars. Comme l'a révélé au grand public l'ouvrage de Thomas Piketty *Le Capital au XXI^e^ siècle*, l'inégalité patrimoniale est une caractéristique centrale du capitalisme contemporain[9]. Beaucoup plus prononcée que l'inégalité des revenus, elle décrit mieux que cette dernière le gouffre croissant entre le monde de MacKenzie Bezos et celui d'Ingrid Levavasseur. D'après le *World Inequality Report* de 2018, parmi l'ensemble des habitant·es de l'Europe, des États-Unis et de la Chine, les 1 % les plus riches détiennent un tiers du patrimoine total, les 10 % les plus riches disposent de 70 % du patrimoine total, tandis que la moitié la plus pauvre de la population n'en possède que 2 %[10].

Au XXIe siècle, le capital économique familial est redevenu central dans la construction du statut social des individus. Ce capital économique est de plus en plus crucial pour se loger et accéder à la propriété immobilière, dans un contexte où cette dernière s'est répandue tout en demeurant socialement distinctive (notamment en fonction de l'adresse). Alors que la société salariale s'effrite, les appuis économiques familiaux peuvent aussi s'avérer déterminants pour se mettre à son compte, maintenir son activité économique, accéder au crédit ou obtenir des revenus complémentaires du patrimoine.

L'accumulation de capital scolaire dépend aussi de plus en plus de la mobilisation par la famille d'un capital économique[11], et les conditions matérielles de vie influencent dès le plus jeune âge la réussite scolaire[12]. L'absence de richesse familiale contraint fortement les destinées scolaires et sociales des personnes diplômées.

En d'autres termes, la précarité économique dans laquelle vit Ingrid Levavasseur a des effets sur le devenir scolaire de ses enfants et réduit leurs chances de réussite sociale. Si par bonheur sa fille et son fils excellent à l'école et obtiennent un emploi avec un bon salaire, il leur faudra encore du temps pour commencer à accumuler du patrimoine : épargner après s'être éventuellement endettés pour leurs études, accéder à la propriété, peut-être se mettre à leur compte. Entre-temps, les enfants de MacKenzie Bezos auront vraisemblablement accédé aux meilleures écoles et universités. Ses trois fils et sa fille n'auront jamais à emprunter pour se loger, se lancer dans les affaires et faire de bons placements, quand bien même ils et elle auraient eu du mal à faire leurs preuves à l'université.

Le mouvement des Gilets jaunes, tout comme la constitution d'un groupe d'« ultra-riches », rappelle l'importance du rôle du capital économique dans la structuration de notre société de classes. Mais, si pauvreté et richesse naissent des rapports de production, comme nous l'a appris Marx, elles ne se constituent pas uniquement dans la sphère marchande : c'est aussi dans la famille, dans les rapports de production domestique, que se jouent l'accumulation et la transmission des richesses, et donc le maintien des frontières entre les classes sociales. Christine Delphy a bien montré comment, dans les années 1960, le patrimoine familial s'est accumulé et transmis grâce à l'exploitation du travail gratuit des femmes, dont les droits sur ce patrimoine étaient extrêmement réduits[13] : la hiérarchie sociale se reproduit aux dépens des femmes. Qu'en est-il aujourd'hui dans une société majoritairement salariée, dans laquelle les droits des époux et des épouses, et plus généralement des hommes et des femmes, se sont peu à peu égalisés ?

Tout oppose les destinées d'Ingrid Levavasseur et de MacKenzie Bezos. Et, pourtant, il y a quelques points communs entre les existences de ces deux femmes. Dans leur couple, elles se sont retrouvées en première ligne pour la prise en charge des enfants et la bonne tenue de l'économie domestique. Ainsi, elles ont dû faire des sacrifices sur le plan professionnel, en renonçant ou en remettant à plus tard des projets qui leur tenaient à cœur. Leur vie professionnelle est une succession hachée d'activités, davantage qu'une carrière construite. Toutes deux ont affronté l'épreuve d'un divorce, accompagnées par des professionnel·les du droit qui leur ont prodigué des conseils juridiques (au moins un·e avocat·e en ce qui concerne Ingrid, sans doute plusieurs pour MacKenzie). Pour ces femmes, la séparation conjugale a entraîné un appauvrissement par rapport à leur situation antérieure. La pension alimentaire de 100 euros par mois et par enfant perçue par Ingrid Levavasseur est loin de couvrir la moitié du coût de l'entretien et de l'éducation des enfants. Qui pourrait loger, nourrir, habiller, soigner et couvrir l'ensemble des frais d'un enfant avec 100 euros par mois en France aujourd'hui ? Quant à MacKenzie Bezos, propriétaire selon la loi de la moitié d'un patrimoine conjugal colossal, elle a dû renoncer au moment de son divorce à une partie de sa fortune au profit de son ex-mari.

Aux deux extrémités de l'échelle sociale, la situation de ces deux femmes soulève des questions fondamentales. Pourquoi les femmes sont-elles en première ligne pour affronter les problèmes d'argent dans les classes populaires, tandis qu'au fur et à mesure que l'on grimpe dans la hiérarchie sociale, le pouvoir économique est accaparé par les hommes ? Historiquement, des discriminations juridiques ont empêché les femmes d'accumuler de la richesse, partout dans le monde. Dans les sociétés occidentales, l'égalité en matière de droit du travail, de droit de la famille et de droit de propriété est une conquête des XIX$^{e}$ et XX$^{e}$ siècles qui paraît désormais acquise. Pourtant, en dépit de ce droit formellement égalitaire, les hommes continuent à accumuler davantage de richesses que les femmes.

## Travail des femmes, salaire des hommes

À celles et ceux qui pensent que cette inégalité économique s'explique par le fait que les femmes gagnent moins que les hommes parce qu'elles travailleraient moins, il est utile de rappeler que les femmes ont toujours travaillé autant, voire plus que les hommes[14].

Ce qui caractérise le travail féminin depuis plus de deux siècles, dans de nombreux secteurs (à commencer par l'agriculture, mais aussi l'artisanat, le commerce ou l'industrie), c'est avant tout son invisibilisation et son absence de reconnaissance juridique et financière[15]. Le travail domestique, accompli principalement par les femmes dans le cadre familial, est l'archétype du travail gratuit et non reconnu en tant que tel[16]. La production domestique n'est pas comptée dans les grands agrégats statistiques de la comptabilité nationale. La richesse nationale ne recense que les activités donnant lieu à la production de biens et de services destinés à l'échange marchand, ou fournis par les administrations publiques[17]. On considère qu'une assistante maternelle qui s'occupe d'un enfant contribue à la richesse nationale, mais pas une mère qui réalise la même activité. Si la production domestique était comptabilisée, le produit intérieur brut (PIB) de la France aurait été en 2010 de 33 % supérieur, celui du Royaume-Uni de 63 % supérieur, celui de l'Allemagne de 43 % supérieur ; en 2014, celui des États-Unis aurait été de 23 % supérieur[18].

Cette production domestique invisible et gratuite est largement assurée par les femmes. En France, en 2010, dans les couples avec enfants, les femmes travaillent en moyenne chaque semaine 54 heures, qui comprennent 34 heures de travail domestique non rémunéré et 20 heures d'activités professionnelles. Dans ces mêmes ménages, les hommes travaillent 51 heures, soit trois heures de moins par semaine : ils consacrent en moyenne 18 heures à des activités domestiques gratuites et 33 heures à leurs activités professionnelles[19]. Au final, les femmes travaillent davantage mais sont beaucoup moins payées.

Ces données, établies par l'INSEE à partir de relevés d'activité des hommes et des femmes, ne rendent pas compte de l'émiettement du temps de travail des femmes, domestique mais aussi professionnel, interrompu en permanence parce qu'elles restent disponibles pour autrui[20]. Les femmes portent en continu une *charge mentale* domestique, y compris pendant leurs heures de travail rémunéré[a]. Ce sont elles que les crèches et les écoles appellent en premier quand les enfants sont malades. Elles réalisent aussi souvent plusieurs tâches à la fois (faire le ménage tout en surveillant les enfants), qu'elles interrompent à tout instant en cas de besoin. Les activités des hommes, que ce soit leur travail professionnel ou domestique (bricolage, réparations, jardinage, voire cuisine), sont mieux délimitées dans le temps et dans l'espace. Dans les années 1980, François de Singly montre à partir de données statistiques que la disponibilité permanente des femmes pour les tâches domestiques freine leur carrière et bénéficie à celle de leur conjoint[21].

L'inégalité salariale est ainsi un condensé d'un grand nombre d'inégalités cumulées dans la famille et sur le marché du travail salarié, en haut comme en bas de la hiérarchie professionnelle[22]. Les femmes sont concentrées dans des secteurs d'activité moins rémunérateurs, les professions de l'éducation, du soin et de l'aide à la personne notamment (l'emploi d'aide-soignante d'Ingrid Levavasseur est typique). Du fait de leurs charges de famille, elles occupent plus souvent des emplois à temps et à salaire partiels ; elles ont des carrières moins rapides et butent dans bon nombre de secteurs sur un plafond de verre[23] qui les empêche d'occuper les positions les plus rémunératrices.

---

a. La « charge mentale » désigne, dans la sphère domestique comme professionnelle, le poids psychologique lié à une tâche : il faut non seulement accomplir la tâche, mais penser à la faire, quand et comment la faire. Il s'agit par exemple, alors qu'on est au travail, de penser à ce qu'on va faire à manger le soir, aux courses qu'il reste à faire et au temps qu'on va pouvoir consacrer à la cuisine entre la sortie de l'école, l'accompagnement des enfants à leurs activités extrascolaires, l'aide aux devoirs, etc.

Aujourd'hui, les sociétés occidentales semblent avoir pris en charge la question de l'égalité de salaire entre hommes et femmes à coups de lois sur l'égalité professionnelle. Hélas, quand bien même les femmes seraient payées à travail égal salaire égal, tout ne serait pas résolu. Il existe une inégalité économique entre femmes et hommes qui sort des radars de la plupart des statistiques et des politiques et qui, pourtant, structure et condense le destin socio-économique des individus et se transmet d'une génération à l'autre.

## De l'inégalité des revenus à l'inégalité patrimoniale

Pour la mesurer, il faut s'intéresser non plus seulement aux *revenus*, mais aussi aux *patrimoines*. Au niveau individuel, ce qui est désigné par les termes de *patrimoine*, de *richesse* ou de *capital* (trois synonymes dans la littérature économique contemporaine) est tout ce que possède une personne à un moment donné : en pratique, cela peut être des terres, des biens immobiliers, des actifs financiers ou encore des entreprises. Le patrimoine est constitué d'actifs économiques dont l'acquisition permet de conserver de la valeur (autrement dit d'*accumuler*) et dont la réalisation (c'est-à-dire la vente) peut assurer des liquidités dans le futur[b]. Le patrimoine d'un individu n'est bien sûr pas indépendant de ses revenus, qui lui permettent d'épargner ou encore d'acquérir une partie des biens qui constituent son patrimoine (acheter une voiture ou un appartement) ; mais il dépend aussi des richesses qui

b. Nous nous appuyons ici sur la définition de Thomas PIKETTY dans *Le Capital au XXI^e^ siècle, op. cit.*, p. 82-89. Contrairement aux définitions marxistes classiques, Piketty ne réserve pas la notion de *capital* aux éléments de patrimoine directement utilisés dans le processus de production ou dont les propriétaires attendent un rendement. Il inclut dans sa définition du *capital* les terres et les ressources naturelles sur lesquelles il est possible d'exercer un droit de propriété, le patrimoine comme réserve de valeur (par exemple, l'or) ou à usage de jouissance (par exemple, l'immobilier d'habitation). Sa définition du *capital* est donc un synonyme des définitions contemporaines de la science économique du *patrimoine* et de la *richesse*.

se produisent, s'échangent et se transmettent dans le cadre familial, sans passer par le marché.

L'exploration de l'inégalité patrimoniale entre les hommes et les femmes a reçu récemment davantage d'attention. Les quelques analyses statistiques disponibles montrent que, partout dans le monde aujourd'hui, les hommes possèdent davantage de richesses que les femmes[24]. Ce n'est pas étonnant *a priori*, au vu des inégalités de revenu selon le sexe. Cela montre cependant, pour un pays comme la France, que des mécanismes juridiques comme la « communauté de biens réduite aux acquêts », censés assurer une répartition égale des fruits de l'investissement des conjoint·es dans le mariage, ont leurs limites : la conjugalité hétérosexuelle n'assure pas un partage équitable des bénéfices de la spécialisation des hommes dans la carrière professionnelle et des femmes dans la production domestique. Surtout, selon les données statistiques les plus récentes, cet écart de richesse entre les hommes et les femmes s'accroît régulièrement en France : il est passé de 9 % en 1998 à 16 % en 2015[25]. Beaucoup moins médiatisé que l'augmentation des inégalités de patrimoine entre ménages, l'accroissement des inégalités de richesse entre femmes et hommes n'en est pas moins impressionnant, et semble bel et bien l'accompagner. Mais l'*inégalité patrimoniale entre les femmes et les hommes* continue à être peu documentée, du fait de problèmes de mesure importants qui s'expliquent par une unité d'analyse inadaptée.

Comment estimer des patrimoines individuels d'hommes et de femmes quand les biens sont la propriété de plusieurs personnes à la fois (typiquement un couple) et que les enquêtes sont réalisées à l'échelle du *ménage*, qui rassemble les personnes qui vivent sous le même toit ? Du fait des difficultés d'accès aux données individuelles, la variable sexe est absente de l'ouvrage de 950 pages de Thomas Piketty, *Le Capital au XXI^e^ siècle*[26]. En matière d'inégalité patrimoniale entre les hommes et les femmes, il est pourtant indispensable de s'appuyer sur des données statistiques claires. Mais ce n'est pas suffisant. Pour saisir pleinement l'inégalité patrimoniale entre les hommes et les femmes, il faut aussi entrer dans le vif des relations familiales.

## Enquêter sur la production familiale des inégalités de richesse

L'inégalité patrimoniale entre femmes et hommes ne naît pas à Wall Street mais dans les replis quotidiens de la vie familiale. Cette inégalité est produite dans le silence des pratiques des hommes et des femmes, lorsqu'ils agissent en tant que conjointe, conjoint, père, mère, fils, fille, frère ou sœur. Elle prend des formes très différentes selon les milieux sociaux, selon que le patrimoine est composé de dettes, de meubles, de quelques milliers d'euros sur un livret d'épargne, d'un pavillon de banlieue, d'un appartement parisien, d'une maison de famille à la campagne ou d'un parc locatif, de parts d'entreprise ou d'œuvres d'art. Pour la mettre au jour, il est indispensable de porter un nouveau regard sur la famille. Il faut considérer cette dernière comme une institution économique à part entière, qui produit des richesses mais, aussi, en organise la circulation, le contrôle et l'évaluation, que nous appelons les *arrangements économiques familiaux*.

Sociologues, nous étudions depuis vingt ans ces arrangements économiques dans des familles ordinaires de la France contemporaine, depuis les plus modestes jusqu'aux plus fortunées. Peu visibles, ces arrangements peuvent prendre des formes très différentes : coups de pouce financiers, hébergement gratuit, cautionnement, prêts sans intérêts, donations, héritages, recommandations, financement des études, prise en charge à domicile d'une personne âgée, cohabitation en cas de coup dur, garde d'enfant, pensions alimentaires, etc. Les relations familiales sont considérées comme privées, et l'évocation de leur dimension économique provoque souvent de la gêne[27]. Pour enquêter sur le sujet, nous avons dû multiplier les entrées et les méthodes.

Nous avons d'abord réalisé des *monographies de familles*, c'est-à-dire des observations et des entretiens, à la fois répétés et croisés, avec plusieurs personnes apparentées[28]. Ces personnes nous ont invitées à partager leur quotidien ou à participer à des moments plus exceptionnels de leur vie familiale : cérémonies de mariage, enterrements, fêtes. Nous avons pu loger chez elles. Elles nous ont parfois confié leurs archives privées : actes notariés ou d'état civil, courriers, photographies. En suivant cette méthode de 1997 à 2005, l'une d'entre nous (Céline Bessière) a étudié les transmissions d'entreprises familiales dans la région viticole de Cognac[29]. De la même façon, l'autre (Sibylle Gollac) a enquêté sur les stratégies immobilières au sein de familles de milieux sociaux variés, qu'elle a suivies, pour certaines d'entre elles pendant plus de quinze années[30].

En réalisant ces monographies de familles, nous avons décrit au plus près les transferts économiques familiaux. Nous les avons observés dans la durée, du point de vue des groupes familiaux concernés, des individus qui les composent et au fil des transformations de leurs relations. Nous avons constaté, par exemple, que des frères et sœurs pouvaient relater de façon fort différente les étapes de la succession de leurs parents, ne comptant ni les mêmes choses ni de la même manière, proposant des définitions souvent divergentes de l'équité et de ce qu'hériter veut dire. Les arrangements économiques familiaux ne sont jamais uniquement des questions d'argent et de biens. Comme le montre Viviana Zelizer, ce sont des *transactions intimes*[31] qui mêlent aux transferts économiques des sentiments, des obligations morales, des valeurs, des principes de justice ou encore des enjeux de réputation, réinscrits dans une histoire longue de relations interpersonnelles. Dans l'ensemble de ces processus, les hommes et les femmes n'occupent pas la même place : ils et elles ne font pas la même chose, n'ont pas les mêmes aspirations, et leurs proches n'attendent pas non plus la même chose d'elles que d'eux.

Ces histoires familiales constituent la chair de ce livre. Elles permettent de suivre les arrangements économiques familiaux au plus près des significations que leur donnent leurs protagonistes, dans le cours *ordinaire* de la vie quotidienne[32]. Pour en rendre compte, nous avons bien sûr modifié les prénoms et noms de toutes les personnes qui nous ont donné accès à leur vie de famille sous couvert de l'anonymat, ainsi que des lieux dans lesquels elle se déploie[c].

Mais les monographies de familles ne suffisent pas. Parce qu'elles ne permettent pas de travailler sur un grand nombre de personnes et qu'elles rendent difficiles les comparaisons entre familles de différents milieux sociaux, nous les avons combinées à l'exploitation de données statistiques, notamment issues des enquêtes patrimoine de l'INSEE. Pour aller plus loin dans l'exploration des inégalités patrimoniales entre les hommes et les femmes, nous avons aussi mis en œuvre d'autres enquêtes de terrain, portant cette fois-ci non plus sur l'ordinaire des arrangements économiques familiaux, mais sur deux moments *extraordinaires* de formalisation et d'explicitation de ces arrangements : les séparations conjugales et les successions.

Se séparer. Hériter. Ces deux moments ont la particularité d'être fortement codifiés juridiquement. Interviennent le droit de la famille, mais aussi le droit fiscal et le droit social. Les arrangements économiques familiaux construits au quotidien doivent alors être mis en conformité avec les droits et devoirs qui s'imposent aux personnes apparentées. Selon les milieux sociaux, ces dernières sont amenées à rencontrer des professionnel·les du droit, qui les accompagnent de façon plus ou moins diligente dans cette confrontation. Notre enquête s'est donc déplacée dans de nouveaux lieux : des études notariales, des cabinets d'avocat·es pratiquant le droit de la famille, les chambres de la famille des tribunaux de grande instance. Si nous avons mené seules et séparément les monographies de familles

---

c. Les prénoms d'emprunt ont été choisis pour leur fréquence similaire, à année de naissance donnée, à celle du prénom original. Pour les lieux, nous avons choisi des toponymes d'emprunt parfois éloignés géographiquement du lieu d'origine mais se situant dans des zones aux caractéristiques sociodémographiques proches, en respectant les distances entre localisations.

sur lesquelles s'appuie cet ouvrage, c'est ensemble que nous avons enquêté auprès des notaires. Quant aux matériaux recueillis auprès des avocat·es et dans les tribunaux, ils sont issus d'une enquête collective menée depuis 2008[33]. Les noms des professionnel·les enquêté·es ont tous été modifiés. Nous avons aussi évité toute localisation précise de leur lieu d'exercice, ne donnant que les informations nécessaires à la compréhension et à l'analyse des situations évoquées. Des détails des situations exposées ont pu être modifiés pour éviter toute identification possible des professionnel·les comme de leurs client·es et justiciables.

Les matériaux ethnographiques et statistiques mobilisés dans ce livre sont détaillés dans la liste des matériaux présentée à la fin du volume. La lectrice et le lecteur qui le souhaiteraient trouveront les résultats statistiques originaux sur lesquels nous nous appuyons et les conditions précises de leur production dans une annexe en ligne, qui comprend également des compléments aux matériaux ethnographiques : http://justines.cnrs.fr/les-actualites/le-genre-du-capital/.

### Le genre du capital

Certaines classes sociales s'accaparent les richesses et les conservent en leur sein d'une génération à l'autre, tandis que d'autres en sont durablement privées. Dans le même temps, les femmes accumulent moins de richesses que les hommes. En matière de capital, on ne peut pas comprendre séparément les inégalités de classe et les inégalités de genre. Des travaux menés dans d'autres contextes nationaux, notamment aux États-Unis, ont aussi documenté la dimension raciale des inégalités de richesse. Nous verrons que l'âge et la génération sont également constitutives de ces inégalités. Notre travail s'inscrit ainsi dans une perspective intersectionnelle, qui articule, sans les hiérarchiser, plusieurs rapports de domination[34]. En explorant les *arrangements économiques familiaux*, nous étudions les lieux concrets où se jouent *indissociablement* ces différentes dynamiques inégalitaires.

Porter le regard sur les lieux et les moments de l'accumulation et de la distribution des richesses familiales suppose de rompre avec le sens commun, qui considère la famille comme un havre de paix affective dans un monde capitaliste brutal et cynique. Au contraire, il faut reconnaître que la famille est une institution économique à part entière : une instance de production, de circulation, de contrôle et d'évaluation des richesses. Nous le montrons dans le chapitre 1, qui nous situe dans la littérature scientifique sur la famille et les inégalités. Dans le deuxième chapitre, nous décrivons, à partir de monographies de familles et d'une exploitation des données statistiques, comment les mécanismes de production, de circulation, de contrôle et d'évaluation de la richesse sont pris dans des *stratégies familiales de reproduction*, qui visent à assurer le maintien ou l'amélioration du statut du groupe familial. Nous montrons que ces stratégies sont défavorables à l'accumulation patrimoniale des femmes.

Nous entrons ensuite dans les cabinets des professions libérales du droit, c'est-à-dire dans les lieux discrets où les arrangements économiques familiaux sont formalisés dans un langage juridique et, de ce fait, officialisés. Selon les milieux sociaux, les personnes apparentées, hommes et femmes, sont amenées à rencontrer (ou non) différent·es professionnel·les du droit qui vont plus ou moins les accompagner et leur permettre de jouer avec le droit de la famille et de la propriété. L'activité des notaires et des avocat·es renforce les inégalités économiques entre les classes sociales en favorisant le maintien et la transmission de la richesse des familles les plus aisées. Dans le même temps, elle contribue à dissimuler, entériner et légitimer l'inégalité patrimoniale entre les hommes et les femmes (chapitre 3). Les partages successoraux et les liquidations du patrimoine conjugal sont des moments de comptabilités formalisées. En apparence neutres et techniques, ces comptabilités intègrent en fait des normes genrées qui favorisent les hommes de la bourgeoisie économique. Ces *comptabilités sexistes* ne résultent pas nécessairement d'une volonté explicite ou consciente des professionnel·les du droit de déposséder les femmes, mais elles contribuent, en pratique, à creuser les inégalités de genre, selon des modalités différenciées selon les milieux sociaux (chapitre 4). Cette construction familiale des inégalités économiques est, au nom de la paix des familles, très peu contestée, et il est coûteux pour les femmes de la renverser. D'autant plus que, selon l'ampleur de la richesse familiale, les arrangements patrimoniaux au moment des séparations et des successions constituent aussi de petits ou de grands arrangements avec le fisc. L'évitement de l'impôt est un puissant ferment de la cohésion familiale, souvent au détriment des moins fortunés de ses membres, en particulier des femmes (chapitre 5).

Nous montrons ensuite qu'au moment des ruptures des couples (qu'ils soient mariés ou non), la justice ne parvient pas à renverser ces mécanismes sexistes. Parce que les outils juridiques de compensation des conséquences économiques des séparations et les procédures prévues pour encadrer les ruptures d'union s'avèrent en pratique inégalitaires ; mais aussi parce que les juges, notamment les magistrates, les appliquent selon une vision plus ou moins sexiste, inconsciente et incorporée de la contribution des hommes et des femmes à la richesse familiale (chapitre 6). Dans les familles où il n'y a pas de richesse à partager, mais des contraintes budgétaires à gérer, la situation économique des hommes et des femmes, des pères et des mères, à l'issue des séparations, se joue au croisement de différentes institutions publiques : le tribunal, mais aussi les caisses d'allocations familiales et les différents guichets de l'aide sociale. Non seulement les femmes assurent le travail de prise en charge quotidienne des enfants, mais ce sont aussi elles qui doivent effectuer toutes les démarches administratives pour obtenir l'argent qui les fera vivre. Face aux administrations, elles sont mises en position de demandeuses, sous la dépendance financière de l'État social ou de leur conjoint (chapitre 7).

Garder des enfants, les nourrir, les aider à faire leurs devoirs, organiser leurs loisirs extrascolaires. Faire le ménage, tenir un intérieur, décorer son logement. Avoir toujours de quoi servir un apéritif ou un café, organiser des repas de famille et des dîners entre ami·es, orchestrer des mondanités. Tenir la caisse de la boutique pour dépanner, se porter caution solidaire, grâce à son statut de petite fonctionnaire, pour un prêt pour la constitution du capital d'une entreprise, organiser des dîners pour les client·es de son mari qu'on a suivi en expatriation… Autant de pratiques féminines, bourgeoises ou plus populaires[35], qui contribuent à l'enrichissement des familles, ne serait-ce qu'en libérant les hommes d'obligations qui les freineraient dans leur carrière. Autant de pratiques qui mobilisent avant tout du temps mais aussi des compétences et des ressources variées, culturelles notamment. Au moment des héritages et des séparations, ces contributions des femmes à l'enrichissement des familles, qui prennent le plus souvent la forme d'un travail gratuit, sont pourtant largement invisibilisées, niées, au mieux discutées, mais sans effet. Si, avec Pierre Bourdieu, on entend par *capital* un ensemble de ressources accumulées dont on peut tirer des profits sociaux[36], le constat que dresse ce livre est alors le suivant : tandis que le travail féminin participe activement à la production et à la reproduction de la richesse des familles, le capital au XXIe siècle reste résolument masculin.

# 1

## La famille, une institution économique

Le 26 septembre 2016, dans une université de l'État de New York, un homme et une femme se font face, en direct devant plus de 84 millions de téléspectateurs[1]. Hillary Clinton, soixante-neuf ans, à droite de l'écran, est vêtue tout de rouge ; Donald Trump, soixante-dix ans, à gauche, porte un costume sombre avec une cravate bleue. C'est le premier des trois débats télévisés entre la candidate démocrate et le candidat républicain à la présidence des États-Unis. Dès la cinquième minute, Hillary Clinton sonne la charge : « Vous savez, Donald a été très chanceux dans la vie, et c'est tant mieux pour lui. Il a démarré son entreprise avec 14 millions de dollars empruntés à son père, et il pense vraiment que plus vous aidez les personnes riches, mieux ce sera, et que tout le monde en profitera. Je n'y crois pas ! J'ai une expérience différente. Mon père était un petit entrepreneur. Il a beaucoup travaillé. Il imprimait des tissus en sérigraphie pour faire des draps, sur de longues tables. Il devait tirer ces rouleaux de tissu, puis il apposait le pochoir, appliquait la peinture, passait la raclette, etc. [Elle imite les gestes du drapier avec ses bras, avant de reposer ses mains sur son pupitre.] Et donc, ce que je crois, c'est qu'il faut investir dans la classe moyenne. Plus nous investirons en vous, votre éducation, vos compétences, votre avenir, mieux nous nous porterons, et mieux se portera la croissance[2]. »

D'évidence, la tirade a été soigneusement préparée, jusque dans le détail des gestes du drapier que la candidate reproduit sur une table imaginaire. Hillary Clinton dépeint son adversaire sous les traits d'un héritier qui a eu la chance de naître dans une famille fortunée, tandis qu'elle-même aurait appris de son père à ne dépendre que de son propre travail. Donald Trump se défend. Il minimise l'aide de son père et souligne son propre mérite, qui lui a permis de bâtir un conglomérat puissant : « Avant toute chose, je voudrais dire que mon père m'a accordé un tout petit prêt en 1975, et que j'ai construit à partir de là une entreprise qui pèse plusieurs milliards de dollars, parmi les meilleurs actifs du monde. Et je dis ça juste parce que c'est le genre de réflexions dont notre pays a besoin[3]. »

Dans un débat télévisé où chaque déclaration a été pensée avec minutie par des équipes en communication chevronnées, il peut sembler étonnant que Clinton et Trump débutent par des réflexions sur leurs pères respectifs. Cette passe d'armes en dit autant, sinon plus, par ce qu'elle occulte que par ce qu'elle révèle.

## L'héritier et la « femme de »

Donald Trump se présente comme un *businessman* et un *self-made man* pour ne pas avoir à s'étendre sur l'argent reçu de son père, Fred Trump, un promoteur immobilier new-yorkais. Au cours de sa campagne, Trump dit n'avoir reçu de son père qu'un prêt de 1 million de dollars en 1975 (« un tout petit prêt »), qu'il aurait depuis remboursé. En réalité, cet appui financier est autrement plus conséquent. Trois jours avant le débat, preuves à l'appui, le *Wall Street Journal* détaille les nombreuses aides financières accordées par Fred Trump, pendant les dix premières années de la carrière de son fils, sous forme de prêts, garanties d'emprunt et rachats de biens dans des moments où Donald Trump avait frôlé la faillite, le tout pour un montant global de 14 millions de dollars[4] – chiffre que cite Hillary Clinton. En 2018, deux ans d'enquête du *New York Times*, récompensés par le prix Pulitzer, révéleront que ce sont, en fait, au moins

413 millions de dollars que Donald Trump a touchés de son père, au travers d'une série de versements d'argent et de dons de biens immobiliers qui ont commencé alors qu'il était bébé et n'ont jamais cessé jusqu'à la mort de ses parents, en 1999 et en 2000[5]. Ces transferts ont été effectués par des montages légaux et illégaux – sous-estimation de biens immobiliers, fausses factures d'entretien, pour n'en citer que quelques-uns – qui ont permis à la famille de ne payer que 5 % d'impôts sur les donations et successions, au lieu des 55 % prévus par la loi à l'époque.

Là où Donald Trump ment de façon éhontée, Hillary Clinton opte plutôt pour une présentation sélective de son parcours. Si elle insiste tant pour parler de ce qu'elle doit à son père, c'est notamment pour ne pas avoir à évoquer ce qu'elle doit à son mari, l'ancien président Bill Clinton. Sa campagne électorale s'appuie en partie sur la fortune du couple, estimée à 50 millions de dollars en 2016 et constituée après le deuxième mandat de Bill par la rémunération des discours, livres et activités de conseil de ce dernier, mais aussi dans une moindre mesure des livres et discours d'Hillary. L'ensemble est géré par la puissante Clinton Family Foundation.

Ainsi, malgré l'exposition de leurs divergences, il y a une similitude dans la manière dont Hillary Clinton et Donald Trump se présentent aux électrices et aux électeurs américains. L'une est millionnaire et l'autre milliardaire. Dans les deux cas, leur fortune est en grande partie d'origine familiale. Pourtant, tous deux se positionnent du côté des valeurs du mérite individuel. Cela prend la forme de l'exaltation du travail comme moyen légitime d'ascension sociale pour Clinton, tandis que Trump érige l'entrepreneur qui prend des risques en modèle de société. Dans ce geste, en même temps que Clinton et Trump exhibent les valeurs du travail et de l'entreprise comme moteurs de l'économie, une dimension essentielle de leur parcours reste dans l'ombre : ce sont les transferts de richesse entre personnes apparentées – entre père et fils et entre époux et épouse. Tout se passe comme s'il était impossible pour Trump et Clinton d'admettre publiquement le rôle qu'ont joué ces appuis économiques familiaux dans leur carrière. Ce chapitre vise au contraire à rappeler combien la famille est une institution économique à part entière où ont lieu la production, la circulation, le contrôle et l'évaluation de richesses.

## La famille libérée de l'héritage ?

Cette propension à occulter l'importance des transferts économiques entre personnes apparentées n'est pas propre à Donald Trump et à Hillary Clinton, ni aux États-Unis. Elle fait écho au récit sur les transformations de la famille dans les sociétés capitalistes contemporaines que des intellectuels réformistes ou conservateurs s'emploient à raconter depuis bientôt deux siècles et qui tend à séparer la famille de l'économie. Ce grand récit de la famille moderne occidentale est à la lisière entre la description scientifique et l'imaginaire politique. Il peut être résumé ainsi : dans les sociétés salariales industrielles et postindustrielles, la famille ne serait plus fondée sur l'interdépendance économique de ses membres ni centrée sur les enjeux de transmission économique d'une génération à la suivante. Ce que la famille aurait perdu du côté du pouvoir économique, elle l'aurait gagné en qualité de relations personnelles entre proches apparentés, notamment entre conjoints et entre parents et enfants. En bref, les liens auraient remplacé les biens.

Ce grand récit de la famille moderne naît au XIX<sup>e</sup> siècle en France, au cours de débats houleux opposant des parlementaires et des intellectuels à la suite de la mise en place de l'héritage égalitaire[6]. Le code civil, introduit par Napoléon Ier en 1804, proclame la répartition égalitaire de l'héritage entre les descendants directs du défunt, quels que soient leur sexe ou leur rang dans la fratrie. À la même période, les États-Unis nouvellement indépendants généralisent la liberté de tester, c'est-à-dire de léguer ses biens à la personne physique ou morale de son choix. En 1840, Alexis de Tocqueville se passionne pour ces innovations en matière successorale, qui, de part et d'autre de l'Atlantique, contrecarrent la primogéniture (l'avantage donné au fils aîné). Dans les deux cas, selon Tocqueville, la famille se trouve libérée des enjeux matériels : l'« amour filial » et la « tendresse fraternelle » vont désormais pouvoir pleinement s'épanouir[7].

Cinquante ans plus tard, en 1892, Émile Durkheim, le fondateur de la sociologie française, a une position politique bien plus radicale, prédisant la fin de l'héritage. « Un jour viendra où il ne sera pas plus permis à un homme de laisser, même par voie de testament, sa fortune à ses descendants qu'il ne lui est permis depuis la Révolution française de leur laisser ses fonctions et ses dignités », énonce-t-il dans son cours sur la « famille conjugale[8] ». Durkheim aspire à une société plus juste, plus démocratique, fondée sur le seul mérite, plutôt que sur l'arbitraire de la naissance. Sa prédiction se fonde aussi sur une analyse des transformations des relations familiales qui prolonge celle de Tocqueville : la famille est (ou devrait être) de plus en plus centrée sur les relations affectives interpersonnelles, et de moins en moins sur ce qu'il appelle les « choses ».

Et pourtant, à la fin du XIX^e^ siècle, prédire la fin de l'héritage en France était extrêmement audacieux. L'histoire économique nous apprend aujourd'hui que la « Belle Époque » constituait l'apogée du poids de l'héritage dans l'économie nationale, dans un contexte où l'inégalité patrimoniale atteignait des sommets : avant la Première Guerre mondiale, une petite élite, le centile supérieur de la population (1 %), détenait entre 45 % et 60 % du patrimoine national, et le décile supérieur (10 % des plus riches) près de 90 %[9]. Mais la thèse de Durkheim selon laquelle la famille est de moins en moins centrée sur les choses trouve son actualité dans la seconde moitié du XX^e^ siècle, avec le développement du salariat et après que les deux guerres mondiales, la crise de 1929, l'inflation des Trente Glorieuses et la mise en place des politiques de redistribution ont réduit les patrimoines et remis en cause la société de l'héritage et de la rente du XIX^e^ siècle. L'idée selon laquelle la « famille moderne » est fondée sur des liens plutôt que des biens trouve alors un succès considérable dans les sciences sociales, en Europe comme en Amérique du Nord.

En 1960, l'historien Philippe Ariès décrit l'apparition d'un nouveau « sentiment de l'enfance » dans les familles aisées au début de l'ère moderne en Europe[10]. Dans son sillage, d'autres auteurs documentent la montée des relations affectives et des sentiments dans la famille. Ils étudient l'aspiration nouvelle à l'intimité familiale qui se traduit dans les espaces résidentiels de la bourgeoisie dès le XVIII^e siècle[11], la montée d'une « affection individualiste » dans les élites qui se diffuse vers les classes populaires[12], et l'émergence, avec la révolution industrielle, d'une « unité émotionnelle », dans laquelle le mariage, l'amour et la sexualité coïncident, faisant passer au second plan les intérêts économiques en jeu dans les relations conjugales et familiales[13]. Parallèlement, des historiens de l'économie décrivent le déclin des entreprises familiales transmises de génération en génération, au profit de grandes firmes dirigées par des managers, qui seraient davantage adaptées aux transformations issues de la révolution industrielle[14]. Selon l'ensemble de ces travaux, les relations affectives familiales se développent en même temps que la famille se libère de l'héritage et des dépendances économiques.

## Un héritage culturel plutôt qu'économique ?

Paradoxalement, l'analyse bourdieusienne de la reproduction a aussi contribué à détourner l'attention des sciences sociales pour les transmissions économiques familiales.

Les premiers travaux de Pierre Bourdieu sur la paysannerie en Kabylie et dans le Béarn ont pourtant été consacrés à des sociétés fondées sur la transmission familiale d'un capital économique : la terre[15]. Toutefois, au moment où Bourdieu les étudie, dans les années 1960, la société paysanne traditionnelle kabyle est supplantée par le capitalisme colonial, tandis que la paysannerie du Béarn traverse une double crise, technique et économique, d'une part (les exploitations désormais trop petites pour être rentables disparaissent) ; sociale et culturelle, d'autre part (les aînés, autrefois privilégiés car bénéficiaires de l'héritage de la terre, deviennent « immariables » et restent célibataires, chose impensable une génération auparavant). Dans la France des années 1960 et 1970, Pierre Bourdieu et son équipe analysent alors la place de plus en plus grande de l'école dans les trajectoires sociales des individus, et cela dans toutes les catégories sociales.

Dès 1964, Bourdieu et Passeron utilisent la notion d'héritage pour décrire les inégalités sociales d'accès à l'enseignement supérieur, dans leur livre justement intitulé *Les Héritiers*. Ils y montrent que l'école vient sanctionner par des diplômes des compétences acquises en grande partie dans la famille. Elle légitime ainsi cet héritage, ni plus ni moins mérité que l'héritage économique[16]. « Héritage », « patrimoine », « possession », « privilège », « transmission », « dilapidation », « dépossession » et, bientôt, dans *La Reproduction*, « capital » culturel : le vocabulaire de l'héritage permet de poser un regard neuf sur le rôle de l'institution scolaire dans la reproduction[17].

L'« explosion scolaire » qui débute dans les années 1960 apparaît alors pour Pierre Bourdieu, Luc Boltanski et Monique de Saint-Martin comme le résultat d'une conversion des petits ou grands capitaux économiques des classes supérieures et moyennes (de la petite paysannerie aux chefs d'entreprise) « en investissements éducatifs, de façon à léguer à leurs enfants une partie de leur patrimoine sous l'espèce de capital culturel certifié favorisant l'accès aux positions dominantes des appareils des entreprises[18] ». Les fractions de classe qui possèdent un patrimoine essentiellement fait de capital culturel doivent alors redoubler d'investissements scolaires pour maintenir la rareté de leurs titres[19]. Le capital culturel passe donc au premier plan, devant le capital économique, dans les stratégies de reproduction des familles.

À partir des années 1980, la sociologie de la famille s'autonomise de l'œuvre collective bourdieusienne, qui place désormais au cœur de son travail empirique l'État et l'institution scolaire. C'est François de Singly qui, après une thèse sous la direction de Pierre Bourdieu, incorpore des pans entiers de la théorie bourdieusienne dans le grand récit de la famille moderne. Reprenant l'idée selon laquelle les relations affectives désintéressées constituent le meilleur support pour la transmission du capital culturel[20], il analyse l'importance grandissante de ce dernier et la montée des relations affectives dans la famille comme allant de pair. « Avec le primat du capital scolaire, les relations entre les parents et les enfants sont, en quelque sorte "épurées" ; elles ne servent plus de support à la transmission directe du patrimoine[21]. » Les transmissions patrimoniales seraient ainsi réduites désormais à leur dimension symbolique. Elles serviraient à entretenir la mémoire des morts[22]. Les biens hérités renverraient à la place de l'individu dans sa famille d'origine et à ses relations personnelles avec le donateur[23]. Les objets transmis et reçus seraient la preuve d'un lien affectif, électivement choisi[24]. L'analyse porte davantage sur le « droit d'inventaire » de l'individu par rapport à son histoire familiale que sur les questions d'argent, de montants, de biens, de propriété, de pouvoir ou de statut[25].

## Le retour des transmissions économiques familiales

Dès nos premières recherches au tournant des années 2000, nous avons eu des difficultés avec ce grand récit de la famille moderne. Dans les milieux sociaux que nous étudiions alors – des familles d'indépendant·es dans les secteurs agricole, artisanal ou commercial, mais aussi des familles de salarié·es propriétaires ou non de leur logement –, les transferts économiques entre personnes apparentées s'avéraient cruciaux dans les parcours des individus. En dépendaient des questions aussi importantes que leur lieu de résidence, la possibilité de devenir ou non propriétaire ou encore leur niveau de vie ou leur avenir professionnel. Ces enjeux économiques suscitaient parfois des tensions entre parents et enfants, frères et sœurs, conjoint et conjointe, mais aussi belle-mère et belle-fille, etc.

Étions-nous en train d'étudier des familles particulières, des exceptions « provinciales » ou « attardées » sur le chemin de la modernité ?

La réponse est non. Au tournant des années 2000, avoir ou non du patrimoine et bénéficier ou non d'appuis économiques familiaux s'avère déterminant pour accéder à l'éducation, à l'emploi et au logement, et ce, du haut jusqu'en bas de la hiérarchie sociale. Dans un contexte de crise de la société salariale qui fragilise des pans entiers des classes populaires[26], et face aux difficultés de l'État-providence à prendre en charge cette nouvelle pauvreté, les pouvoirs publics ont d'ailleurs redécouvert de façon intéressée les « solidarités familiales », parées alors de toutes les vertus de l'« entraide »[27].

À l'entrée dans la vie adulte, alors que les études s'allongent et ne constituent désormais qu'une protection relative contre le risque du chômage, c'est à la famille qu'incombe l'essentiel du soutien financier aux jeunes sans ressources (le RMI puis le RSA sont réservés aux plus de vingt-cinq ans)[28]. Dans toute l'Europe, le modèle de l'enseignement public et gratuit est fortement contesté par des politiques néolibérales de réduction des dépenses publiques, conduisant au développement de formations payantes[29]. Dès lors, la richesse familiale est mobilisée. Si l'on met bout à bout l'importance de l'adresse « bien située » pour intégrer un collège ou un lycée réputé (ou pour échapper à un collège dégradé)[30], le développement des formations payantes (privées ou publiques), du soutien scolaire, des stages à l'étranger et des préparations aux concours onéreuses, l'investissement financier familial nécessaire pour faire des études rentables apparaît de plus en plus lourd[31]. À l'inverse, les difficultés pour accéder au logement social et s'y maintenir, combinées avec la nécessité de travailler en marge des études, pèsent sur les destinées scolaires des étudiantes et étudiants de classes populaires qui ne bénéficient pas toujours d'un soutien économique familial.

Alors que la société salariale s'effrite, les appuis économiques familiaux – par héritage, donation, aide financière régulière ou ponctuelle, cession de droits de prêts, octroi d'une caution sur le marché du crédit, etc. – peuvent se révéler décisifs pour se mettre à son compte[32], maintenir son activité économique, accéder au crédit ou obtenir des revenus complémentaires du patrimoine : « Mon appart sert à financer ma start-up », annonce une publicité AirBnB sur fond d'une photographie d'un homme aux fourneaux. Certes, en France, les professions indépendantes constituent une minorité, environ 12 %, de la population active, mais ce statut ne concerne plus seulement les secteurs traditionnels de l'agriculture, de l'artisanat et du commerce. Tandis qu'au XXe siècle le développement du salariat a réduit fortement le poids des héritages professionnels, cette tendance historique s'est récemment retournée, en France comme dans les autres pays occidentaux[33]. Le statut d'indépendant s'est fortement développé dans des secteurs attachés à l'économie des services (professions libérales, services aux particuliers, services aux entreprises), notamment, en France, depuis la mise en place du statut d'autoentrepreneur[34]. Le chômage, la précarité du travail salarié, les discriminations à l'embauche de populations stigmatisées conduisent des franges des classes populaires à se mettre à leur compte, y compris en occupant des emplois peu rémunérés, avec une faible couverture sociale[35]. C'est aussi un moyen pour des femmes diplômées de réintégrer le marché de l'emploi[36].

De plus, à l'heure où les politiques publiques encouragent l'accession à la propriété (au détriment du logement social) et où se réduisent les politiques sociales de retraite, il devient de plus en plus important de s'assurer d'avoir un toit à soi au-dessus de la tête pour ses vieux jours[37]. En France, la part des ménages propriétaires de leur résidence principale est passée d'un peu moins de 40 % dans les années 1950 à 58 % en 2014. L'accès à la propriété immobilière s'étend jusqu'aux classes populaires qui doivent s'endetter, parfois lourdement, pour devenir propriétaires[38]. La propriété de la résidence principale reste socialement distinctive (en fonction de l'adresse notamment)[39]. Elle est aussi l'objet de fortes inégalités entre les générations : les ménages âgés, de plus en plus fréquemment propriétaires non endettés, se distinguent de jeunes ménages locataires du secteur privé, consacrant une part croissante de leur budget au logement[40]. Au niveau macroéconomique, l'augmentation du patrimoine immobilier des ménages et l'élévation des inégalités intergénérationnelles en la matière expliquent pour partie la remontée du poids des héritages dans l'économie nationale.

Une nouvelle génération d'économistes, Thomas Piketty en tête, a remis sur le devant de la scène le patrimoine et l'héritage dans la compréhension des mécanismes inégalitaires du capitalisme contemporain[41]. L'inégalité patrimoniale, dont tout le monde pensait qu'elle était vouée à se réduire avec l'essor de la société salariale au XXe siècle, est repartie à la hausse depuis trois décennies. En 2014, en France, les 10 % des individus les plus riches détiennent environ 55 % de la richesse nationale, tandis que la moitié de la population n'en détient que 5 %[42].

Il existe deux façons différentes de se constituer un patrimoine : mettre de l'argent de côté ou hériter. Alors que, dans les années 1950-1960, l'héritage constituait moins de la moitié du patrimoine privé détenu par les individus en France, cette part n'a cessé d'augmenter pour redevenir majoritaire et représenter 60 % du patrimoine total en 2010[43]. Certes, on est encore loin du niveau des années 1910 où les patrimoines hérités représentaient 80 % du patrimoine privé total, mais, si les tendances économiques et démographiques se poursuivent, la part de la richesse héritée devrait continuer à croître au cours du XXIe siècle.

Sous la lumière crue des statistiques, la société française apparaît comme une société dominée par une poignée d'« ultra-riches » et beaucoup de « petits rentiers ». Ces derniers travaillent, mais leur richesse est, de plus en plus, issue de donations et de successions. À l'inverse, il est de plus en plus difficile pour un individu sans héritage de faire partie des plus riches en comptant sur le seul revenu de son travail[44]. Ce constat, bien documenté pour la France, s'applique avec des nuances à tous les pays occidentaux[45]. À partir du moment où le rendement du capital est plus élevé que le rendement du travail (ce que démontre aussi Piketty), tout est en place pour une résurgence d'inégalités de richesse fortes, fondées sur l'héritage davantage que sur les revenus du travail accumulés au cours d'une vie. Quoi qu'en disent Hillary Clinton et Donald Trump, ainsi qu'une grande partie de la classe politique française qui encense la méritocratie.

Non seulement le principe de l'héritage n'a pas disparu, mais il est redevenu central dans la dynamique des sociétés capitalistes contemporaines. Ce retour de l'héritage est aussi un retour de l'institution familiale comme acteur clé de l'économie, qui contribue à produire des inégalités socio-économiques fortes et à renforcer les frontières de classes, mais aussi de races.

Un rapide détour par les États-Unis permet de mesurer les enjeux. Le fossé racial de la richesse, bien documenté depuis les années 1980, s'y est fortement accentué pendant la grande récession de 2007-2009 (éclatement de la bulle immobilière et crise des *subprimes*). En 2011, la richesse médiane des ménages blancs est de 111 740 dollars, alors qu'elle n'est que de 7 113 dollars pour les ménages noirs. Le facteur qui explique le plus les inégalités de richesse entre Blancs et Noirs sont les héritages et donations perçues des générations précédentes : acompte pour l'achat d'un premier logement, financement des études supérieures par les parents plutôt que par emprunt, legs d'un parent[46]. Les ménages noirs sont moins souvent propriétaires de leur logement que les ménages blancs, ils deviennent propriétaires plus tardivement (car ils bénéficient de moins d'aide parentale), ils ont plus de difficultés à souscrire des prêts hypothécaires et ils subissent des taux d'intérêt plus élevés. Les travaux américains montrent que la ségrégation résidentielle conduit également à ce que la propriété immobilière des ménages blancs s'apprécie davantage dans le temps que la propriété immobilière des Noirs. Par exemple, il suffit de 10 % de familles noires dans un quartier pour voir les prix baisser de façon significative, influant sur le financement des écoles publiques et des ressources locales. Ainsi, alors même que la propriété immobilière accroît la richesse des familles (qu'elles soient noires ou blanches), c'est aussi elle qui creuse davantage encore les inégalités raciales de richesse[47].

En France, des travaux ethnographiques montrent les tensions de voisinage dans des quartiers pavillonnaires où des membres de classes populaires accèdent à la propriété. Certaines familles blanches, qui fondent leurs espoirs d'ascension sociale sur cette accession à la propriété, se sentent fragilisées par la présence dans leur quartier de familles racisées, et leur font subir un racisme quotidien[48]. Mais les inégalités raciales de richesse sont difficiles à mettre en évidence tant les outils statistiques adéquats manquent en France. L'enquête de l'INED « Trajectoires et origines » de 2008, une exception dans le paysage statistique français, a permis à Margot Delon d'établir que seules 27 % des personnes immigrées ou descendantes d'immigré·es d'origine algérienne, marocaine et tunisienne sont propriétaires en France, contre 51 % pour les personnes d'origine portugaise et 60 % pour la population majoritaire[49]. Il faut aussi tenir compte de la propriété immobilière dans le pays d'origine de la famille : si 19 % des enquêté·es d'origine portugaise sont propriétaires hors de France, c'est le cas de seulement 10 % des personnes d'origine algérienne[50]. Le patrimoine immobilier occupe une place différente dans les stratégies d'ascension sociale des groupes issus de l'immigration et participe à la construction de frontières entre les groupes raciaux. Comme le montre Margot Delon, le capital immobilier des familles d'origine portugaise participe à la construction de leur blanchité, leur permet de se distinguer des minorités coloniales et postcoloniales et d'inscrire leur ascension sociale sur plusieurs générations.

## Une production familiale des inégalités entre les classes sociales

Car, oui, l'héritage est bel et bien une affaire de famille. Cela va de soi en France, tant le code civil et la fiscalité encadrent et favorisent les transferts patrimoniaux en ligne directe : les enfants ne peuvent être déshérités et les transferts qu'ils reçoivent sont très faiblement taxés. Dans un tel contexte juridique, il n'est pas étonnant que les transmissions patrimoniales se déroulent massivement dans le cadre familial.

80 % des donations perçues par les ménages proviennent des parents (soit 93 % des montants de donations perçues) et 9 % des grands-parents. Les transmissions entre conjoint·es sont mal comptabilisées, parce que dans les enquêtes déclaratives les personnes interviewées ne les perçoivent pas toujours comme des héritages. Si on les exclut, les héritages reçus proviennent du décès d'un des parents dans 83 % des cas (soit 90 % des montants d'héritage perçus), et d'un des grands-parents dans 8 % des cas[51]. Par ailleurs, on peut estimer que les dons et legs philanthropiques, qui sont défiscalisés, représentent à peine 0,4 % des transferts successoraux en France[52]. Si d'autres types de transferts restent envisageables, leur volume est vraisemblablement limité en raison de leur forte taxation : une donation à une entreprise sera taxée à hauteur de 60 %, comme tout transfert hors de la famille.

L'héritage reste une affaire de famille également dans des contextes où le droit n'est pas contraignant en la matière. Aux États-Unis, où règne la liberté de tester et où la fiscalité des successions (*estate tax*) et des donations (*gift tax*) est uniforme quels que soient les liens entre donateur et légataire, l'héritage est, dans les mêmes proportions qu'en France, une pratique familiale et intergénérationnelle[53]. Même si la philanthropie y est plus développée qu'en Europe, la norme sociale de la transmission vers les enfants est très puissante, tant et si bien que déshériter un enfant est perçu comme un acte majeur d'exclusion du groupe familial[54].

Loin d'être un amortisseur des inégalités, ces transmissions économiques intergénérationnelles creusent les écarts entre les classes sociales. Ce sont les plus riches qui héritent le plus souvent des plus gros montants et le plus tôt dans leur vie sous la forme de donations couplées à des aides financières informelles.

En 2015, d'après l'enquête « Patrimoine » de l'INSEE, un tiers des individus ont reçu au moins une donation ou un héritage[55]. S'appuyant sur des données sur les patrimoines des parents, les économistes estiment qu'un autre tiers des individus sont des « héritiers en devenir », susceptibles de recevoir dans l'avenir un capital économique significatif[56]. Le dernier tiers, étant donné le patrimoine de leurs parents, n'héritera probablement de rien. C'est ce qu'on appelle l'« inégalité primaire », c'est-à-dire l'inégalité entre celles et ceux dont les parents ou grands-parents ont accumulé suffisamment de richesse pour leur transmettre quelque chose, et celles et ceux qui n'hériteront de rien[57]. Or la probabilité d'hériter, bien loin de compenser les inégalités économiques entre catégories professionnelles, les renforce : 95 % des ménages dont la personne de référence occupe une profession libérale ont déjà reçu une donation, ont hérité ou sont susceptibles d'hériter, contre seulement 40 % des ménages dont la personne de référence occupe un emploi d'ouvrier[58].

À cela s'ajoute une inégalité des montants de patrimoine hérité, que l'on peut qualifier d'« inégalité secondaire ». Selon l'enquête « Patrimoine » de 2015, parmi les individus ayant bénéficié d'au moins une transmission patrimoniale, les montants reçus varient fortement : les 10 % des héritier·es qui ont reçu les plus grosses donations et successions ont en fait reçu plus de la moitié de l'héritage total en France. De l'autre côté de la hiérarchie sociale, la moitié de la population qui hérite des plus faibles montants en a reçu seulement 7 %[59]. À partir de l'enquête « Patrimoine » de 2004, André Masson montre qu'en termes de montants de transmissions patrimoniales perçues le rapport est d'environ de 1 à 12 entre les ouvriers fils d'ouvriers et les indépendants fils d'indépendants[60]. Comme les premiers ont une probabilité d'hériter au moins trois fois inférieure aux seconds, on peut estimer que les indépendants fils d'indépendants héritent trente fois plus que les ouvriers fils d'ouvriers[61].

Une troisième inégalité, temporelle cette fois-ci, sépare les ménages qui ont déjà reçu du patrimoine de ceux qui n'ont encore rien touché (mais vont recevoir quelque chose). Là encore, les transferts patrimoniaux se déroulent différemment selon les milieux sociaux. Si les personnes issues des classes populaires héritent moins, voire pas du tout, elles héritent toutefois plus tôt, du fait de la moindre espérance de vie de leurs parents (les hommes cadres vivent en moyenne six ans de plus que les hommes ouvriers, l'écart est de trois ans pour les femmes)[62]. Mais, à l'inverse, les ménages les plus aisés sont les principaux récipiendaires des donations entre vifs, qui concernent moins de 10 % des ménages mais représentent désormais plus de la moitié des transferts patrimoniaux[63]. De plus, c'est dans les classes supérieures que l'on recense le plus d'aides financières qui préfigurent et anticipent donations et héritages (prêt d'argent, caution ou cession de droits à emprunt, prêt d'un logement, versement d'argent...)[64].

Résumons la situation. Dans les classes supérieures, des transferts de types variés s'additionnent tout au long de la vie et favorisent l'autonomie des individus en s'adaptant au calendrier familial : études, installation dans un logement indépendant, entrée dans la carrière professionnelle, mise en couple, arrivée des enfants, prise en charge à domicile des personnes âgées. Dans les classes populaires, la principale forme d'entraide entre les générations n'est pas le transfert de richesses mais la cohabitation, qui permet d'affronter les accidents biographiques (chômage, séparation, dépendance) et plus généralement de réaliser des économies d'échelle[65]. Quand il y a héritage d'un terrain ou d'une maison, il est souvent d'une faible valeur et ne permet de se loger qu'en restant sur place, dans des zones d'emploi souvent peu dynamiques. De ce fait, les petites richesses familiales ne se transmettent qu'au prix d'un ancrage local contraignant.

Enfin, dans les classes moyennes salariées, l'investissement dans les études des enfants rogne sur le patrimoine des parents et hypothèque l'aide parentale à l'accession à la propriété[66].

### Le ménage au sens des statistiques : un cache-sexe de l'inégalité patrimoniale

Les données à partir desquelles travaillent les économistes saisissent plutôt bien ces inégalités patrimoniales entre les classes sociales, dès lors qu'on accepte de saisir l'appartenance sociale d'un ménage ou d'un foyer fiscal au travers de la catégorie socioprofessionnelle d'une personne de référence (en général l'homme quand le ménage comprend un couple hétérosexuel)[67]. En revanche, ces données laissent dans l'ombre les inégalités socio-économiques internes à l'unité d'observation, que celle-ci soit le ménage (pour les enquêtes déclaratives) ou le foyer fiscal (pour les données des impôts). L'enquête « Patrimoine » de l'INSEE recueille des informations sur l'ensemble des biens possédés par les membres du ménage, tandis que les déclarations pour l'impôt sur la fortune (devenu impôt sur la fortune immobilière en 2018) recensent les biens détenus par les membres du foyer fiscal. Dans les deux cas, le patrimoine détenu par les hommes et les femmes en couple fait le plus souvent l'objet d'un inventaire commun, rendant impossible la mesure des inégalités de richesse entre conjointe et conjoint.

Aux problèmes posés par ces sources statistiques et administratives s'ajoute celui des modes concrets de détention du patrimoine. Comment distinguer le stock de patrimoine détenu individuellement par un homme ou une femme, alors qu'un certain nombre de biens sont en fait la propriété de plusieurs personnes à la fois ? Tandis qu'une fiche de paie est toujours individuelle, un grand nombre de résidences principales sont juridiquement détenues par des couples (à parts égales ou non entre les conjoint·es). D'autres types de biens sont souvent possédés par des personnes apparentées : une entreprise familiale peut être détenue en société par un père et son fils ; des frères et sœurs peuvent conserver en indivision la propriété d'une maison de famille devenue une résidence secondaire partagée, etc.

La mesure des richesses masculines et féminines comme de leurs inégalités est mise en difficulté par l'existence de ces catégories statistiques et juridiques nourries d'une vision familiale de la richesse. Comme le rappelle Rémi Lenoir, la famille est « le plus familier des objets », car elle se présente sous « l'évidence de ce qui est inscrit et institué notamment dans la langue, les schèmes perceptifs et cognitifs qui lui sont associés et dans le droit et le mode d'organisation sociale qui lui est lié [...]. Elle est instituée dans les structures sociales, la division du travail, le droit, les structures économiques, les systèmes de protection et d'aides sociales et, plus généralement, l'État[68] ». La « famille » est une unité d'analyse incrustée implicitement ou explicitement dans nombre des catégories de l'État, à commencer par le « ménage » de la statistique publique, le « foyer fiscal » de l'administration des impôts, ou encore la « communauté » et l'« indivision » du code civil. Elle vient masquer les inégalités qui existent entre ses membres.

Pour harmoniser leurs séries de distribution de la richesse, d'un pays à l'autre ou d'une période à l'autre, les économistes estiment la richesse nette *individuelle* à partir de données saisies à l'échelle d'une unité familiale[69]. Quand aucune autre information n'est disponible, ils font l'hypothèse que les personnes qui vivent en couple détiennent chacun et chacune la moitié de la richesse du ménage[70]. Derrière le paravent statistique du ménage, tout se passe comme si une fois qu'ils vivaient ensemble, hommes et femmes partageaient le même niveau de vie et les mêmes biens. Concepts hérités de l'idéologie familialiste et patriarcale, le ménage et le foyer font écran à la connaissance des inégalités de richesse entre les hommes et les femmes[71]. Ils constituent un « cache-sexe » et un « cache-misère » de la pauvreté des femmes[72].

### Le genre du capital dans les enquêtes statistiques : apports et limites

Prenons l'enquête « Patrimoine » de l'INSEE, qui est l'enquête de référence en France depuis le milieu des années 1980. Régulièrement, et pour la dernière fois en 2018, un échantillon représentatif de la population française d'environ 10 000 ménages décrit les différentes composantes de son patrimoine, dans un questionnaire très détaillé. C'est donc seulement au prix de traitements statistiques fastidieux – en croisant des questions sur les différents biens, sur les parts de certains de ces biens détenues par les unes et les autres, mais aussi sur le régime matrimonial – qu'on peut reconstituer des patrimoines individuels d'hommes et de femmes à partir de données saisies à l'échelle du ménage.

Que nous apprend cette enquête ? D'abord que les hommes détiennent davantage de capital que les femmes, quelle qu'en soit la forme[73] : financière, immobilière, terrienne ou professionnelle. En 2015, l'écart moyen est estimé à 24 000 euros, ce qui recouvre des situations très contrastées : de petits écarts entre hommes et femmes dans les classes populaires qui détiennent peu de patrimoine, des écarts immenses chez les plus riches. Loin de se résorber, cette inégalité patrimoniale s'accroît en France depuis deux décennies. Nous l'avons déjà mentionné : entre 1998 et 2015, l'écart de richesse entre les hommes et les femmes a quasiment doublé, passant de 9 % à 16 % de la richesse moyenne globale[74].

Ces chiffres sont toutefois à prendre avec précaution. Alors que les enquêtes déclaratives sur les patrimoines sont assez robustes lorsqu'il s'agit de décrire la *détention* de tel ou tel type de biens (qui possède sa résidence principale, une résidence secondaire, une assurance-vie, etc.), elles sont en revanche beaucoup plus fragiles sur l'estimation de la *valeur* du capital. En effet, les différentes composantes du patrimoine d'un individu (maisons, entreprises, terres, actions…) ne sont pas vendues sur le marché au moment de l'enquête. En pratique, on demande aux enquêté·es des fourchettes d'évaluation des biens plutôt que des montants précis, ce qui permet de réduire le taux de non-réponse[75] mais rend l'estimation de la valeur des biens imprécise.

Ensuite, dans quelle mesure les personnes enquêtées mentionnent-elles ce qu'elles possèdent effectivement ? Contrairement aux revenus qui sont déclarés chaque année à l'administration fiscale, les individus ont peu d'occasions de comptabiliser et d'évaluer l'ensemble de leur patrimoine au cours d'une vie (l'impôt de solidarité sur la fortune, supprimé récemment par Emmanuel Macron, constituait une exception en France pour les foyers fiscaux les plus fortunés, qui devaient déclarer l'ensemble de leur richesse chaque année). L'INSEE estime que les masses d'actifs déclarées dans l'enquête « Patrimoine » sont sous-évaluées de 40 % en moyenne par rapport aux données des comptes nationaux[76]. On peut également se demander dans quelle mesure les personnes enquêtées savent effectivement qui possède quoi au sein de leur ménage. L'exploitation des données fait régulièrement apparaître des incohérences dans les déclarations des ménages. Par exemple, fréquemment, des personnes mariées sous le régime de la communauté de biens pensent chacun·e être seul·e propriétaire de l'argent détenu sur leur compte courant individuel, alors que selon le droit (que certain·es découvrent douloureusement lors d'un divorce conflictuel) cet argent est commun. Précisons qu'une seule personne dans chaque ménage enquêté est chargée de répondre au questionnaire de l'enquête « Patrimoine » de l'INSEE. Significativement, plus les ménages sont riches, plus c'est un homme qui se déclare « comme le plus au fait de la gestion du patrimoine du ménage » et répond au questionnaire[77].

Cela ne signifie pas qu'il faut jeter les données statistiques à la poubelle. Nous pensons au contraire, comme Nicolas Frémeaux ou Thomas Piketty, que des données claires sont absolument indispensables pour un débat serein sur les inégalités patrimoniales et qu'il est très important d'améliorer leur collecte et leur accessibilité[78]. Toutefois, nous pensons aussi que l'approche statistique en matière d'inégalités patrimoniales de genre et de classe gagne à être complétée par d'autres méthodes, qui permettent de se rapprocher des individus et de mieux appréhender les relations familiales. De mieux comprendre, aussi, ce qui est déclaré, ce qui ne l'est pas, ce qui est sur- ou sous-évalué, et quels effets ces façons de compter ont sur les agrégats statistiques.

### Les séparations conjugales, un moment révélateur de l'inégalité de genre

Depuis plus de dix ans, nous étudions, avec une vaste équipe de recherche, le traitement judiciaire des séparations conjugales. En assistant (collectivement) à des centaines d'audiences et en manipulant des milliers de dossiers de divorce et de séparation de parents non mariés, nous avons eu l'opportunité d'observer le moment où les inégalités économiques entre les hommes et les femmes éclatent au grand jour, « au tribunal des couples[79] ».

En effet, les femmes sortent davantage appauvries que les hommes d'une séparation conjugale. Depuis les années 1980, des études statistiques menées d'abord aux États-Unis[80] et plus récemment en Europe suivent d'une année sur l'autre l'ensemble des revenus d'un panel de ménages et permettent de chiffrer la détérioration substantielle du niveau de vie moyen des femmes après une séparation, tandis que celui des hommes reste stable ou s'améliore. En France, à la fin des années 1990, à la suite d'un divorce, le revenu médian des femmes décroît d'un tiers, une des baisses les plus importantes dans l'Union européenne[81]. Ce constat est renouvelé au début des années 2000 pour l'ensemble des séparations (couples mariés ou non) : le revenu médian des femmes après une séparation se détériore de 31 %, contre seulement 6 % pour les hommes[82]. Une étude plus récente permet de suivre l'évolution du niveau de vie sur une population importante de couples qui ont divorcé ou rompu un Pacs en 2009[83]. Ici, le niveau de vie est tiré des données fiscales sur les revenus (revenus du travail, du capital, mais aussi pensions alimentaires), rapportées aux nombres de personnes vivant dans le ménage, quand les personnes étaient encore en couple (en 2008) et lorsqu'elles se sont séparées (en 2010). Le résultat est le suivant : un divorce ou une rupture de Pacs est à l'origine d'une perte moyenne de niveau de vie de 19 % pour les femmes et de seulement 2,5 % pour les hommes.

Malgré leur précision, ces enquêtes ne révèlent que les effets à court terme d'une séparation conjugale (un an après la rupture), sur les revenus exclusivement. En enquêtant sur les arrangements économiques au moment des séparations, nous avons saisi des inégalités moins visibles, mais plus profondes, inscrites non seulement dans les revenus, mais aussi dans les patrimoines, et qui affectent durablement les conditions de vie des unes et des autres. Ces inégalités touchent la répartition de l'épargne ou des dettes, la propriété du logement, ou encore les droits à la retraite.

On découvre aussi, depuis ce poste d'observation, que l'appauvrissement des femmes n'est pas seulement un *résultat* de la rupture conjugale. Il commence bien avant, au sein des couples, mariés ou non, dans la division du travail professionnel et domestique. Le moment de la séparation est donc surtout un *révélateur* des inégalités économiques de genre tapies dans la relation conjugale hétérosexuelle. La rupture conjugale en elle-même amplifie ces inégalités préexistantes. Le prix de la rupture est encore aujourd'hui chèrement payé par les femmes[84].

## Pour une sociologie matérialiste de l'institution familiale

En proposant cette lecture des séparations conjugales dans les années 2010, nous avons renoué avec un courant du féminisme né dans le sillage du mouvement de libération des femmes, le *féminisme matérialiste*. Dans *L'Ennemi principal*, publié en 1970, Christine Delphy analyse les rapports de parenté comme des rapports de production et d'exploitation[85]. Une grande partie de la richesse produite dans la famille n'est pas déclarée, ni enregistrée, ni comptabilisée par les institutions étatiques (fisc, comptabilités nationales, État social). De ce fait, elle n'est pas prise en compte par les économistes, qui se concentrent uniquement sur les biens et services monétarisés qui transitent par des marchés. Cette production non marchande est le fruit d'un travail invisibilisé, non reconnu en tant que tel, et non rémunéré : le travail domestique.

L'affirmation est double. D'abord, le travail domestique est bel et bien un *travail*, ce que les femmes explicitent si l'on prend la peine de les interroger sur le sujet[86]. Ensuite, ce travail est *gratuit*. Cette gratuité est au fondement de l'exploitation des femmes par les hommes au sein de la famille[87].

Dans les années 1970-1980, au moment où les divorces ont commencé à se banaliser et où les procédures judiciaires se sont assouplies pour accompagner ce mouvement (introduction du divorce par consentement mutuel en France en 1975, *no-fault divorce* dans les pays anglo-saxons), des féministes se sont vivement préoccupées du devenir socio-économique des femmes après une séparation conjugale[88]. Par la suite, le mouvement féministe a pourtant délaissé ces questions, promouvant d'abord l'émancipation des femmes dans la sphère professionnelle. Les discours féministes sur la famille se sont concentrés sur la promotion de modèles conjugaux et familiaux alternatifs à la norme hétérosexuelle[89].

Ce faisant, les études de genre, en cours d'institutionnalisation dans un milieu académique majoritairement hostile, notamment en France[90], ont laissé le champ libre à des sociologues de la famille – généralement des hommes – qui exaltent une relation conjugale hétérosexuelle libérée des enjeux matériels, où femmes et hommes recherchent leur épanouissement personnel[91]. Anthony Giddens parle par exemple de « relation pure », fondée sur la communication émotionnelle, poursuivie si et seulement si chacune et chacun en tire des bénéfices affectifs et psychologiques. Pour François de Singly, qui a consacré un livre à l'expérience féminine de la rupture conjugale, la banalisation des séparations conjugales serait le signe de l'émancipation des femmes[92]. En mettant fin à une relation conjugale insatisfaisante, elles deviennent davantage elles-mêmes. Les aspects économiques et matériels de leur rupture ne sont pas questionnés. À cela, une raison parmi d'autres : comme la plupart des sociologues de la famille, l'auteur ne s'intéresse qu'aux fractions diplômées des classes supérieures, salariées, blanches et urbaines, censées être pionnières dans la diffusion des normes de construction de l'identité moderne[93]. En suivant la sociologue britannique Beverley Skeggs, nous pensons au contraire qu'en évacuant les dimensions économiques et matérielles de la vie de couple et des séparations, en gommant les rapports sociaux (fondés sur la classe, la race, le genre, la sexualité), cette théorie enchantée des rapports conjugaux légitime la vision du monde des hommes blancs hétérosexuels des classes supérieures[94].

## Donner à voir les arrangements économiques familiaux

À rebours de cette perspective dominante, il est aujourd'hui nécessaire de politiser un objet présenté la plupart du temps soit comme privé, soit comme technique, juridique et rébarbatif : les *arrangements économiques familiaux*.

L'anthropologue Maurice Godelier définit l'économie de la façon suivante : « les formes et les structures sociales de la production, de la répartition et de la circulation des biens qui caractérisent une société à un moment donné de son existence[95] ». Dès lors qu'on retient une telle définition de l'économie – c'est-à-dire une définition *substantive* qui met l'accent sur la manière dont une société satisfait ses besoins matériels –, il devient clair que la famille est une institution économique à part entière.

La famille est une instance de *production* de richesses. Pour s'en rendre compte, il faut rompre avec la vision de l'économie qui ne considère que les échanges marchands. Dès les années 1970, les féministes matérialistes et les anthropologues marxistes ont décrit le travail de production domestique et de reproduction de la force de travail qui est essentiellement accompli par les femmes. Un résultat de ces travaux est que, loin de chercher à la détruire, le capitalisme préserve l'économie domestique pour s'approprier le travail bon marché qui y gît[96].

À partir des années 1980, la science économique dominante ne peut plus ignorer la production domestique. Au fondement de l'économie de la famille développée par Gary Becker, il y a une analogie : la famille est une petite entreprise qui produit des biens et des services (*outputs*) à partir des ressources qui peuvent être des biens de marché ou du travail des membres de la maisonnée (*inputs*). L'ensemble peut donc être étudié avec les outils classiques de l'économie de la firme[97].

Aujourd'hui, la dimension productive des familles contemporaines est réinvestie par l'ethnographie économique qui prend pour objet l'économie domestique et, comme le souligne Florence Weber, « travaille en deçà des frontières de l'économie officielle et interroge la genèse et l'actualisation quotidienne de ces frontières[98] ». Dans nos précédents travaux, nous avons ainsi abondamment utilisé le concept de *maisonnée*. Ce concept n'est pas défini *a priori* à partir des liens de parenté tels que les représente un arbre généalogique. Au contraire, il permet de désigner les groupes familiaux effectivement mobilisés au quotidien, qui mutualisent leurs ressources pour s'engager, à un moment donné, dans une coopération productive, autour d'une *cause commune*, que ce soit la prise en charge matérielle des personnes dépendantes (garde d'enfants, soins aux malades et aux personnes âgées), le maintien d'une entreprise familiale, ou encore l'entretien au quotidien d'un patrimoine (comme une maison de famille)[99].

La famille est également un lieu de *circulation* de richesses. Viviana Zelizer décrit la banalité des *transactions intimes* – ce mélange inextricable de relations personnelles et économiques reposant sur la confiance réciproque : « Des époux séparés versent ou reçoivent des pensions alimentaires ou des contributions à l'éducation des enfants, les parents versent une allocation à leurs enfants ou subventionnent leurs études, les aident à faire face à leur premier emprunt foncier et les font bénéficier de legs substantiels dans leurs testaments. Amis et parents envoient de l'argent en guise de cadeau de mariage tandis qu'on se prête de l'argent entre amis. Les immigrants expédient de l'argent à leur famille restée au pays, etc.[100]. » Malgré leur caractère ordinaire, ces transactions intimes suscitent le malaise : elles constituent toujours un mélange des genres entre famille et argent qui peut susciter malentendus et conflits. Afin de les éviter, les personnes apparentées dépensent une énergie sociale considérable – ce que Viviana Zelizer nomme le travail relationnel (*relational work*) – à préciser les droits, les obligations et les significations sociales de leurs pratiques[101]. Dans cette perspective, nous plaçons au cœur de notre analyse la circulation des richesses entre personnes apparentées et la manière dont ces dernières la conçoivent.

C'est vers d'autres travaux, davantage ancrés dans les études de genre, que l'on pourra se tourner pour penser le *contrôle* des richesses familiales. Des recherches pionnières en langue anglaise se sont centrées sur les relations entre argent et pouvoir dans le couple. Elles ont montré que le partenaire avec les plus hauts revenus – le plus souvent l'homme – prenait davantage les grandes décisions financières, et que les femmes avec un revenu salarié avaient plus de pouvoir que les femmes au foyer vis-à-vis de leur conjoint[102]. En contrepoint du grand récit de la famille moderne, plusieurs travaux en anthropologie de la parenté et en sociologie de la famille ont approfondi cette perspective dans les années 2000[103]. Ils nous apprennent qu'il ne faut pas seulement prendre en compte les entrées de revenus dans le couple, mais aussi observer les arrangements financiers entre conjoint et conjointe, c'est-à-dire qui contrôle, gère, alloue et a accès à l'argent au quotidien, qui dépense ou épargne pour soi.

Ces travaux articulent efficacement différenciations socio-économiques et normes de genre. Dans les couples les plus pauvres, ce sont les femmes qui gèrent l'argent. Être responsables du budget conduit ainsi nombre d'entre elles à se priver pour éviter le manque à leurs enfants et garantir à leur conjoint de l'argent personnel à dépenser. D'autres autrices insistent sur le travail domestique des comptes et montrent que c'est un moyen efficace pour les femmes de classes moyennes de contrôler les dépenses de leur conjoint[104]. Dans les couples plus riches, en revanche, les hommes prennent le contrôle des finances, en particulier des dépenses les plus importantes.

Ces recherches attirent l'attention non seulement sur la plus ou moins large mise en commun des ressources (détention et alimentation de comptes communs et de comptes personnels), mais aussi sur le contrôle des ressources mises en commun[105]. Elles viennent ainsi nuancer le grand récit de la famille moderne : certes la norme égalitaire dans les couples est prégnante, mais l'argent des hommes n'a pas les mêmes usages que celui des femmes. Tandis que la gestion courante revient plus souvent aux femmes, les investissements à long terme sont presque toujours l'apanage des hommes.

Ces travaux sur le contrôle de l'argent n'offrent toutefois qu'une vision partielle de la richesse des familles. Focalisés sur la gestion quotidienne des revenus, ils prennent peu ou pas du tout en compte les patrimoines détenus par les conjoints (propriété immobilière, portefeuille financier) ou les institutions telles que les banques, les organismes de crédit, les agences immobilières, les notaires… qui façonnent les pratiques des couples.

Nous nous focaliserons dans les prochains chapitres sur deux grands moments où les hommes et les femmes ont l'occasion de faire officiellement le point sur l'ensemble de ce qu'ils et elles possèdent : en prévision ou au moment d'un décès, et lors d'une séparation conjugale. Certes, la planification successorale peut s'étaler sur des décennies (au travers des donations, notamment, qui anticipent la succession), et le règlement des divorces et des séparations peut prendre plusieurs années. Mais ce sont des moments relativement circonscrits dans le temps, avec des points d'orgue nettement identifiables.

Souvent, notamment quand un certain niveau de patrimoine est en jeu, successions et séparations supposent de passer la porte d'une étude notariale ou d'un cabinet d'avocat pour régler des questions qui sont tout à la fois économiques et juridiques. Notre enquête donne ainsi à voir la façon dont des professionnel·les du droit interviennent pour inscrire les arrangements économiques familiaux dans un cadre légal. Le huis clos des études notariales et des cabinets d'avocat en droit de la famille sont les lieux discrets où est officialisée l'*évaluation* des richesses, en vue de les distribuer entre les personnes apparentées et, pour l'État, de prélever l'impôt (droits de succession, droits de partage). Nous suivrons au plus près les opérations comptables qui consistent à inventorier des actifs (ce qui est compté, ce qui ne l'est pas), à mettre en équivalence des biens hétérogènes (actifs financiers, immobiliers, parfois professionnels) et à en fixer le prix, alors même que les biens ne sont pas nécessairement vendus sur un marché. Malgré les apparences, ces opérations comptables ne sont ni techniques ni neutres. C'est dans leurs détails que se niche la production familiale des inégalités économiques de classe et de genre.

La famille constitue ainsi une instance primordiale de production, de circulation, de contrôle et d'évaluation de la richesse. Certes, cette richesse économique n'est pas la seule forme de capital qui s'accumule et se transmet dans la famille : Pierre Bourdieu l'a bien montré en développant le concept de capital culturel[106]. Néanmoins, l'importance renouvelée du patrimoine et de l'héritage dans les inégalités qui structurent les sociétés contemporaines pose la question de l'inscription des arrangements économiques familiaux dans les mécanismes de reproduction de ces sociétés hiérarchisées. Comment transmet-on, améliore-t-on ou maintient-on un statut social dans une famille aujourd'hui ? Comment les arrangements économiques familiaux sont-ils pris dans des enjeux de reproduction, d'ascension sociale ou de reclassement ? Autrement dit, et c'est ce que nous allons explorer dans la suite de ce livre, comment participent-ils au maintien des frontières entre les classes sociales et, dans le même temps, au creusement des inégalités économiques entre les hommes et les femmes ?

## 2

## Des stratégies familiales de reproduction défavorables aux femmes

Le 12 février 2018, un communiqué de presse envoyé par trois avocats à l'AFP fait la une des journaux en France : « Laura Smet a découvert avec stupéfaction et douleur le testament de son père Johnny Hallyday aux termes duquel l'ensemble de son patrimoine et l'ensemble de ses droits d'artiste seraient exclusivement transmis à sa seule épouse Lætica par l'effet de la loi californienne. S'il en était ainsi, son père ne lui aurait rien laissé : ni bien matériel, ni prérogative sur son œuvre artistique, ni souvenir – pas une guitare, pas une moto, et pas même la pochette signée de la chanson *Laura* qui lui est dédiée. Ce testament prévoit aussi qu'en cas de prédécès de son épouse, l'ensemble des biens et des droits de Jean-Philippe Smet serait exclusivement transmis à ses deux filles Jade et Joy par parts égales. Mais ces dispositions extravagantes contreviennent manifestement aux exigences du droit français. Aussi, Laura Smet a-t-elle confié à maître Emmanuel Ravanas, au bâtonnier Pierre-Olivier Sur, à maître Hervé Temime, la mission de défendre ses intérêts et de mener toutes les actions de droit permettant la sauvegarde de l'œuvre de son père. »

Dans une lettre adressée *post mortem* à son père, Laura Smet ajoute : « J'aurais préféré que tout cela reste en famille, malheureusement, dans notre famille, c'est comme ça [...]. Je suis si fière d'être ta fille. Je t'aime, papa. » Quelques heures après, David Hallyday, le demi-frère de Laura, fait savoir qu'il s'associe à cette procédure. Par communiqué de presse, Lætícia Hallyday répond le jour même « qu'elle a pris connaissance avec écœurement de l'irruption médiatique autour de la succession de son époux [...] elle regrette qu'ils aient choisi la voie médiatique, plutôt que de s'en tenir à un cadre familial et légal ».

L'affaire de la succession de Johnny Hallyday a éclaté au moment où nous commencions la rédaction de ce livre. Plus de trois cents articles en France ont été consacrés à cette affaire dans la semaine qui a suivi ces différents communiqués de presse[1]. Tout à fait exceptionnelle – notamment par son degré de publicisation –, elle est aussi typique des enjeux contemporains que posent les successions dans les familles recomposées. Quelle est la place des enfants des différents lits dans la succession ? Quelle est la place de la dernière épouse par rapport aux enfants ?

Fantastique introduction au droit de la famille et de la propriété pour un public non spécialiste, l'affaire Hallyday permet de mesurer immédiatement l'intrication des enjeux affectifs, symboliques, matériels et juridiques qui se nouent au moment du règlement d'une succession. En 1804, le code civil impose en France un partage successoral équitable, sans distinction de sexe ni de rang de naissance. Dans un territoire marqué par des droits coutumiers régionaux très différenciés[2], les fils et les filles deviennent des « héritiers réservataires », c'est-à-dire qu'ils et elles ne peuvent plus être déshérité·es et doivent recevoir des parts égales de la succession de leurs parents, en valeur et en nature. C'est à ces grands principes du droit français que la succession de Johnny Hallyday semble contrevenir.

Depuis Alexis de Tocqueville, ce droit égalitaire est perçu comme une pierre angulaire de la modernité occidentale, capable de mettre à bas les fondements de la société d'Ancien Régime et de faire advenir une société plus égalitaire de petits propriétaires. Pourtant, après plus de deux siècles de code civil, les inégalités de richesse continuent à se transmettre et même à se creuser. Les chances inégales d'hériter et de donner contribuent toujours à approfondir le fossé entre les classes sociales.

En 1840, Tocqueville interprétait également l'héritage égalitaire comme un cadre légal qui adoucirait les relations familiales, le père ayant perdu son pouvoir de déshériter et l'aîné son ascendant sur le cadet[3]. Dans cet esprit, Anne Gotman, qui a consacré un livre à l'héritage en France dans les années 1980, montre comment à la fin du XX^e^ siècle l'unité familiale « répugne à se voir préoccupée, *a fortiori* divisée par des questions matérielles[4] ». Donner apparemment la même chose à chacun de ses enfants et, du côté des enfants, ne pas remettre en cause l'équité des partages successoraux décidés par les parents, c'est éviter des conflits illégitimes qui remettraient en question l'amour parental et filial.

Laura Smet, qui dénonce les dispositions testamentaires de son père, se justifie de son amour pour lui. Mais elle met aussi en avant l'enjeu hautement symbolique de la gestion des droits d'artiste du chanteur. Alors que Læticia Hallyday est restée femme au foyer et que ses filles adoptives n'ont pas encore fait carrière (Jade et Joy sont âgées de quinze et onze ans), David et Laura ont embrassé des carrières artistiques. Leur action judiciaire viserait la « sauvegarde de l'œuvre de [leur] père », que David et Laura se présentent comme plus à même de garantir que leur belle-mère et leurs demi-sœurs. David, en particulier, est à son tour devenu musicien, chanteur et compositeur. Il a écrit pour son père l'album *Sang pour sang*, qui scelle leur filiation professionnelle sur fond de filiation biologique. Retraçant l'ensemble des collaborations entre le père et le fils depuis la naissance du second jusqu'au conflit autour de l'héritage du premier, un site belge titre éloquemment : « David Hallyday, le digne héritier[5] ».

La transmission du patrimoine s'inscrit toujours dans des arrangements économiques familiaux aux enjeux multiples, notamment celui de la transmission d'un statut social. Le patrimoine doit être transmis (il ne doit pas être dilapidé), il ne doit pas l'être n'importe comment (il ne doit pas être dispersé), et pas à n'importe qui (toutes les héritières et héritiers ne se valent pas).

Pour l'expliquer, ce chapitre s'appuie sur des monographies de familles et des données statistiques. Nous examinons la transmission du patrimoine et du statut social d'une génération à l'autre, dans des configurations familiales variées, en focalisant l'attention sur le rôle des hommes et des femmes dans ces transmissions. Nous verrons comment les mécanismes d'accumulation et de transmission de la richesse au sein des familles sont défavorables aux femmes.

## Arrangements économiques et stratégies familiales de reproduction

Bien souvent, on ne peut comprendre les arrangements économiques observés dans les familles, et leur acceptation par leurs différent·es membres, sans les réinscrire dans des *stratégies familiales de reproduction*. Depuis les travaux de Pierre Bourdieu et Jean-Claude Passeron[6], le concept de *reproduction* sert à décrire les mécanismes qui assurent le maintien dans le temps long d'une structure sociale hiérarchisée, ainsi que la permanence de la distribution des places dans cette hiérarchie. À l'échelle de leur vie quotidienne, les individus – par exemple, les parents – mettent en place des *stratégies familiales* pour s'assurer du maintien ou de l'amélioration de leur position dans l'espace social pour eux-mêmes et pour leurs proches – notamment leurs enfants. Ces *stratégies familiales de reproduction* peuvent être de plusieurs ordres : stratégies matrimoniales, stratégies de fécondité, stratégies immobilières, successorales, éducatives, scolaires... Elles font *système* entre elles et participent à la concurrence entre les groupes sociaux dans une société donnée et à un moment donné. Ces stratégies sont-elles toujours conscientes ? Pas nécessairement. Il existe un sens pratique de la reproduction, qui ne passe pas par des décisions intentionnelles[7].

Au début des années 2000, l'une de nous (Sibylle) a étudié le cas d'une famille de boulangers en Gironde qui illustre bien en quoi consiste la mise en œuvre d'une stratégie familiale de reproduction au moment d'une succession[8]. La méthode suivie est celle de la monographie de famille et consiste à recueillir séparément les points de vue sur les partages patrimoniaux de l'ensemble des protagonistes, au cours de longs entretiens enregistrés.

En 1992, la boulangère Marcelle Pilon part à la retraite et organise sa succession. Veuve depuis plus de quinze ans, elle décide de donner la boulangerie et la grande maison attenante à la boutique à son fils Pierre, qui a quarante-trois ans à l'époque et travaille déjà avec elle en tant que pâtissier. Mais Pierre a trois sœurs. Dans le cadre de la donation-partage réalisée chez le notaire, les trois filles de Marcelle reçoivent quelques biens immobiliers et terrains, dont la valeur n'atteint néanmoins pas celle de la part de Pierre. Pour que le partage soit égalitaire, en accord avec les principes du code civil, l'acte notarié prévoit que Pierre fournira gratuitement à deux de ses sœurs, qui vivent à proximité, du pain et des viennoiseries. Cet accord formalisé sera scrupuleusement suivi par Pierre et ses sœurs, pendant dix années, sous le contrôle de leur mère qui comptabilise baguettes, croissants et chocolatines.

Sur le papier, l'arrangement a l'air précis et équitable. Pourtant, l'enquête ethnographique révèle une importante omission, connue de toutes et tous. Délibérément, quelque chose n'a pas été compté. Dans les années 1960, les parents Pilon avaient acheté un fonds de pâtisserie pour leur fils Pierre, alors âgé de quatorze ans. C'est ce fonds de pâtisserie que Pierre adjoint à la boulangerie de ses parents pour en faire la boulangerie-pâtisserie dont il devient le seul patron. La valeur d'un fonds de commerce en milieu rural n'est pas négligeable : entre 50 000 et 100 000 euros. Pourtant, celui-ci n'a jamais été intégré dans les partages patrimoniaux officiels. Lors des entretiens, Marcelle Pilon et ses enfants justifient cette irrégularité par le fait que Pierre se serait sacrifié en reprenant l'entreprise familiale. De plus, il n'a pas réalisé d'études supérieures, contrairement à ses sœurs. Marcelle Pilon parvient même à chiffrer le coût des études de ses filles, en mentionnant la vente d'un moulin pour les financer dans les années 1960.

Tout n'est pas apaisé, cependant. Lorsque Sibylle pose explicitement aux sœurs la question de l'équité des partages successoraux, elles évoquent d'abord ces justifications, avant de mentionner plusieurs éléments qui les remettent en cause. Il s'avère qu'elles aussi ont travaillé dans la boutique de leurs parents et qu'elles l'ont toujours fait gratuitement, tandis que leur frère a rapidement été salarié, puis a touché le chiffre d'affaires lié à l'activité de pâtisserie. Par ailleurs, la vente du moulin n'a pas suffi. L'une des trois filles a arrêté ses études à l'âge de dix-sept ans, tandis que les deux autres les ont en partie financées par des bourses, tout en continuant à aider gratuitement leurs parents à la boulangerie. Les sœurs ont des griefs, et, pourtant, elles n'en ont pas fait part devant le notaire. Comme l'explique Roseline : « Ce qu'on ne voulait pas, Micheline, Monique et moi, toutes les trois... on ne voulait surtout pas se fâcher ! »

La bonne entente familiale est ici préservée au nom du maintien de l'entreprise familiale, qui prime sur les considérations de justice entre frère et sœurs. Si les filles Pilon n'ont pas contesté le fait d'être lésées, c'est que l'histoire de leur frère peut être racontée de deux manières différentes : Pierre a eu la « chance » d'être avantagé par leurs parents, ou bien il s'est « sacrifié » en reprenant la boulangerie-pâtisserie familiale.

Les stratégies familiales de reproduction sont collectives. Dans le cas de la famille Pilon, s'il est important pour les sœurs de Pierre que la boulangerie reste dans la famille, c'est qu'elle constitue un ressort important de notabilité pour l'ensemble du groupe de parenté au niveau local. À l'échelle collective, il existe une cohérence entre le déroulement de la succession, le maintien au village de la plupart des membres de la famille et l'investissement différencié des parents dans la scolarité de leur fils et de leurs filles (Monique est devenue directrice de l'école, Roseline conseillère municipale[a]) : ces

a. Seule Micheline, qui a arrêté ses études à dix-sept ans, s'est éloignée géographiquement : grâce à son travail salarié précoce, elle a soutenu financiè-

différents éléments ont permis le cumul de positions de notabilité qui assurent le maintien du statut social de la famille dans l'espace local. La notion de *stratégie familiale* permet de rendre compte de cette cohérence : « Il y a stratégie à partir du moment où le joueur, au lieu de prendre une décision à chaque coup, anticipe les coups à venir (cohérence dans le temps), les répartit selon une règle (cohérence dans l'espace) et suit par conséquent une ligne de conduite. Peu importe qu'il la suive en pleine conscience ou non : l'essentiel est la cohérence. La stratégie est donc ce qu'il faut supposer à la base des pratiques dès que celles-ci s'orientent objectivement vers une même fin[9]. » Les arrangements économiques familiaux que nous observons sont le résultat de *stratégies* au sens où ils sont le fruit de choix cohérents effectués à la fois en fonction de paris sur l'avenir et de dispositions sociales, de contraintes et de ressources particulières[10].

Dispositions, contraintes et ressources varient selon les classes sociales et sont en partie partagées par les membres de la famille. Mais, au sein même d'une famille, femmes et hommes bénéficient de dispositions et de ressources différenciées. Dans le cas de la famille Pilon, les sœurs apprennent qu'il est normal de travailler gratuitement et de manière désintéressée en aidant à la boutique au gré des besoins de l'entreprise familiale ; elles apprennent aussi qu'il est nécessaire d'accumuler du capital scolaire pour occuper un emploi salarié. Le frère apprend qu'il est normal que son travail soit valorisé et rémunéré ; il profite des bénéfices de l'indépendance et de la rentabilisation d'un capital économique

rement la boulangerie lors de périodes creuses, avant de prendre de la distance par rapport à sa famille. Souhaitant ne rien lui devoir sans pour autant couper les ponts (sa mère gardait ses enfants durant les congés scolaires, pendant lesquels Monique leur faisait faire des devoirs de vacances), elle s'est rapprochée à nouveau à la suite d'importants problèmes médicaux. Sa position dans la stratégie de reproduction de sa famille évoque celle des cadets migrants sur de plus ou moins longues distances décrite par Paul-André ROSENTAL pour le XIXe siècle : *Les Sentiers invisibles. Espace, familles et migrations dans la France du XIXe siècle*, Éditions de l'EHESS, Paris, 1999.

très tôt hérité, en étant rapidement intéressé aux résultats de l'entreprise. La famille produit ainsi des individus genrés, qui vont être amenés à jouer des rôles différenciés et hiérarchisés dans ces stratégies familiales de reproduction.

## Le « fils préféré » dans les familles d'indépendants

Cette configuration qui accorde une position bien spécifique à l'héritier masculin dans la stratégie familiale de reproduction, et les arrangements patrimoniaux qui en découlent, n'est pas spécifique à cette famille de boulangers de Gironde. Elle se retrouve plus largement dans les familles qui ont un patrimoine professionnel à transmettre. Comme dans la famille Pilon, quel que soit le secteur d'activité – agriculture, artisanat, commerce, industrie et services, professions libérales –, l'origine familiale est déterminante dans la mise à son compte. Si les agriculteurs se distinguent par une transmission familiale massive du statut (83 % d'entre eux ont au moins un parent à leur compte), ce phénomène n'est pas du tout négligeable dans les autres activités indépendantes : 50 % des chefs d'entreprise, 47 % des professions libérales et 45 % des artisans et commerçants sont des enfants d'indépendants[11]. Significativement, les fils, et en particulier les aînés, sont les premiers bénéficiaires de la reprise des entreprises familiales, et plus généralement de la transmission du statut d'indépendant.

Dès leur plus jeune âge, les garçons sont l'objet d'une intense socialisation pour leur inculquer le goût du métier, et celui de l'entrepreneuriat et de la mise à son compte, en lien avec la transmission d'un patrimoine professionnel. C'est ce que Céline a pu observer dans les entreprises familiales viticoles de Cognac[12] et que retrouve également la sociologue Charlotte Delabie dans le secteur métallurgique en Picardie[13]. Comme dans la famille Pilon, les filles peuvent être initiées au métier, tout simplement parce qu'elles ont souvent l'occasion de donner un coup de main. Mais il est beaucoup plus rare qu'elles soient « intéressées » financièrement à l'affaire familiale, en étant salariées, en acquérant des parts dans l'entreprise ou en étant héritières présumées du patrimoine productif. Lorsqu'il n'y a qu'un seul garçon dans la fratrie, la reprise de l'activité indépendante échoit le plus souvent, et de façon évidente, à ce dernier.

Les parents transmettent d'autant mieux leurs compétences professionnelles et managériales à leur enfant qu'il leur semble assuré que cet enfant reprendra l'activité indépendante avec succès. Or les parents l'envisagent plus souvent pour les garçons que pour les filles. Bernard Zarca parle de « valeur projective » de l'enfant pour ses parents[14] : on investira d'autant plus dans sa socialisation à l'indépendance que les personnes de l'entourage qui exercent la profession sont du même sexe qu'elle ou, plus souvent, que lui. Ce « réalisme » parental n'est pas toujours sans fondement. Même lorsqu'un père a initié sa fille à un savoir-faire professionnel dans le but de lui transmettre son métier, cette transmission n'empêche pas la jeune fille de rencontrer des difficultés parfois insurmontables lorsqu'elle tente d'exercer. À Cognac, par exemple, les filles en position de reprendre une exploitation viticole familiale – souvent parce qu'elles n'ont pas de frère ou que ce dernier est disqualifié du fait d'un handicap ou d'une maladie – sont rares. Lorsqu'elles s'engagent dans la voie de la reprise, elles rencontrent des obstacles inconnus des fils de viticulteurs : refus de certains maîtres de stage de les former, difficultés à susciter la confiance des banques pour emprunter, réticences des commissions départementales pour leur confier des terres, etc.[15].

À ces obstacles professionnels se surajoutent des difficultés familiales, la plus importante d'entre elles étant la place de leur conjoint sur l'exploitation. Céline a ainsi suivi les atermoiements d'une jeune viticultrice, Mylène Garmond, dans la reprise de l'exploitation de ses parents au début des années 2000. N'ayant pas de frère, elle a bénéficié d'une socialisation familiale au métier et à la mise à son compte, qu'elle a complétée par une solide formation en viticulture et œnologie. Mais, à partir du moment où elle se met en couple avec un jeune électricien au chômage qui hésite entre s'investir sur l'exploitation avec sa compagne (ce que n'acceptent pas ses beaux-parents, qui le jugent incompétent en la matière) ou occuper un emploi salarié en ville, loin de la propriété viticole, le processus de la reprise de l'exploitation s'enraie. Quinze ans plus tard, Mylène n'est plus viticultrice. Elle a mis ses compétences entrepreneuriales au service de son mari, le secondant dans son activité d'électricité-plomberie.

Au-delà de la « valeur projective » différenciée des filles et des garçons et de la discrimination des femmes au sein des groupes professionnels, un autre type d'inégalité révèle l'importance d'une socialisation familiale différenciée précoce dans la mise à son compte. Les enfants d'indépendants qui deviennent eux-mêmes indépendants sont plus souvent des aînés que des cadets[16]. Le genre et la position dans la fratrie s'articulent ainsi pour dessiner des probabilités différentes de devenir indépendant comme ses parents. 37 % des fils uniques d'indépendants sont à leur compte, soit davantage que les filles uniques (28 %) ou que les fils aînés (30 %) et cadets (27 %) et *a fortiori* les filles aînées et cadettes (18 et 17 %).

Même chose en ce qui concerne les reprises d'entreprise familiale : 25 % des fils uniques reprennent l'activité indépendante de leurs parents, contre 19 % des filles uniques ; lorsqu'il y a plusieurs enfants, ce sont les fils aînés qui ont la plus forte probabilité de reprendre l'activité de leurs parents (21 %), suivis de près par les garçons cadets (18 %). Les filles, qu'elles soient aînées ou cadettes, ne sont que 11 % à reprendre l'activité de leurs parents. En matière de transmission d'entreprise familiale, le handicap d'être une fille l'emporte sur l'avantage d'être une aînée.

### « Ça ressemble à la loi salique, c'est incroyable ! »

Ces inégalités intrafamiliales ne sont-elles que le résidu d'une « société de petits indépendants » qui déclinerait depuis l'avènement du salariat ? On peut en douter. D'abord, comme nous l'avons déjà évoqué au chapitre précédent, parce que l'indépendance professionnelle a cessé de reculer, en France comme dans le reste de l'Europe. Ensuite, parce que, lorsqu'on raisonne à l'échelle de la société française contemporaine, la part des individus issus de familles d'indépendants, surtout des familles de paysans, reste très importante.

Dans certaines familles tout se passe comme si un algorithme de petits indépendants continuait à organiser une partie des transmissions patrimoniales. La figure du « fils préféré » montre une étonnante permanence.

Considérons le cas de Sylvain Coulemelle. Cet étudiant à Sciences Po incarne parfaitement la figure « du fils et petit-fils préféré » dans une famille qui a progressivement reconverti son petit capital économique en capital culturel[17]. Et il le sait. « À la troisième génération, c'est moi l'héritier ! », dit-il en entretien. Pour comprendre cette position et ce qu'elle implique, il faut remonter le fil des générations de la famille Renoir, qui est celle de la mère de Sylvain, Christine.

On commencera cette histoire dans les années 1950, dans le Maine-et-Loire, puisqu'il faut bien commencer quelque part. René et Jacqueline Renoir, tous les deux issus de familles agricoles, ont monté un cabinet d'expert-comptable indépendant dans une petite ville du département, Segré. En l'espace de quelques années, le couple a trois enfants : Françoise, Jean-Paul et Christine.

À la génération des enfants, la situation est claire. Ici, comme chez les Pilon, c'est le fils qui endosse le rôle du repreneur de l'entreprise familiale avec l'assentiment de ses sœurs. Pourtant, Jean-Paul Renoir n'est pas le mieux placé sur le plan des diplômes pour reprendre le cabinet d'expert-comptable : titulaire d'un bac professionnel de mécanique automobile, il est moins diplômé que sa sœur aînée, Françoise, qui a obtenu une licence d'anglais et moins investi dans l'entreprise que sa sœur cadette Christine qui est titulaire d'un baccalauréat général et travaille comme salariée à temps partiel dans l'entreprise de comptabilité de ses parents. Pourtant, c'est Jean-Paul qui reçoit la clientèle de son père par donation en 1980.

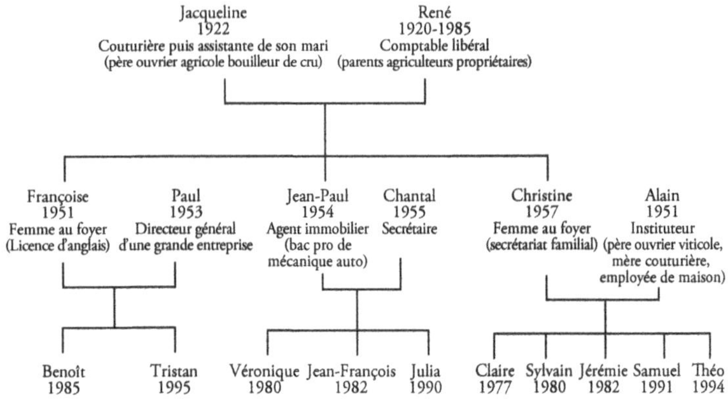


N'ayant pas le diplôme désormais requis pour devenir expert-comptable, Jean-Paul apporte la clientèle dont il a hérité à un cabinet tenu par un expert-comptable diplômé à Angers, dont il devient un des associés. En 2000, il vend cette clientèle à son associé pour acheter une agence immobilière. Quelques années plus tard, grâce aux bénéfices dégagés, il en achète une deuxième. Jean-Paul Renoir a donc bénéficié de transferts économiques familiaux substantiels qui auront des effets importants sur sa trajectoire professionnelle et patrimoniale, sans rapport avec ses diplômes. Il habite aujourd'hui avec son épouse une maison dont il est propriétaire et qu'il a achevé de rembourser. Mais cet avantage au « fils préféré » n'est pas sans laisser des traces à long terme dans les relations familiales.

Voici la manière dont en parle Claire Coulemelle, la fille aînée de Christine, en 2002 : « Mon grand-père a donné sa clientèle à mon oncle, ce qui représentait énormément d'argent, parce qu'il y avait énormément de clientèle. Et il lui a donné, hein, il ne lui a pas fait payer ! Tout ça, je le sais par maman, ce n'est pas mamie qui me l'a dit. Les autres, c'est-à-dire maman et sa sœur, ont dit : "Bon, d'accord. C'est lui qui veut être comptable, nous, on ne veut pas, ça ne nous intéresse pas cette clientèle. Mais enfin, bon, ça représente beaucoup d'argent." Alors, il paraît que quand il a donné cette clientèle à mon oncle, il aurait donné de l'argent à ses deux autres filles. Au moins, papa et maman ont reçu de l'argent, je crois [au moment de l'achat de leur maison]. Mais je ne sais pas si c'était équivalent. Je pense que ce n'était pas du tout équivalent à la somme que ça représentait, la clientèle, bien qu'elle n'ait pas été chiffrée puisque c'était une clientèle. Mais maman n'arrêtait pas de dire après : "Mamie dit qu'on lui doit de l'argent. Mais, enfin, ce qu'elle ne se rappelle pas, c'est que, quand même, papa [René Renoir], il avait fait un beau cadeau à Jean-Paul ! Si papa n'avait pas été là, Jean-Paul, il ne serait rien du tout, parce qu'il n'aurait jamais eu les moyens de s'acheter une clientèle, il n'avait pas de diplôme, il n'avait pas fait d'études." Donc, quand même, il lui doit beaucoup. »

À la génération suivante, les transferts patrimoniaux n'ont pas encore eu lieu. Pourtant, plusieurs indices laissent penser que c'est désormais Sylvain Coulemelle qui est le « petit-fils préféré » de sa grand-mère, aujourd'hui veuve. Le fils de Christine n'est pas l'aîné absolu des petits-enfants (sa sœur Claire est de deux années plus âgée), mais il est l'aîné des *petits-fils*. Par ailleurs, il a vécu toute son enfance à proximité de ses grands-parents à Segré, contrairement à ses cousins qui vivent plus loin (à Angers et Bruxelles). Son cousin, Jean-François Renoir, a seulement deux ans de moins que lui et pourrait, logiquement, être considéré comme l'héritier de la lignée dont il porte le nom de famille. Cependant, Sylvain, qui est étudiant à Sciences Po, connaît une réussite scolaire bien meilleure que Jean-François, qui a difficilement décroché son bac avant d'abandonner ses études. Sur le plan des études, seule sa sœur aînée Claire, qui est normalienne, pourrait rivaliser, mais c'est une fille. C'est ainsi le capital culturel de Sylvain Coulemelle, combiné à son genre, son rang de naissance et son ancrage local qui lui assurent le rôle d'héritier du groupe familial sans que, au moment de l'enquête, on puisse encore en connaître toutes les implications patrimoniales.

En 2000, lorsque la grand-mère Renoir assiste à la vente par son fils Jean-Paul de la clientèle familiale à un expert-comptable extérieur à la famille, c'est à Sylvain, alors âgé de vingt-deux ans, qu'elle demande de l'accompagner chez le notaire. Claire, sa sœur aînée conclut de son côté : « Dans la famille de maman, les garçons sont toujours préférés aux filles. Donc Jean-Paul est le fils préféré de ma grand-mère, on est bien d'accord. De même que pendant très longtemps Sylvain a été le fils préféré de maman… Ça ressemble à la loi salique[b], c'est incroyable ! »

Sur trois générations, la famille Renoir incarne les transformations de la population active au XX^e^ siècle : issue du monde paysan, elle est désormais partagée entre classes moyennes ou supérieures issues de la méritocratie scolaire et « cols blancs du commerce », qui incarnent les nouvelles formes d'indépendance professionnelle[18]. Au sein de ces groupes sociaux en expansion, on observe à l'œuvre des mécanismes mis au jour depuis longtemps par Pierre Bourdieu dans la société béarnaise paysanne[19] : la fabrique précoce d'un successeur masculin, porteur du statut social familial et héritier privilégié du patrimoine. Ce privilège masculin en matière d'héritage, dont certains pensent qu'il a disparu avec le déclin de la paysannerie et de la noblesse, est, aujourd'hui encore, perceptible à l'échelle de la population française, quand bien même le capital économique doit désormais composer avec le capital culturel.

## Les choses qu'il faut garder

L'analyse statistique de l'enquête « Patrimoine » de l'INSEE, conduite auprès d'environ 10 000 ménages, permet de généraliser ce qui a été observé au niveau de la famille Coulemelle. En 2015, pour les enfants d'indépendants, les héritages et

b. La « loi salique » est un code de loi élaboré entre le début du IV^e^ siècle et le VI^e^ pour le peuple des Francs dits « saliens », dont Clovis fut l'un des premiers rois. Dans le courant du XIV^e^ siècle, un article de ce code salique fut exhumé par les juristes de la dynastie royale des Capétiens pour justifier l'interdiction faite aux femmes de succéder au trône de France. À la fin de l'époque médiévale et à l'époque moderne, l'expression « loi salique » désigne ainsi les règles de succession au trône de France.

donations reçus par des garçons sont plus souvent constitués de biens professionnels que ceux reçus par des filles. L'écart est encore plus marqué si l'on compare les transferts reçus par des filles et les transferts reçus par le premier des fils. Mais ces différences de nature des transferts reçus selon le sexe et le rang de naissance ne concernent pas que les familles d'indépendants et les biens professionnels. Pour l'*ensemble des ménages*, les donations et héritages destinés aux fils, et encore davantage aux premiers des fils, sont significativement plus souvent constitués d'un logement avec réserve d'usufruit : il s'agit vraisemblablement de la maison familiale, transmise au fils (aîné) après le décès du premier parent, le conjoint survivant conservant l'usufruit du logement. Même chose pour les valeurs mobilières et les terres. Les garçons, en particulier les premiers des fils, reçoivent prioritairement des biens physiques spécifiques (entreprises, maisons, terres) par opposition à des transferts en argent, comme celui dont a pu bénéficier Christine Renoir.

Ainsi, dans la France contemporaine, il existe une distinction au sein des successions, bien connue des anthropologues, entre « les choses qu'on donne, les choses qu'on vend et celles qu'il ne faut ni donner ni vendre, qu'il faut garder[20] ». Certaines choses sont précieuses et inaliénables : elles ne peuvent changer de détenteur que dans des conditions très particulières. Ces « choses qu'il faut garder » conservent en elles la trace de la personnalité de leurs propriétaires et retiennent en elles leur histoire[21]. Ces biens se voient attribuer une « force » ou un « esprit » particuliers. Aujourd'hui, ce sont les entreprises familiales, les maisons de famille, mais aussi certaines actions et parts de société ou certaines terres. Ces choses circulent de façon spécifique d'une génération à l'autre : reçues en nature plutôt que vendues, elles sont attribuées préférentiellement aux hommes et aux premiers des fils.

Mais le code civil existe. Les enfants qui ne sont pas destinataires de ces biens spéciaux reçoivent donc une compensation, généralement sous forme d'argent. Ainsi, 49 % des transferts successoraux destinés aux filles sont constitués uniquement d'argent, contre 45 % de ceux destinés aux fils. Dans la situation d'un enfant unique, 32 % des transferts sont constitués uniquement d'argent quand il s'agit d'une fille, contre 26 % s'il s'agit d'un fils. Quand il y a plusieurs enfants, 49 % des transferts destinés à la première des filles et 54 % des transferts destinés aux autres filles sont uniquement constitués d'argent alors que ce n'est le cas que pour 43 % des transferts pour le premier des fils et 51 % pour les autres fils.

Ces différences sont toujours dans le même sens, mais elles peuvent paraître faibles. S'il en est ainsi, c'est parce que les statistiques font la moyenne entre des situations très différentes. Des familles où tous les enfants ont le même sexe et d'autres non. Des situations dans lesquelles il n'y a aucune marge de manœuvre dans la répartition des biens – successions uniquement constituées de liquidités, ou bien d'un unique bien immobilier qu'aucun héritier n'est capable de racheter et qu'il faut donc vendre – et des situations dans lesquelles une répartition genrée du patrimoine a bien lieu : les « choses qu'il faut garder » plutôt pour le premier des fils, l'argent liquide pour les autres.

Le rôle spécifique des fils, en particulier des aînés, se manifeste non seulement dans la nature des biens reçus mais aussi dans le *moment* où se déroule la transmission. Les fils reçoivent leur part plus tôt que les filles, sous la forme de donations anticipées. Ces dernières constituent 33 % des transferts successoraux reçus par les femmes, mais ce pourcentage atteint 38 % pour les hommes. Cet écart se retrouve quelle que soit la configuration de la famille. Les donations anticipées constituent 45 % des transferts successoraux reçus par les fils uniques, contre 40 % pour les filles uniques ; 40 % des transferts reçus par les premiers des garçons de leur fratrie, contre 37 % pour les premières des filles ; et 32 % pour les autres garçons, contre 27 % pour leurs homologues féminines. Recevoir plus tôt est évidemment un avantage dans les dynamiques d'accumulation du capital au cours d'une vie, tout comme dans les choix d'existence qui peuvent être faits.

### Du patronyme au patrimoine

Le « patrimoine » désigne juridiquement l'ensemble des droits d'un individu sur des biens. Du latin *patrimonium*, le patrimoine est ce qui vient du père (du latin *pater* : père, et *munire* : munir), comme si seul celui-ci possédait des biens à transmettre à la génération suivante. Cette logique est aussi celle qui préside à la transmission du nom de famille, justement appelé *patronyme*, c'est-à-dire le nom du père.

En France, pendant longtemps, seuls les hommes pouvaient transmettre leur nom à leurs enfants, à partir du moment où ils étaient mariés avec la mère des enfants ou qu'ils les avaient reconnus. C'est depuis 2005 seulement que les enfants peuvent porter le nom de l'un ou de l'autre parent, ou même les deux dans l'ordre désiré. Cependant, en l'absence de demande contraire auprès de l'état civil, c'est le nom du père qui continue d'être attribué par défaut ; jusqu'en 2013, il continuait également à s'imposer en cas de désaccord (depuis, ce sont les deux noms par ordre alphabétique). Dans les faits, le nom du père domine largement. Selon les données statistiques les plus récentes[22], 83 % des enfants nés en 2014 portent uniquement le nom de leur père. Cette proportion s'élève à 95 % pour les enfants nés au sein d'un couple marié. Un enfant sur dix né en 2014 porte un double nom : 8 % portent le nom de leur père suivi de celui de leur mère et 2 % les deux noms dans l'ordre inverse. Pour les 7 % d'enfants portant uniquement le nom de leur mère, l'INSEE estime que, plus de neuf fois sur dix, c'est parce que le père n'a pas reconnu l'enfant à la naissance.

Le nom de l'homme s'impose aussi à son épouse. En France, aucune loi n'oblige les femmes à prendre le nom de leur mari. Cependant, les pratiques administratives ont depuis longtemps occulté le droit en imposant cet usage et en inventant même la catégorie juridiquement impropre, mais tenace, de « nom de jeune fille ». En 1995, 91 % des femmes mariées utilisaient au quotidien le nom de leur époux[23]. On ne dispose hélas pas de données statistiques plus contemporaines ; cette pratique a probablement diminué du fait du recul de l'âge au mariage. Toutefois, dans une étude récente, des femmes mariées qui n'ont pas souhaité « prendre le nom » de leur mari témoignent des importantes résistances qu'elles ont dû affronter dans leur entourage familial, amical et professionnel, et comment elles se sont vu imposer dans divers contextes le nom de leur conjoint[24]. À l'inverse, qui sait que, juridiquement, il est tout à fait possible pour un homme marié de porter le nom de son épouse[25] ?

La subordination patronymique des femmes mariées et la transmission du nom de père en fils ne sont pas ou plus inscrites dans le droit et, pourtant, elles se maintiennent dans les pratiques. Ceci n'a rien d'anodin. Contrairement aux femmes, les hommes possèdent un bien symbolique – leur nom de famille – qu'ils peuvent transmettre à leurs enfants et imposer à leur conjointe, comme pour marquer leur place prépondérante dans les stratégies familiales de reproduction. À la génération suivante, les fils héritent d'un nom stable, transmissible – dans certaines sociétés paysannes, on les qualifie de ce fait de « sauve-race » –, alors que ni les mères ni les filles ne possèdent ce bien symbolique. Cette inégalité fondamentale, que le droit ne parvient pas à résorber, se retrouve dans les mécanismes d'appropriation et de transmission des biens matériels.

## Du « fils préféré » à l'inégalité patrimoniale au sein du couple

Revenons à l'exemple du boulanger-pâtissier de Gironde, Pierre Pilon, qui a nourri ses sœurs en viennoiseries pendant dix ans. En 1979, âgé de trente et un ans, il se marie avec Gisèle. La carrière professionnelle de Pierre est alors bien engagée, en lien avec les transferts successoraux qu'il a d'ores et déjà reçus. Pour rappel, il est alors propriétaire du fonds de pâtisserie rattaché à la boulangerie, et sa mère vient de lui faire donation de la maison où se trouve la boutique. Gisèle a seulement vingt-deux ans. Ses parents sont bijoutiers à Paris, et elle a rencontré Pierre au cours de ses vacances au village, où elle se rend chaque année en famille. Contrairement à son mari, Gisèle n'a reçu aucune donation de ses parents, qui sont perçus localement au mieux comme des « bohémiens » un peu artistes (son frère est un sculpteur renommé) qui « vendent des bibelots » à Paris, au pire comme des « cas sociaux » irresponsables et un peu « fous ». Gisèle n'a pas le bac et n'a pas de profession établie, même si elle a eu des emplois alimentaires. C'est donc sous le signe de l'évidence que le jeune couple s'installe dans la maison de famille attenante à la boulangerie-pâtisserie, qui sont toutes deux la propriété exclusive de Pierre.

Certes, cette configuration est statistiquement minoritaire : seules 8,1 % des résidences principales détenues par des couples hétérosexuels sont la propriété exclusive de l'homme. Elle est néanmoins deux fois moins rare que la configuration inverse : seulement 4,6 % des résidences principales détenues par un couple sont la propriété exclusive de la conjointe. Ces configurations inégalitaires de propriété sont plus fréquentes pour d'autres types de logements, et aussi à l'avantage des hommes : dans le cas des résidences secondaires détenues par des couples, seules 52 % sont détenues par l'homme et la femme à égalité, tandis que 27 % le sont d'abord par le conjoint (exclusivement, en majorité, ou encore avec des personnes extérieures au ménage, par exemple avec des frères et sœurs à la suite d'une succession) contre 19 % détenues d'abord par la conjointe.

Dans le cas de la résidence principale, cette inégalité dans la propriété a des implications concrètes très importantes : non seulement le patrimoine de l'épouse est alors nettement inférieur à celui du mari, mais le choix du lieu de résidence est largement déterminé par les contraintes familiales et professionnelles de l'homme. En entretien, Pierre Pilon se fait l'écho des difficultés que Gisèle a rencontrées pour voisiner avec belles-sœurs et belle-mère, tout comme pour mener sa carrière professionnelle – après y avoir un temps renoncé, elle fait des allers-retours coûteux en temps et en argent entre le village et Bordeaux, où elle devient employée à la Banque de France.

L'écart d'âge entre Gisèle et Pierre Pilon (il a neuf ans de plus qu'elle) s'avère également crucial dans leur inégale accumulation patrimoniale. Cet écart d'âge n'a rien d'exceptionnel, bien au contraire. En 2012, parmi les couples cohabitants formés d'un homme et d'une femme, les conjoint·es ont le même âge (à un an près) dans seulement trois cas sur dix. Dans six couples sur dix, l'homme est plus âgé que la femme, tandis que dans seulement un couple sur dix, l'homme est le plus jeune (une proportion, il est vrai, en croissance)[26]. Or être le plus âgé au moment de la mise en couple signifie concrètement être plus avancé dans sa carrière professionnelle et avoir plus de chances, toutes choses égales par ailleurs, de détenir un patrimoine propre plus important, qu'il soit hérité ou le produit d'économies réalisées en début de vie active. Les inégalités patrimoniales de départ ont alors toutes les chances de s'approfondir au cours de la vie de couple : le plus âgé qui est aussi le plus riche faisant fructifier son patrimoine propre, tandis que l'autre accommode sa carrière professionnelle en fonction. À l'inverse, lorsque le conjoint et la conjointe ont des âges proches, ils ont une probabilité plus grande de détenir une richesse personnelle équivalente au moment de la mise en couple qu'ils peuvent investir dans un bien commun dans le cadre du mariage, ou dans une indivision à parts égales si le couple reste en union libre.

Dans le cas de Gisèle et Pierre Pilon comme dans tant d'autres, la position de « fils préféré » de l'homme au sein de sa famille d'origine s'articule à un écart d'âge en sa faveur dans son couple, à un partage inégal des tâches domestiques et à la place dominée de la femme sur le marché du travail salarié. Si Gisèle renonce pendant longtemps à sa carrière professionnelle et accepte de vivre dans une maison qui n'est pas la sienne, c'est aussi parce qu'elle a alors la charge de ses jeunes enfants et, peu diplômée, ne peut espérer un emploi dont la rémunération compenserait les frais liés à leur garde et aux déplacements entre domicile et travail. Plusieurs types d'inégalités de genre se cumulent donc au cours du cycle de vie familial. Elles donnent au conjoint un pouvoir sur sa partenaire qui fragilise la situation économique de cette dernière, déjà désavantagée au départ.

## Héritages et ascendant patrimonial dans le couple

Mais que se passe-t-il dans les couples où la femme provient d'une famille plus fortunée que son conjoint ? Le cas que nous allons examiner à présent permet d'expliquer pourquoi les femmes, dans la France contemporaine, ont peu de chances d'avoir l'ascendant patrimonial dans leur couple, y compris dans des configurations qui semblent *a priori* les avantager.

Revenons à la famille Renoir à Segré, dans le Maine-et-Loire[c] et déplaçons notre regard vers la benjamine, Christine. Nous l'avons vu, le frère de Christine, Jean-Pierre, a bénéficié d'une position de « fils préféré » : c'est à lui qu'a été transmise la clientèle d'expert-comptable de ses parents, clientèle dont il a pu et su tirer une situation professionnelle et patrimoniale confortable. Mais Christine a aussi bénéficié d'une aide financière – certes, de moindre valeur – au moment d'acheter sa maison avec son mari, Alain Coulemelle. Instituteur à Segré, ce dernier est issu d'une famille beaucoup plus modeste que les Renoir. Il n'a reçu aucun héritage de ses parents, respectivement ouvrier viticole et couturière : « En gros, si je voulais résumer, Christine vient d'une famille aisée, et moi d'une famille très modeste », reconnaît-il.

En 2002, Christine et Alain Coulemelle vendent leur maison : le salaire d'instituteur d'Alain et les quelques revenus d'appoint de Christine (qui a notamment travaillé à temps partiel dans l'agence immobilière de son frère) ne leur ont jamais permis de s'acquitter de la totalité des remboursements de l'emprunt, tout en conservant un train de vie suffisamment confortable avec leurs cinq enfants. Après avoir longtemps eu recours à des aides financières plus ou moins régulières de la

c. Voir l'arbre généalogique p. 64.

famille de Christine, ils renoncent à la propriété et décident d'emménager dans un appartement de fonction attenant à l'école, dont Alain est devenu le directeur. L'un et l'autre considèrent cette solution comme temporaire.

Le couple a un projet : emménager à terme dans la résidence secondaire des parents de Christine, une petite maison située sur la côte vendéenne dans laquelle la famille passe déjà une grande partie de ses vacances. Leur idée est de s'y installer à l'année dès qu'Alain aura obtenu sa mutation en Vendée. Christine considère que cette maison pourrait constituer sa part de la succession de ses parents. En entretien, Christine comme ses enfants s'interrogent néanmoins sur l'opposition que pourraient manifester le frère et la sœur de Christine. Et s'ils insistaient pour rester propriétaires en indivision de cette maison, afin de la conserver comme lieu de villégiature ? Et s'ils la faisaient évaluer à un prix élevé, obligeant Christine et Alain à leur verser des compensations financières qu'ils ne seraient pas en mesure d'assumer ? Ces inquiétudes manifestent la position dominée de Christine au sein de sa famille d'origine, par rapport à son frère Jean-Paul, agent immobilier, comme par rapport à sa sœur aînée Françoise, dont le mari est directeur général d'une grande entreprise à Bruxelles. La fille aînée de Christine, Claire, témoigne des inquiétudes de sa mère : « Maman aurait voulu l'avoir en héritage [la maison vendéenne] et avoir moins d'argent, si tu veux. Mais elle dit : "Je suis sûre que Françoise et Jean-Paul vont nous mettre des bâtons dans les roues et dire que ça représente trop d'argent, ça ferait une part trop… enfin que ça ne serait pas équitable comme part." Et maman de dire, bien sûr : "Ben, c'est pas juste, parce que Françoise et Jean-Paul, ils ont plein d'argent, en plus ils n'en ont rien à faire de cette maison vu qu'ils n'y vont jamais, je vois pas en quoi ça les regarde." Maman de dire : "C'est vraiment pour nous emmerder qu'ils veulent s'opposer à ça. C'est juste pour nous faire sentir qu'ils ont plus d'argent, alors ils ont le pouvoir, alors on ne peut pas faire tout ce qu'on veut !" »

Finalement, Alain Coulemelle prend la décision, sans concertation ni avec son épouse ni avec ses enfants, de ne pas demander sa mutation en Vendée. Deux mois plus tard, en octobre 2001, Sylvain, le fils aîné d'Alain et Christine, se confie dans un long entretien enregistré : « Le coup de théâtre récent, c'est que mon père a dit qu'en fait il n'avait jamais pensé sérieusement à acheter la maison en Vendée. Et alors maintenant je me rappelle que… ça devait être fin juin, début juillet, à un moment où mes parents étaient là-bas avec mon frère Jérémie, et je me rappelle assister à… ma mère et mon frère, faire le tour de la maison, et puis vraiment dessiner des plans et tout, et ma mère qui passait des nuits blanches à réfléchir à l'agencement des pièces, et mon frère à réfléchir où mettre les prises et tout, parce que tous les deux, ils sont passionnés par ça. Alors, quand j'y repense maintenant, je me dis : "Mais à quoi pensait mon père à l'époque ?" »

Alain Coulemelle s'explique, dans un entretien réalisé l'année suivante. Il considère que la vente de leur précédente maison a permis au couple de « rembourser ce genre de dettes familiales dont on aurait eu du mal à se sortir » et exprime sa crainte de « retomber dans les travaux et dans les emprunts ». En s'appuyant sur sa situation professionnelle, il s'est libéré de relations de domination qui l'attachaient à sa belle-famille. Dans le cas de Christine et Alain Coulemelle, la position plus favorable de l'homme sur le marché du travail lui permet de contrebalancer une situation patrimoniale dominée. L'avantage patrimonial potentiel de l'épouse, en revanche, est grevé par sa position dominée de fille cadette : si sa famille a du patrimoine, elle n'en est pas l'héritière la plus légitime.

On peut imaginer à quel point la situation aurait été différente si c'était Christine qui avait hérité de la clientèle du cabinet de comptabilité de ses parents – ce qui n'avait rien d'impossible : elle est plus diplômée que son frère et, de fait, a travaillé à plusieurs reprises, gratuitement ou en tant que salariée, pour ses parents puis pour son frère. La donne aurait été également modifiée si Alain avait eu dix-huit ans et Christine vingt-quatre au moment de leur mariage, plutôt que l'inverse ; si Alain avait suivi Christine dans ses choix professionnels et s'était mis à temps partiel pour s'occuper de leurs enfants, et si elle n'avait pas été contrainte par les demandes de mutation de son mari. Au final, l'exemple de Christine permet de mesurer le peu de chances qu'a une femme de réunir les conditions pour convaincre son conjoint d'habiter une maison qu'il considère comme n'étant pas la sienne : « Ce n'est pas notre maison », répète à plusieurs reprises Alain Coulemelle, qui aura le dernier mot.

Dans les couples hétérosexuels, la place différenciée des hommes et des femmes au sein de leurs familles d'origine, le fonctionnement du marché matrimonial[27] et les inégalités de genre sur le marché du travail s'articulent ainsi pour conférer aux hommes un pouvoir économique et un ascendant patrimonial que peu de femmes peuvent avoir dans leur couple. En définitive, les inégalités de patrimoine sont bien plus souvent en faveur des hommes, tant du point de vue des droits officiels de propriété – les hommes détiennent davantage de biens propres – que du point de vue du pouvoir de décision en matière de patrimoine.

## Dans la famille et sur le marché du travail : une dynamique inégalitaire persistante

Depuis le milieu du XX^e^ siècle, la position des femmes sur le marché du travail a évolué. Des professions, autrefois largement fermées aux femmes, notamment parmi les plus qualifiées (dans le secteur médical ou juridique par exemple), se sont peu à peu féminisées. Cependant, les carrières féminines gardent des spécificités. En dépit de meilleurs résultats scolaires que les garçons, les filles empruntent des filières d'études moins « rentables » sur le marché du travail. Elles sont encore aujourd'hui surreprésentées dans des secteurs d'activité historiquement peu rémunérateurs (administration, santé, travail social, services à la personne). Si les femmes qui ont des enfants cessent moins longtemps et moins fréquemment leur activité que dans les années 1950 ou 1960, elles occupent bien plus souvent que les hommes des emplois à temps partiel[28], ce qui a pour double conséquence de limiter leur rémunération (qui dit temps partiel dit salaire partiel) et de ralentir la progression de leur carrière. Dans le privé comme dans le public, elles se heurtent à un plafond de verre qui les empêche d'occuper les positions les plus prestigieuses et les mieux rémunérées[29]. Tous ces facteurs expliquent que les femmes gagnent un quart de revenus en moins que les hommes en moyenne[30]. Mais, même lorsqu'on raisonne toutes choses égales par ailleurs (à âge, ancienneté, secteur d'activité, position professionnelle, temps de travail, etc. donnés), le marché du travail reste discriminatoire puisque les salaires des femmes sont de 10,5 % inférieurs à ceux des hommes[31].

Ces inégalités persistantes sur le marché du travail sont intriquées avec d'autres inégalités qui se jouent dans la sphère privée familiale. Certes, les femmes consacrent aujourd'hui moins de temps aux tâches domestiques que dans les années 1980 (56 minutes de moins par jour entre 1985 et 2010) et les hommes un tout petit peu plus (10 minutes de plus), mais elles continuent à assurer plus des deux tiers de ce travail gratuit[32]. Aujourd'hui comme hier, l'arrivée du premier enfant et de chaque enfant suivant accentue cet écart. La combinaison renouvelée de ces inégalités sur le marché du travail et dans la sphère domestique aboutit au maintien de très fortes inégalités économiques entre conjoint·es de sexe différent. Les revenus des femmes vivant en couple sont en moyenne inférieurs de 42 % à ceux de leurs conjoints : en 2011, elles touchent 16 700 euros par an, contre 29 000 pour eux. L'écart de revenu n'est que de 9 % entre les femmes et les hommes vivant seul·es[33]. La conjugalité hétérosexuelle entérine des inégalités économiques préexistantes, puis les creuse fortement.

## Les formes renouvelées de la domination masculine patrimoniale

Depuis les années 1970, un autre changement affecte les générations plus jeunes : la rupture est devenue un horizon possible, voire probable, pour les couples, et cela dans tous les milieux sociaux. Les inégalités économiques entre conjoint·es, qui s'approfondissent discrètement pendant la vie en couple, éclatent alors au grand jour.

Sibylle a suivi Sabrina Legendre et Jérôme Giniez depuis la formation de leur couple au début des années 2000, jusqu'à leur divorce quinze ans plus tard. Nous retraçons ici les grandes lignes de leur histoire conjugale et patrimoniale, qui finit en laissant Sabrina sans « rien », comme c'est souvent le cas pour les femmes à l'issue d'une séparation.

Sabrina Legendre est née à Paris en 1978 et passe son enfance dans un ensemble HLM occupé par du personnel de la SNCF, dont son père est agent. Après avoir obtenu un bac littéraire puis un BTS d'assistance de direction en alternance, elle décide de quitter la capitale pour pouvoir prendre son indépendance, chose qui lui paraît plus difficile en région parisienne, compte tenu du prix des loyers. Elle part habiter chez une tante en Haute-Savoie, le temps de trouver un emploi et un logement. C'est là qu'elle rencontre Jérôme Giniez. Du même âge, ils ont tous les deux un contrat d'emploi jeune (CEJ) à la Protection judiciaire de la jeunesse.

Un an après leur rencontre, le jeune couple décide de quitter la Haute-Savoie : la vie y reste relativement chère, et leur travail ne les satisfait plus. Après plusieurs déménagements, ils emménagent à Charols, un village drômois à proximité de Montélimar, dans une maison qui appartient à la famille de Jérôme. Ses grands-parents, Marcel et Marie-Louise Saignole, anciens agriculteurs, vivent avec deux de leurs enfants restés célibataires dans un beau corps de ferme voisin situé sur un vaste terrain, au bout d'une allée bordée de cyprès. À Charols, les grands-parents, ainsi que l'oncle et la tante célibataires de Jérôme, sont prêts à se mobiliser pour le couple nouvellement marié (ce sont eux qui sont propriétaires de la maison de Sabrina et Jérôme). Ils leur donnent aussi des coups de main pour s'occuper de leurs deux jeunes enfants nés en 2003 et 2006 ; en outre, le loyer de la petite maison est modique. Mais Sabrina et Jérôme rêvent de devenir, un jour, propriétaires.

Sur le plan professionnel, la situation du couple évolue. En 2004, Jérôme passe les concours de l'enseignement et devient professeur dans un lycée professionnel de Montélimar. Sabrina, qui souhaiterait continuer à travailler dans le secteur social, alterne entre des périodes d'emploi en tant qu'assistante d'éducateur spécialisé, sans compétence reconnue, et des périodes de chômage ou de sous-emploi en tant qu'animatrice d'accueil de loisirs, en fonction de ses grossesses et des possibilités de garde des enfants. Elle se met à regretter son installation dans la Drôme, où les opportunités d'emploi et de formation sont restreintes, et où elle se trouve éloignée, matériellement et affectivement, de ses réseaux familiaux et amicaux. Mais un élément important gouverne le maintien du couple dans la région : la carrière professionnelle de Jérôme. Il est le seul à apporter un revenu stable au ménage, et la spécialité qu'il enseigne n'est dispensée que dans de rares établissements, ce qui rend difficile une mutation. La divergence de leurs carrières, liée au partage inégal du travail parental ainsi qu'à la faiblesse du salaire de Sabrina, ne laisse aucune marge de manœuvre à cette dernière dans leurs choix résidentiels et patrimoniaux. Les projets professionnels de Sabrina sont pris en tenaille par deux impératifs : ne pas remettre en cause la carrière de Jérôme et permettre au couple d'accéder à la propriété.

En 2005, Jérôme et Sabrina commencent à discuter de la possibilité d'hériter ou de racheter tout ou partie de la maison des grands-parents maternels de Jérôme, les Saignole. Cette mise à disposition potentielle du patrimoine familial de Jérôme est liée d'abord à son existence : la famille de Jérôme est dotée d'un patrimoine immobilier plus important que celui de la famille de Sabrina. Elle est aussi liée à la position de Jérôme dans sa famille. Pour les Saignole, la venue de Jérôme et Sabrina à Charols constitue une occasion inespérée de maintenir la position de la famille sur ce territoire. Marcel et Marie-Louise Saignole étaient agriculteurs, à la tête d'une exploitation de 10 hectares de céréales et d'un élevage d'une cinquantaine de veaux. Cependant, à la génération suivante, aucun de leurs quatre enfants n'a repris l'exploitation – ce qui, bien que fréquent dans le secteur agricole, n'est jamais facile à vivre pour les propriétaires d'une entreprise familiale[34].

Sabrina, Jérôme et leurs enfants – et particulièrement, leur fils aîné Killian – sont pris dans une *stratégie familiale de reproduction*. La naissance de Killian – un arrière-petit-fils – a particulièrement réjoui Marcel Saignole. Killian est l'objet, malgré les générations qui le séparent de celui à qui il succéderait, et l'absence d'exploitation agricole à transmettre, d'une véritable socialisation de « repreneur[35] », marquée notamment par l'entretien de son précoce intérêt pour les machines agricoles : achats et emprunts de livres portant sur le sujet, visites dans des expositions d'outils agricoles organisées par différents membres de la famille, miniatures de machines agricoles offertes à Noël et aux anniversaires, essais à bord des tracteurs et moissonneuses-batteuses des agriculteurs voisins. Une lignée masculine se dessine ainsi de Marcel à Killian en passant par Jérôme. C'est dans ce cadre qu'il faut comprendre la facilité avec laquelle Jérôme Giniez peut mobiliser le patrimoine de sa famille.

Le désir flou de reprise de Jérôme, encouragé par la confiance familiale dans son attachement à la terre, est plus ou moins partagé par Sabrina dans le cadre d'un projet commun de gîte à la ferme, qui pourrait se réaliser en mettant à profit le patrimoine immobilier et foncier de la famille Saignole. L'idée serait d'accéder à la propriété d'une grange qui appartient au corps de ferme. Ce projet mûrit peu à peu entre 2005 et 2008, mêlant désirs d'accession à la propriété et projets professionnels. Au passage, Sabrina a dû sacrifier ses ambitions de carrière : elle enchaîne congés de maternité, congés parentaux et emplois qui ne la satisfont pas, qu'elle accepte dans l'espoir de décrocher un CDI, « emprunt oblige[36] ».

Ce projet de reprise de la maison des grands-parents de Jérôme ne va cependant pas de soi. Le voisinage familial exerce peu ou prou un contrôle social sur le jeune couple, qui bien qu'involontaire n'en est pas moins réel et pèse à Sabrina. Le couple connaît des hauts et des bas. Sabrina remet régulièrement en cause ce choix résidentiel, et déclare avec plus ou moins de sérieux qu'elle veut rentrer à Paris ou emmener les enfants en Bretagne, dans sa famille maternelle.

Fin 2008, le couple traverse une période de crise, durant laquelle Sabrina annonce à Jérôme qu'elle le quitte, avant d'y renoncer. Elle ne peut pas partir de la Drôme, car elle ne veut pas s'éloigner de ses enfants ni les éloigner de leur père. En même temps, elle se voit difficilement construire seule sa vie dans une région où elle n'a ni attaches ni ressources propres. L'année suivante, Sabrina intègre une formation d'éducatrice spécialisée à Valence. Elle se félicite que la reprise de ses études lui permette de prendre du recul et, parallèlement, reparle à nouveau de l'achat de la maison des grands-parents de Jérôme. Elle n'est pas sûre de vouloir rester dans la région, mais elle veut aller au bout de ce projet « pour laisser quelque chose à Killian et Elea ».

En 2010, le père de Jérôme vend un terrain et donne 90 000 euros à son fils. Par ailleurs, Sabrina ayant entamé une formation qui lui garantit un futur CDI à temps plein, les conditions matérielles sont enfin réunies pour accéder à la propriété. Fin 2011, après en avoir discuté et rêvé plusieurs années, Sabrina et Jérôme rachètent, pour un prix modéré, une aile de la maison des grands-parents de Jérôme.

Le moment de l'achat de la maison est cependant marqué par ce que Sabrina appelle un « coup dur ». Le père de Jérôme a demandé à son fils de « protéger » sa donation, autrement dit de faire inscrire par le notaire l'origine de l'apport personnel dans l'acte d'achat. Les 90 000 euros d'apport, parce qu'ils sont issus d'une donation, sont dès lors réputés la propriété exclusive de Jérôme, qui détient donc officiellement les trois quarts de leur nouvelle maison. Jérôme n'était pas obligé de faire cela. Dans bien d'autres couples mariés sous le régime légal de la communauté des biens réduite aux acquêts, les héritages reçus par les conjoint·es en liquidité, souvent placés sur des comptes joints, servent d'apport personnel au moment de l'acquisition de la résidence principale sans que leur origine soit mentionnée dans l'acte d'achat. La résidence principale intègre ainsi la communauté de biens du couple et se trouve détenue à parts égales par l'homme et la femme. Sabrina interprète l'initiative de son beau-père comme une marque de défiance. Ce dernier a sans doute voulu mettre en garde son fils sur les conséquences patrimoniales d'une éventuelle séparation conjugale.

Celle-ci arrive finalement à la fin de l'année 2013, deux ans à peine après l'achat de leur maison. Sabrina loue un logement social de la commune de Charols, tandis que Jérôme conserve la maison, assurant désormais seul le remboursement de l'emprunt. Les enfants vivent une semaine sur deux chez chacun de leurs parents.

À l'issue de la procédure de divorce en 2015, Sabrina ne récupère aucune compensation financière pour sa part de la maison. Le notaire considère que les remboursements auxquels elle a participé couvraient encore le paiement des intérêts du crédit immobilier. Et compte tenu du fait qu'elle ne possédait qu'un quart de la maison, il est acté que Jérôme ne lui doit rien. Sabrina a participé pendant deux ans au remboursement de la maison, le couple ayant attendu pour emprunter qu'elle ait la garantie d'un CDI. Elle a également contribué pleinement aux travaux pour réhabiliter cette aile de l'ancienne ferme. En amont, elle a accepté de rester vivre dans la Drôme et de suspendre sa carrière professionnelle pour préserver celle de son conjoint. Mais rien de tout cela ne sera reconnu dans la procédure de divorce.

## Individualisation du patrimoine et horizon de la séparation

L'histoire de Jérôme Giniez et Sabrina Legendre est exemplaire d'une tendance récente à l'*individualisation des patrimoines*[37] qui renforce les inégalités de richesse entre hommes et femmes dans les couples.

En France, la proportion de couples mariés qui divorcent a fortement augmenté depuis les années 1980, avant de se stabiliser à un niveau élevé d'environ un divorce pour deux mariages dans les années 2000[38]. Dans ce contexte, les conjoint·es ont de plus en plus tendance à séparer leur patrimoine et, lorsqu'ils reforment un couple – ce qui est davantage le cas pour les hommes que pour les femmes –, à ne pas le remettre en commun, en ne se remariant pas ou en optant pour un contrat de mariage séparatiste. Par ailleurs, de moins en moins de couples se marient, préférant rester en union libre ou se pacser, ce qui revient à une gestion individuelle de son patrimoine. Au sein même des couples mariés, le régime légal perd du terrain au profit d'une augmentation des contrats de mariage en séparation de biens[39]. Rappelons que, par défaut, les couples sont mariés sous le régime de la communauté de biens réduite aux acquêts : tous les biens acquis pendant le mariage sont possédés à parts égales, à l'exception des biens hérités qui, comme les biens acquis avant le mariage, sont détenus en propre par chacun·e. Par contraste, un contrat de mariage en séparation de biens permet à l'épouse et l'époux de continuer à détenir chacun·e leur patrimoine propre : rien n'est mis en commun.

L'*individualisation des patrimoines* correspond sans doute, dans une partie des couples, à la vision de conjoint·es autonomes économiquement. Mais elle correspond aussi, avec l'horizon désormais probable d'une rupture conjugale, à une forme de protection du patrimoine familial de chacun et chacune. Sur les conseils explicites des notaires, la séparation des biens est particulièrement utilisée dans les couples qui tirent une partie de leur richesse d'une activité professionnelle indépendante, et parmi ceux qui ont hérité ou sont susceptibles d'hériter bientôt (même si les biens hérités sont censés rester des biens propres sous le régime par défaut, on s'assure ainsi qu'ils ne tombent pas, d'une façon ou d'une autre, dans la communauté). Les couples mariés qui choisissent de séparer leurs patrimoines sont généralement plus fortunés, mais aussi plus inégalitaires (les hommes nettement plus riches que leur épouse sont surreprésentés)[40].

Dans un contexte de généralisation des séparations conjugales, l'individualisation des patrimoines correspond ainsi à une forme de protection des mécanismes d'accumulation et de transmission de la richesse familiale en lignée masculine. L'individualisation des patrimoines contribue aussi à fragiliser la situation économique des femmes au moment des ruptures.

Comme Sabrina Legendre, de nombreuses femmes qui avaient accédé à la propriété avec leur ex-conjoint sortent de leur séparation « sans rien », ou avec des compensations financières faibles, après avoir laissé leur logement à leur ex-conjoint. Cette inégalité se retrouve dans les données statistiques : après une séparation, les hommes conservent plus souvent que les femmes le domicile conjugal. D'après les données de l'échantillon démographique permanent de 2015, dans 43 % des cas, c'est l'homme qui continue à habiter dans l'ancien domicile conjugal un an après la rupture ; dans 32 % des cas, c'est la femme[41]. L'écart est encore plus important pour les propriétaires : le conjoint conserve le logement dans 46 % des cas ; la conjointe dans seulement 30 % des situations. Lorsqu'elles quittent le domicile conjugal qui était la propriété du couple, seules 29 % des femmes conservent le statut de propriétaire ; 55 % deviennent locataires d'un bailleur privé et 16 % d'un bailleur social. Dans la situation moins fréquente des hommes qui quittent le domicile conjugal qui était la propriété du couple, ils sont plus nombreux à se maintenir dans le statut de propriétaire : 35 %[42]. L'exploitation de l'enquête « Patrimoine » de l'INSEE le confirme. En 2015, toutes choses égales par ailleurs – âge, catégorie socioprofessionnelle, nombre de frères et sœurs et patrimoine immobilier des parents –, être séparé·e plutôt qu'en couple diminue significativement les chances d'être propriétaire. Mais cette corrélation est significativement plus forte pour les femmes que pour les hommes.

Ainsi, malgré les évolutions du marché du travail, l'augmentation des séparations combinée à l'individualisation des patrimoines contribue au maintien d'une position dominée des femmes dans les processus d'accumulation et de transmission du patrimoine.

**Le renoncement des veuves à la propriété**

À la fin du cycle de vie, il y a une inégalité qui une fois n'est pas coutume est favorable aux femmes : la longévité. En 2018, les femmes ont en effet une espérance de vie de 85,4 ans contre 79,5 ans pour les hommes. Toutefois, quand une femme atteint l'âge de 65 ans en bonne santé, il lui reste en moyenne vingt-trois années à vivre, mais seulement onze années sans incapacité. Un homme de 65 ans a en moyenne dix-neuf ans d'espérance de vie dont dix ans en bonne santé[43]. La longévité des femmes entraîne une période plus longue d'incapacité, sans conjoint pour s'occuper d'elles, du fait de l'écart d'âge moyen observé dans les couples. L'ensemble de ces éléments conduit à des expériences de fin de vie très différentes pour les hommes et les femmes. Pour la plupart des hommes, la fin de vie se déroule en couple et à domicile, pour la plupart des femmes, elle se déroule en tant que veuve et en maison de retraite.

Selon l'INSEE, en 2015, 62 % des femmes de plus de quatre-vingts ans vivent seules contre seulement 27 % des hommes du même âge. Mais les femmes veuves ont du mal à rester propriétaires. Selon les données de l'enquête « Patrimoine », en 2015, la corrélation entre veuvage et propriété de la résidence principale est négative pour les femmes, alors que le fait d'être veuf plutôt qu'en couple n'a pas d'incidence significative sur le statut de propriétaire des hommes.

Cette asymétrie des effets du veuvage a notamment pour origine les très fortes inégalités de revenu entre hommes et femmes à l'âge de la retraite. En France, les femmes de plus de soixante-cinq ans touchent des pensions inférieures de 39 % en moyenne à celles de leurs homologues masculins, de 25 % si on tient compte des droits dérivés (en particulier des pensions de réversion)[44]. Tout concourt à ce que cet écart se creuse fortement dans les années à venir avec la baisse des pensions de réversion[d], la montée de l'union libre, l'augmentation des séparations conjugales et le maintien des inégalités de carrière salariale entre hommes et femmes[45]. C'est l'espérance de vie plus élevée des femmes, leur expérience plus longue de la dépendance, combinée à leurs revenus plus limités, qui les contraignent plus fréquemment à abandonner la propriété de leur logement et à finir leurs jours en maison de retraite.

Les femmes représentent aujourd'hui près de 80 % des personnes de quatre-vingts ans et plus qui résident en maison de retraite[46]. Contrairement à la population des retraité·es vivant à leur domicile qui sont à plus de 70 % propriétaires, moins d'un tiers des résident·es de maison de retraite, surtout des femmes donc, sont propriétaires[47]. Ce chiffre établi par Solène Billaud est peu connu et ne se retrouve pas dans les enquêtes de l'INSEE. Et pour cause : ces dernières sont menées exclusivement au sein des ménages et ignorent la situation patrimoniale des personnes vivant en collectivité. Elles sous-estiment donc l'ampleur du renoncement à la propriété chez les veuves.

## La veuve, les divorcées et le « relais du patriarche »

Jeanne Le Vennec a aujourd'hui quatre-vingt-huit ans. Elle habite *La Butte*, une grande maison sur trois niveaux, située dans la banlieue de Quimper, sur les hauteurs, au-dessus d'un

d. La pension de réversion correspond à une partie de la retraite dont bénéficiait ou aurait pu bénéficier une personne retraitée décédée et qui est versée, sous certaines conditions, à son ou sa conjoint·e.

parc, construite avec son mari Pierre dans les années 1960. Originaires tous les deux de familles très nombreuses de fermiers, cette maison, construite de leurs mains, est leur seul patrimoine. Deux ans après le décès de Pierre en 1997, Jeanne fait part de son hésitation à la vendre, pour en acheter une plus petite, plus facile et moins coûteuse à entretenir. Mais l'un de ses deux fils s'y oppose : « Éric m'a dit : "Surtout pas", qu'il ne fallait pas vendre. »

Ce dernier est qualifié de « relais du patriarche » par une de ses sœurs, Patricia, qui s'en explique : « Parce que c'est le garçon. Et puis, des deux garçons, c'est celui qui a la tête sur les épaules aujourd'hui. [Le frère aîné d'Éric, Marc, a été diagnostiqué schizophrène à l'âge de vingt ans.] C'est aussi lui qui donne des enfants : il a deux garçons. Ce sont les seuls qui donnent le nom, transmettent le nom. »

Par ailleurs, alors que son père était maçon salarié et rêvait de se mettre à son compte, Éric a créé une entreprise de bâtiment et dirige, au moment de l'enquête, une vingtaine d'employés. Incontestablement, il se fait le relais de son père en veillant au maintien de sa mère dans *La Butte*.

Jeanne raconte que son mari a réalisé des travaux dans la maison de telle sorte qu'elle puisse l'assumer financièrement seule. Parce qu'elle a eu une activité d'assistante maternelle au coup par coup, et que son mari améliorait sa propre pension de retraite grâce à une importante activité au noir, il était prévisible que ses revenus de veuve, droits propres et pension de réversion comprise, seraient très inférieurs à ceux du couple. Pierre Le Vennec avait donc aménagé un appartement à louer dans la partie basse de la maison, dont le loyer couvre désormais les charges de *La Butte*. Il avait aussi fait une donation au dernier vivant à son épouse, pour qu'elle dispose de la maison en cas de veuvage sans que leurs enfants puissent réclamer sa vente. Mais cela ne signifie pas pour autant qu'il ait fait en sorte qu'elle puisse disposer librement de ce bien : il a bel et bien organisé le maintien de Jeanne dans la maison et, ainsi, le maintien de *La Butte* dans le patrimoine familial.

À la génération suivante, c'est Éric Le Vennec qui veille à l'exécution de ce souhait, au travers de l'interdiction faite à sa mère de vendre la maison, mais aussi au travers d'une certaine défiance vis-à-vis de ses sœurs et de son frère. En entretien, il explique : « Après le décès de papa, j'avais peur qu'ils la poussent, Maman, à la vendre. Je me disais : ben, si soit Anne-Marie, Dominique, Dany ou Patricia, Valérie, Marc avaient besoin d'argent, je me suis dit, ils risquent de pousser. Et j'avais un peu peur, parce que je me suis dit : je vais être tout seul contre eux. »

Éric sait qu'alors qu'il est économiquement bien installé, ses sœurs et frère ont des situations professionnelles plus instables : son frère en raison de sa maladie, ses sœurs du fait de carrières adaptées aux mobilités professionnelles de leurs maris et aux besoins de prise en charge de leurs enfants. Mais cette instabilité est aussi conjugale : quatre de ses sœurs ont divorcé, deux d'entre elles à deux reprises. Après avoir évoqué ses inquiétudes quant au devenir de *La Butte*, Éric raconte comment son père a également construit des maisons pour ses sœurs, s'épuisant sur ces chantiers. Les maisons ont dû être vendues quelques années, parfois quelques mois plus tard, au moment des divorces, ses sœurs n'ayant pas les moyens d'assumer seules les emprunts contractés pour les terrains et les matériaux : « Je trouvais ça dur pour mon père », conclut-il.

Les récits d'Éric, comme ceux d'autres membres de la famille, gomment la participation des femmes aux travaux, qui ne devient manifeste qu'en posant des questions précises sur ces périodes de la vie familiale. Jeanne explique alors qu'elle a assisté son mari sur le chantier de *La Butte*, en travaillant avec lui le soir et le week-end, mais aussi en passant une partie de ses journées, une fois les tâches domestiques accomplies, à préparer le ciment. Ses filles ont également travaillé sur les chantiers de leurs maisons. Mais la fragilité de la situation financière de cette veuve et de ces femmes séparées les disqualifie lorsqu'il s'agit de prendre des décisions patrimoniales stratégiques pour l'avenir familial.

Divorcées et veuves potentielles, les femmes apparaissent comme des passeuses bien fragiles du patrimoine familial. Leur entrée sur le marché du travail salarié n'a pas bouleversé leur position dans les processus d'accumulation et de transmission des patrimoines familiaux. Elles peuvent se sacrifier pour que quelque chose soit transmis à leurs enfants à leur propre détriment. Si elles jouent un rôle non négligeable dans l'enrichissement familial, elles accumulent nettement moins en propre, et leur richesse reste davantage soumise que celle des hommes aux aléas de la vie conjugale. Elles demeurent ainsi des héritières de second rang. La boucle est bouclée : moins bien dotées par leurs familles au départ, les femmes accumulent un patrimoine moins important qui s'avère plus fragile, ce qui peut légitimer les privilèges accordés à leurs frères et amoindrit encore leur pouvoir sur le patrimoine.

Mises bout à bout, les stratégies familiales de reproduction s'avèrent clairement défavorables aux femmes. Mais ces stratégies ne se déroulent pas seulement dans la stricte intimité des familles. Elles ne se déploient pas non plus dans un vide juridique. Bien souvent, elles supposent l'intervention de professions libérales du droit de la famille et de la propriété. Nous allons pénétrer dans le huis clos des offices notariaux et des cabinets d'avocat·es, depuis les beaux quartiers parisiens jusqu'aux petites études rurales, afin d'élucider un mystère : pourquoi, en dépit d'un droit formellement égalitaire, les arrangements économiques familiaux ont tendance, encore aujourd'hui et dans tous les milieux sociaux, à enrichir les hommes et appauvrir les femmes ?

# 3

## Selon que vous serez (un homme) puissant ou (une femme) misérable

En février 2014, lorsqu'elle franchit pour la première fois le seuil du cabinet de l'avocate Grâce Dupont-Bernard, Ginette Durand est, comme elle le dit elle-même, « angoissée ». Elle n'a aucune envie d'être là, et seul un enchaînement malheureux de circonstances l'y a contrainte. La vie de cette femme fluette et discrète, âgée de soixante-cinq ans, n'a pas été facile. Elle a élevé ses enfants seule avec un mari violent qu'elle décrit aussi comme « dément », « schizophrène », « psychopathe » qui « a toujours vécu aux crochets des autres ». « Moi, je me taisais et j'endurais tout », dit-elle. Pendant près de dix ans, elle s'est aussi occupée de sa mère handicapée, qui a vécu chez elle jusqu'à son dernier jour.

La situation financière de Ginette Durand est très modeste. Elle a été au RSA pendant près de dix ans, et touche aujourd'hui une petite retraite de 342 euros par mois, à laquelle s'ajoute un supplément au titre du minimum vieillesse pour aboutir à 700 euros de revenus mensuels. Exposer tout cela à l'avocate semble la mettre mal à l'aise, quand bien même il s'agit d'un cabinet sans prétention, situé dans une zone industrielle et commerciale à proximité d'un hypermarché. Ginette rapproche sa chaise du bureau, se penche au-dessus de la table et parle à voix très basse, de sorte que les sociologues qui assistent au rendez-vous au fond de la salle (Céline et Camille Phé) n'entendent qu'avec difficulté le début de la conversation.

Si Ginette Durand est chez l'avocate, c'est à cause de son mari. Celui-ci est sous curatelle, et elle ne vit plus avec lui depuis une dizaine d'années. Il y a quelques mois, il a été transféré depuis son foyer médicalisé vers une maison de retraite. Les deux enfants du couple ont eu la mauvaise surprise de recevoir des courriers qui leur demandent d'en payer la facture, d'un montant de 1 500 euros par mois. 1 500 euros, c'est exactement ce que gagne la fille de Ginette, employée dans le secteur de la décoration et qui vit avec sa mère. C'est aussi ce que gagne son fils aîné, qui est maçon et qui vit avec son épouse, assistante maternelle, et leurs deux enfants adolescents. Autant dire que, même en s'y mettant à deux, ils ne voient pas comment ils pourraient payer une telle somme – et, compte tenu de la nature de leurs relations avec leur père, ils n'en ont aucune envie. La réaction de la belle-fille a été brusque. « Tu te débrouilles pour le faire sortir de là ! », a-t-elle lancé à Ginette. C'est pour protéger ses enfants que celle-ci s'est sentie obligée de se rendre chez l'avocate.

Au fur et à mesure des vingt-cinq minutes passées dans le bureau de l'avocate, l'extrême discrétion de Ginette se dissipe, et on perçoit aussi de la colère et de l'incompréhension dans sa voix. Elle ne comprend pas pourquoi son mari, âgé seulement de soixante et un ans, est placé en maison de retraite plutôt qu'à l'hôpital psychiatrique, où son séjour serait pris en charge par l'assurance-maladie. Elle ne comprend pas non plus pourquoi on se tourne vers ses enfants, alors qu'ils n'ont plus aucun contact avec leur père depuis des années : « On a tellement souffert ! Mes enfants, ils disent : “On n'a plus de père, on ne le connaît pas !” Mon fils, il a deux enfants, eh bien, ils ne l'ont jamais vu. Parce que il y a un monstre qui se cache là-dessous ! Quand ma fille toussait la nuit, il lui fichait des volées pour qu'elle arrête puisque ça l'empêchait de dormir et l'énervait. » Comme pour s'excuser, elle reconnaît : « Le problème, c'est qu'il n'y avait pas de preuves, tout ça se passait au niveau du foyer. »

Dans le cabinet de l'avocate, Ginette Durand découvre les tenants et aboutissants de l'obligation alimentaire qui s'exerce à ses dépens. L'avocate lui apprend l'existence des articles 205 à

207 du code civil, qui imposent de fournir l'aide matérielle indispensable pour vivre à un membre de sa famille dans le besoin. Cette obligation existe entre époux (on parle alors de devoir de secours), entre parents et enfants, et même entre beaux-parents et gendres et belles-filles. Grâce Dupont-Bernard explique ce qui s'est passé dans le cas du mari de Ginette. Lorsqu'une personne entre en maison de retraite et qu'elle fait une demande d'aide sociale à l'hébergement (dans le cas du mari de Ginette, c'est son curateur professionnel qui s'est occupé des démarches), le conseil général du département s'assure d'abord des ressources insuffisantes de l'individu, puis se tourne vers ses obligés alimentaires pour qu'ils financent un maximum du coût du séjour, selon leurs ressources respectives. L'aide sociale ne vient qu'ensuite, en complément.

Au sujet de son fils qui a charge de famille, l'avocate se veut rassurante : « Ce sera résiduel. » Concernant sa fille, en revanche, elle conseille de la faire déménager au plus vite : « Il faudrait qu'elle prenne son propre appartement. Si elle reste avec vous, les charges seront considérées comme partagées, et elle devra payer plus que si elle vit seule : c'est pour les besoins de la cause ! » Ginette Durand est abattue par cette nouvelle, car sa fille l'aide beaucoup. Elle répète qu'elle ne comprend pas pourquoi sa fille devrait payer pour son père, alors qu'il ne s'est jamais occupé d'elle.

La discussion avec l'avocate révèle un nouveau problème : n'ayant pas formellement divorcé au moment de sa rupture il y a onze ans, Ginette est *elle-même* tenue en principe au devoir de secours envers son mari. En d'autres termes, la maison de retraite est en droit de se payer sur ses revenus. L'avocate questionne longuement sa cliente sur une décision irrationnelle pour quelqu'un qui baigne dans le droit à longueur de journées : pourquoi n'a-t-elle pas divorcé ?

Ginette Durand répond que la situation était très difficile avec son mari, qu'elle avait « peur de lui » et avait voulu « y aller en douceur ». L'avocate lui conseille un divorce immédiat. Ginette, découragée par la perspective de cette démarche coûteuse économiquement et affectivement, soupire : « J'aurais voulu que ça soit fait d'office… » L'avocate lui explique que ça n'est pas possible, qu'il faut suivre des procédures, et la rassure sur le coût, puisqu'elle bénéficie de l'aide juridictionnelle[a] qui prendra en charge ses honoraires. Ginette, sur un ton fataliste, cède : « De toute façon, s'il faut le faire, il faut le faire. » À la fin du rendez-vous, elle semble soulagée qu'une réponse concrète ait été apportée à ses questions : « Ouf… je ne savais même plus si je devais venir vous voir ou pas. »

C'est alors qu'elle sort une lettre de son sac à main, en s'excusant presque : « Dans la précipitation, j'ai envoyé ça à la maison de retraite, parce que je ne voulais pas qu'ils demandent à mes enfants. » Elle montre la photocopie d'une lettre avec un chèque de 5 000 euros, soit l'intégralité des économies que sa propre mère lui a léguées. L'avocate pousse un cri de surprise, soupire et se prend la tête dans les mains : « Dans ce cas, ils savent que vous avez 5 000 euros ! », dit-elle, suggérant que plus rien ne pourra être fait pour sauver cette maigre richesse.

## Un accompagnement juridique segmenté et différencié

Ginette Durand est une retraitée modeste au pied du mur judiciaire. Elle cohabite avec sa fille, comme elle a cohabité auparavant avec sa propre mère, qui lui a laissé un petit pécule. C'est un arrangement économique informel, caractéristique des femmes de classes populaires[1] : construit hors du cadre légal, à bonne distance de l'institution judiciaire et des professionnel·les du droit, et pouvant de ce fait être brutalement remis en cause[2].

a. L'aide juridictionnelle est une aide financière ou juridique que l'État accorde aux justiciables sous condition de ressources. Elle prend en charge, en totalité ou en partie, les frais de procédure et d'expertise et les honoraires de l'avocat, l'aide étant versée directement à celui-ci.

En effet, certains événements peuvent ponctuellement contraindre les personnes apparentées à conformer leurs pratiques aux définitions légales des relations économiques familiales : une entrée en maison de retraite, un placement sous tutelle, un décès, un mariage, une séparation… La « parenté pratique », comme l'appelle Florence Weber, doit alors réintégrer le cadre de la « parenté juridique »[3]. La confrontation des hommes et des femmes avec le droit prend toutefois des formes très différentes selon leurs milieux sociaux, notamment parce qu'ils et elles sont très inégalement accompagnées par des professionnel·les au cours de ces opérations d'officialisation des arrangements économiques familiaux. Certain·es peuvent prévoir et s'arranger à l'ombre du droit, d'autres subissent dans la lumière crue de la justice et des administrations.

« Selon que vous serez puissant ou misérable, les jugements de cour vous rendront blanc ou noir », écrivait Jean de La Fontaine en 1678[4]. La mise au jour des inégalités sociales face à la justice est loin d'être une nouveauté[5]. Dans ce chapitre, nous articulons ces inégalités avec celles qui existent entre hommes et femmes, puisque nous constatons que, lorsqu'il s'agit du capital en famille, les puissants sont généralement les hommes, et les femmes, les misérables.

C'est un acquis de la sociologie du droit étasunienne des années 1990 que d'avoir déplacé le regard de la seule enceinte des tribunaux, pour mettre l'accent sur la *conscience du droit* des personnes ordinaires qui se saisissent (ou pas) du droit pour répondre à des injustices de la vie quotidienne[6]. Ces travaux ont cependant le défaut de négliger l'importance de l'ancrage social et du genre des justiciables[7], tout comme le rôle essentiel des intermédiaires dans la socialisation des individus au droit. Pourtant, c'est bien en raison de l'étroitesse de ses ressources économiques et de son éloignement relatif par rapport au capital culturel légitime que Ginette Durand n'a pas franchi plus tôt la porte d'un cabinet d'avocat. De ce fait, elle n'a pas du tout maîtrisé l'officialisation de ses arrangements économiques familiaux : méconnaissant le droit, évitant ses professionnel·les, ne comprenant pas pourquoi on réclame de l'argent à ses enfants, cette femme a révélé la détention d'un patrimoine liquide – les 5 000 euros que lui avait laissés sa mère – qui aurait pu aisément être occultée.

On comprend, en creux, comment la fréquentation régulière des cabinets et études des professions libérales du droit permet d'éviter de se confronter au cadre légal dans des circonstances économiquement défavorables. Car ce ne sont pas seulement des informations juridiques qu'avocat·es et notaires proposent à leurs client·es, mais aussi un cadre privé pour mettre leurs arrangements économiques en conformité avec le droit, à l'abri du regard des agents de l'État. Ce huis clos introduit d'importantes marges de manœuvre dans l'application du droit. Toutefois, il n'est pas accessible à tous et, du fait de la pauvreté relative des femmes, encore moins à toutes.

C'est dans la relation avec les professions juridiques libérales que se jouent une grande partie des inégalités sociales face au droit de la famille et de la propriété. Il y a d'abord des inégalités sociales *d'accès* à ces professionnel·les. Les opportunités de rencontrer un·e notaire ou un·e avocat·e au cours de sa vie varient fortement selon qu'on possède ou non du patrimoine, mais aussi selon le niveau et la composition de sa richesse. Ensuite, quand bien même on aurait franchi la porte d'un cabinet, les professionnel·les du droit ne traitent pas de la même manière leurs client·es, selon la classe et le genre de ces derniers et dernières. Ces différences de traitement sont le résultat combiné d'une *segmentation* du marché du conseil patrimonial et d'une *différenciation* des pratiques professionnelles, en fonction des caractéristiques de la clientèle.

## Des opportunités inégales de rencontrer un conseil

Contrairement à Ginette Durand, qui n'est propriétaire de rien et n'avait jamais discuté de ses arrangements économiques familiaux avec qui que ce soit avant son rendez-vous contraint, le fait d'accumuler des richesses familiales offre de nombreuses occasions de rencontrer des professionnel·les du droit de la famille et de la propriété.

Pour tout un ensemble d'actes relatifs à l'accumulation et à la circulation de la richesse entre personnes apparentées, ne serait-ce que pour l'achat d'un logement, l'étude notariale est un passage obligé. La loi définit le notaire comme l'« officier public institué pour recevoir les actes et contrats auxquels les parties doivent ou veulent conférer l'authenticité[8] ». Ce monopole de la rédaction d'actes authentiques s'accompagne de la mission de collecter l'impôt, en particulier les droits de mutation (impôt dû par l'acquéreur d'un bien immobilier au moment de l'achat d'un bien, et proportionnel à sa valeur), mais aussi les droits de partage dus par les ex-époux à l'occasion de la liquidation de la communauté matrimoniale au *prorata* de leur patrimoine commun. Les notaires ont le statut d'officiers ministériels et ont en principe un rôle de service public. Ils sont censés vérifier la conformité avec le droit civil et fiscal des contrats de mariage, des liquidations de régimes matrimoniaux, des donations et partages successoraux qu'ils rédigent et enregistrent. Pour l'ensemble de ces actes, leur rémunération est encadrée par la loi : certains actes donnent lieu à des émoluments fixes (par exemple, une donation entre époux est facturée 115 euros hors taxe), mais la plupart sont proportionnels à la valeur du patrimoine énoncé dans l'acte.

Officiers ministériels, les notaires n'en sont pas pour autant fonctionnaires, loin s'en faut. Comme toute profession libérale, ils peuvent acheter, vendre et transmettre leur charge. Le notariat leur permet également d'avoir une fonction commerciale, en réalisant des consultations rémunérées par honoraires libres[9]. Que ce soit pour de telles prestations mais aussi lors de l'établissement d'un acte authentique, ils ont un « devoir de conseil » : les notaires doivent en principe expliquer à leurs client·es les différentes options possibles, ainsi que les conséquences des actes qu'ils et elles vont signer.

Si les études notariales constituent le lieu principal de la mise en œuvre du droit qui encadre la circulation de la richesse familiale, les avocat·es y participent également. Leur mission est de défendre les droits de leurs clientes et clients. Tout comme les notaires, les avocat·es sont des professions libérales du droit dont l'activité est fortement réglementée. Ce sont des indépendant·es qui dépendent de l'État, qui leur confie le monopole de l'exercice de la défense des particuliers et des entreprises devant les tribunaux, ce qui suppose une organisation professionnelle stricte[10]. Toutefois, contrairement aux notaires, les avocat·es fixent librement leurs honoraires.

Si les notaires ont le rôle prépondérant en matière de succession, ceci n'interdit pas la participation d'un·e avocat·e pour faire valoir les droits d'un·e client·e dans une affaire, que celle-ci soit ou non portée au tribunal. À l'inverse, les avocat·es ont le rôle principal dans les affaires de séparations conjugales, où le notaire n'intervient que dans une partie limitée du dossier (la liquidation du patrimoine conjugal), dont nous verrons qu'elle est très souvent liée à d'autres points (attribution du domicile conjugal, négociation d'une prestation compensatoire) sur lesquels les avocat·es ont davantage la maîtrise.

Au gré d'une vente, d'une succession, d'une liquidation du régime matrimonial ou d'une opération sur le capital d'une entreprise, notaires et avocat·es vont apporter leur regard sur les enjeux juridiques des arrangements économiques familiaux. Les personnes apparentées, en fonction de la composition de leur richesse et de celle de leur famille, bénéficient ainsi d'une *socialisation* plus ou moins intensive aux pratiques de réglementation juridique de leurs arrangements économiques. C'est une formation au droit qui ne passe pas par les bancs de l'université mais par la fréquentation régulière des professions libérales juridiques.

Cette socialisation au droit de la famille et de la propriété est quasi inexistante dans les familles qui sont dépourvues de biens immobiliers. Celles-ci sont nombreuses : en France, plus de 40 % de la population est locataire. Quand le patrimoine familial est réduit et se limite à des liquidités, les professions libérales du droit n'interviennent que très marginalement dans les arrangements économiques familiaux. Elles peuvent même être totalement absentes au moment de l'héritage. En effet, un partage successoral doit être enregistré par un notaire uniquement lorsque la succession est composée d'au moins un bien immobilier ou d'un actif successoral supérieur à 5 000 euros. On peut estimer que deux successions sur cinq ne sont pas déclarées devant un notaire, parce qu'elles ne sont pas imposables ou parce qu'elles ne comportent pas de biens immobiliers[11]. Les familles de classes populaires sans patrimoine restent donc éloignées du droit et des outils juridiques qui permettent de faciliter et d'officialiser la circulation des ressources économiques au sein de la parenté. Cela ne signifie pas que ces familles ne doivent pas se conformer au droit, simplement qu'elles seront moins accompagnées par des professionnel·les pour le faire.

La prévision et la discrétion sont l'apanage des familles *possédantes*, parce qu'elles ont les moyens et l'habitude de faire appel à des notaires et des avocat·es. Quant aux autres familles, elles risquent davantage de voir leurs arrangements économiques familiaux entrer en collision avec le droit, sous le regard de l'administration et de la justice. Comme dans le cas de Ginette Durand, c'est le conseil général départemental qui saisit des personnes apparentées, au nom de l'obligation alimentaire, pour le paiement d'une maison de retraite. La Caisse nationale d'assurance vieillesse peut exiger la récupération sur succession de l'allocation de solidarité aux personnes âgées. Ce sont les juges aux affaires familiales (JAF) et le tribunal administratif qui tranchent les éventuels contentieux en la matière.

## Des notaires au service de la propriété du jeune marié

Le cas du mariage illustre bien cette disparité sociale dans les relations avec les professions libérales du droit de la famille. En France, la plupart des couples ne rencontrent aucun professionnel du droit lorsqu'ils se marient. Seule une minorité de couples se rend chez le notaire. En 2015, d'après l'enquête

« Patrimoine » de l'INSEE, sur 2 092 couples mariés depuis moins de dix ans ayant répondu au questionnaire, 21 % ont signé chez le notaire un contrat de mariage permettant d'adopter un régime matrimonial autre que celui proposé par défaut par le code civil. Parmi ces couples, la majorité d'entre eux, soit 15 % du total, ont opté pour la séparation de biens, qui permet à l'épouse et l'époux de détenir chacun·e leur patrimoine propre avant comme après le mariage.

Les différences entre groupes sociaux sont ici très importantes. Lorsque le mari est cadre, un contrat en séparation de biens est signé dans 27 % des cas. Ce chiffre tombe à 4 % lorsque le mari est ouvrier. La propriété de biens immobiliers *en plus* de la résidence principale (une résidence secondaire, un logement mis en location) ou de valeurs mobilières financières (actions, obligations) est corrélée avec la probabilité pour un jeune couple d'opter pour un contrat en séparation de biens. L'existence d'un patrimoine professionnel est également déterminante : 48 % des couples mariés depuis moins de dix ans dont le mari fait partie des professions libérales et 57 % de ceux dont le mari est chef d'une entreprise de 10 salarié·es et plus ont signé un contrat en séparation de biens.

Les notaires jouent un rôle déterminant dans ces différenciations des pratiques selon les groupes sociaux : ce sont les premiers à conseiller la séparation de biens à leurs clients indépendants, chefs d'entreprise ou gestionnaires de sociétés civiles immobilières (SCI), qu'ils voient à d'autres occasions dans le cadre de leur activité professionnelle. Mais les statistiques révèlent aussi l'existence d'une *socialisation familiale* en la matière : le fait que les parents des conjoint·es soient à leur compte augmente significativement la probabilité d'établir ce type de contrat, que les époux soient eux-mêmes indépendants ou non. Le contrat de mariage en séparation de biens, authentifié par notaire, s'avère donc un instrument de maintien de patrimoines familiaux importants et diversifiés au sein de lignées appartenant au pôle économique des classes supérieures.

À l'intérieur des familles se dessinent aussi des inégalités de genre, car les hommes et les femmes ne gèrent ni le même volume ni le même type de patrimoine. En ce qui concerne le patrimoine professionnel, les femmes ne représentent qu'un tiers des commerçant·es, 15 % des artisans et 13 % des chefs d'entreprise de plus de 10 salarié·es, et la place des femmes patronnes diminue à mesure qu'on s'élève dans la hiérarchie des entreprises[12]. Mais ce sont aussi généralement les hommes qui gèrent le patrimoine immobilier, en particulier quand il prend la forme d'une société : dans 80 % des SCI, la gestion des biens est déléguée à une personne unique, qui est un homme dans 78 % des cas[13]. Ainsi, quand la fortune s'accroît et se diversifie, les interlocuteurs privilégiés des professionnel·les qui participent à la gestion des fortunes familiales sont le plus souvent des hommes[14]. La pratique du contrat de mariage en séparation de biens est donc loin d'être neutre en matière d'égalité entre les hommes et les femmes. Toutes choses égales par ailleurs (profession de l'homme et de la femme, nature des biens détenus par les conjoint·es et leurs parents notamment), le contrat de mariage en séparation de biens est davantage pratiqué dans les cas où les situations patrimoniales des conjoint·es sont déséquilibrées, notamment lorsque les patrimoines des époux sont inégaux au moment du mariage (ce qui est plus souvent le cas en faveur de l'homme) ou lorsque l'épouse est jeune. L'usage du contrat en séparation de biens consiste ainsi en une stratégie de protection du conjoint le plus riche, occupant une position privilégiée dans sa lignée, le plus souvent l'homme.

### Un PDG bien entouré

Mars 2010, dans le tribunal de grande instance d'une grande métropole. En l'espace de dix-huit mois, trois JAF ont été chargées du « plus gros dossier de divorce du département », qui fait figure de bizutage pour les nouvelles magistrates de la chambre de la famille. C'est l'une d'entre elles qui nous permet de le consulter. Cette affaire oppose le PDG d'un groupe d'assurances coté en Bourse à son épouse, qui est la directrice générale d'une filiale du groupe. Plusieurs millions d'euros sont en jeu dans la liquidation de leur régime matrimonial. La société, créée par l'époux à la fin des années 1980, est un bien propre de ce dernier. Le couple s'est marié en 2000 sous le régime légal de la communauté réduite aux acquêts. En 2004, le PDG et son épouse ont investi 12,5 millions d'euros dans la société. En 2010, au moment du divorce, les époux s'affrontent sur l'origine de cette augmentation de capital. Lui prétend que cet investissement s'est fait en partie sur ses fonds propres, tandis qu'elle insiste sur le fait que ce sont les fonds de la communauté qui ont été utilisés. L'enjeu est de taille, car la valeur de la société a considérablement augmenté entre 2004 et 2010, passant de 32 à 269 millions d'euros.

Pour son divorce, le PDG a fait intervenir non seulement son avocat personnel et son notaire, mais aussi l'avocat-conseil et l'expert-comptable de la société. À l'appui de son dossier, il fournit – élément très exceptionnel dans un dossier de divorce – un mémoire de trente pages d'un professeur émérite d'université qui est un spécialiste du droit des régimes matrimoniaux, et produit une analyse juridique détaillée qui est évidemment en sa faveur. De son côté, l'épouse a d'abord choisi pour conseil un grand nom du barreau de Paris en matière de droit de la famille, avant de se rabattre sur un avocat local. Elle a refusé que la liquidation soit réalisée par le notaire de son époux, et a proposé deux noms de notaires parisiens « habitués aux grandes fortunes » que son mari a aussitôt refusés, ce qui a obligé le tribunal à nommer un notaire supposé neutre, qui est le président de la chambre des notaires du département voisin. Ce dernier va consulter un autre professeur d'université spécialiste de droit privé, ce qui produit un incident de procédure sur fond de conflit d'intérêts : comme l'expose l'épouse, le professeur consulté est également membre du cabinet d'avocats qui a imaginé le montage juridique réalisé par le couple lors de l'augmentation de capital de 2004 ; montage dont l'objectif initial était en grande partie l'« optimisation » fiscale.

L'époux accepte finalement que la consultation du professeur de droit privé soit retirée des débats, mais le président de la chambre des notaires est néanmoins sommé de s'expliquer devant la JAF. À cette occasion, il évalue ses probables émoluments : 198 000 euros. Il indique que ceux-ci ne sont pas libres mais fixés par décret, proportionnellement au montant de l'actif de la communauté à partager qu'il estime à 30 millions d'euros. La juge nomme également un expert-comptable, qui s'adjoindra deux « sapiteurs », en l'occurrence un expert immobilier (pour évaluer les différents appartements et maisons possédées par le couple) et un commissaire-priseur (pour évaluer les meubles et œuvres d'art). On trouve aussi dans le dossier les montants des rémunérations de ces professionnels : 30 880 euros pour l'expert-comptable, 9 100 euros pour l'expert immobilier, 17 900 euros pour le commissaire-priseur. En revanche, le dossier ne dit pas quels sont les honoraires des avocats. Finalement, la seule professionnelle qui ne touchera pas un centime de plus sur son traitement mensuel pour s'occuper de ce dossier de divorce de grande fortune, quand bien même il est singulièrement complexe et chronophage, sera la jeune magistrate.

Plus les justiciables sont fortunés, plus ils ont recours à une palette importante et diversifiée d'experts du droit de la propriété qui leur accordent du temps facturé et protégé dans le huis clos de leurs études et cabinets, pour régler de façon personnalisée et sophistiquée leurs arrangements patrimoniaux, que ce soit dans les moments exceptionnels (divorces, succession) mais aussi au quotidien, dans le cadre des activités de leurs sociétés ou pour élaborer une stratégie fiscale. Dans le cas de ce PDG, la familiarité de l'homme avec les professionnel·les du droit est telle (et bien antérieure à son divorce), les rémunérations qu'il leur octroie sont si importantes, que leur neutralité pose problème. Ce dossier soulève ainsi la question de l'égalité de traitement des familles, et en leur sein de leurs différents membres, par les professions juridiques.

Le commun des mortels n'a pas les moyens – et ne voit pas forcément l'utilité – de payer des experts chargés de superviser leur patrimoine en continu. Dans la plupart des dossiers de divorce, seul un ou deux avocat·es interviennent, auxquels s'ajoute un notaire si le couple est propriétaire de biens immobiliers.

Même dans la bourgeoisie économique, où l'on peut avoir son « notaire de famille », voire son expert-comptable, les épouses et les sœurs sont rarement en mesure de remettre en cause leur intervention dans les arrangements patrimoniaux qui se négocient au moment des divorces et des successions. Si la partialité de ces professionnel·les a pu être dénoncée dans le dossier du PDG, c'est parce que son épouse disposait de ressources très spécifiques : diplômée d'une grande école, ayant travaillé dans l'entreprise de son mari, elle avait des moyens financiers et informationnels pour soulever les irrégularités de la procédure. Or cette situation est relativement rare. Comme nous l'avons déjà mentionné, dans les familles fortunées, les femmes sont bien souvent écartées de la gestion des affaires et peu au fait des arrangements patrimoniaux qui se négocient à l'ombre du droit dans les cabinets des professions libérales juridiques.

## Des arrangements patrimoniaux à l'ombre du droit

En France, en 2010, seulement 5 % des successions et 3 % des liquidations de régime matrimonial ont été portées devant un tribunal[15]. Cela signifie que l'essentiel des opérations de partage des richesses familiales, au moment d'un décès ou d'un divorce, se déroule ailleurs, à l'abri du regard, dans les cabinets et les études des professions libérales du droit. Les notaires aiment se présenter comme les « médecins du patrimoine » et les « garants de la paix des familles ». Les avocat·es ne sont pas en reste, certain·es faisant valoir leur expérience en « droit négocié » ou l'articulation de leur pratique à celle de la médiation. Il n'est pas rare que notaires et avocat·es se fassent publiquement les promoteurs des modes amiables de règlement des litiges.

La médiatisation de la succession de Johnny Hallyday a constitué une belle opportunité de publicité pour leurs activités. Le 13 avril 2018, le juge des référés du tribunal de grande instance (TGI) de Nanterre a ordonné le gel des biens français de Johnny Hallyday, qui ne pouvaient donc plus être transférés dans le trust américain au seul bénéfice de Lætìcia et de ses deux filles, et échapper ainsi au droit successoral français. À cette occasion, la notaire parisienne Nathalie Couzigou-Suhas a accordé une interview au site France Info : « Cette décision est très sage, parce que ça va quasiment les forcer à s'asseoir à la table des négociations. Dans beaucoup de cas, par l'écoute et par l'explication des règles juridiques, on arrive souvent, chez les notaires, à trouver des solutions, pour que les gens n'aillent pas au tribunal. Il faudra peut-être privilégier la médiation, la conciliation, voire pourquoi pas l'arbitrage[16]. »

Assurant au passage la promotion de sa profession, la notaire conclut qu'en l'état du rapport de forces entre les protagonistes, Lætìcia Hallyday, Laura Smet et David Hallyday auront davantage intérêt à s'accorder sur un partage négocié dans le secret d'un cabinet, avec les marges de manœuvre que cela autorise, plutôt que de continuer à s'affronter publiquement au tribunal, avec toutes les incertitudes qu'implique une décision de justice prise au grand jour. C'est d'ailleurs ce qui se produit un an plus tard, lorsque Lætìcia renonce à contester la compétence de la justice française sur la succession de Johnny : « Je choisis la paix. C'est avec cette volonté que j'ai donné dès aujourd'hui instruction à mes conseils pour toutes les démarches procédurales à suivre », écrit-elle le 15 octobre 2019 sur son compte public Instagram. Ce que la presse traduit immédiatement par « Lætìcia est prête à négocier », soulignant que son entourage s'est renouvelé (elle a changé d'avocats) et que des rendez-vous ont eu lieu entre « les conseils de chacun des protagonistes du dossier »[17].

Nous nommons *arrangements patrimoniaux* les moments de coproduction plus ou moins laborieuse et conflictuelle, par les personnes apparentées et les professionnel·les du droit, d'un consensus sur l'évaluation et la distribution de la richesse familiale. Or c'est bien le huis clos de l'étude notariale ou du cabinet d'avocat qui permet aux client·es et à leurs conseils de trouver des arrangements *à l'ombre du droit.*

Cette expression a été popularisée par deux juristes américains, qui souhaitaient montrer l'influence de la jurisprudence des tribunaux sur les divorces négociés entre avocat·es, même quand ceux-ci ne sont pas conflictuels : l'horizon du tribunal, que les époux essayent d'éviter en ayant recours à la négociation, contraint fortement les exigences des deux parties[18]. Nous adaptons et étendons cette notion pour souligner combien les arrangements patrimoniaux formalisés par les avocat·es et les notaires, au moment des successions et des divorces, s'appuient sur le droit, intègrent ses contraintes, mais aussi permettent d'en contourner l'esprit, voire de le déjouer.

Les arrangements économiques de Ginette Durand, au moins jusqu'à son entrée dans le cabinet de l'avocate, ne se sont pas construits à l'ombre du droit. Au contraire : ils se sont élaborés dans l'*ignorance* du droit, avant d'être dangereusement exposés aux administrations. Dans les classes moyennes et supérieures *possédantes*, où le patrimoine constitue un élément important des stratégies familiales de reproduction, les arrangements patrimoniaux négociés dans le huis clos offert par les professions libérales du droit ont peu de chances d'être ainsi remis en cause. La cohérence des stratégies familiales de reproduction rend d'autant moins probable le recours au tribunal. Reprenons l'exemple des Pilon. On a vu comment les sœurs du repreneur de la boulangerie familiale ont été socialisées à « ne pas compter », ont acquis un statut social difficilement dissociable de celui de leur frère et ont appris à craindre les mésententes familiales. Elles ont peu intérêt à compromettre des partages qu'elles pourraient pourtant légalement remettre en cause, ni beaucoup de chances d'y parvenir. On a vu aussi comment l'accession à la propriété conjugale a fait l'objet d'un investissement important de la part de Sabrina Legendre comme de celle de son ex-mari, à tel point qu'au-delà des tensions avec lui elle a poursuivi ce projet et y a adapté sa carrière professionnelle pour « laisser quelque chose » à ses enfants. Et a finalement renoncé à sa part de ce patrimoine. Elle sait que le notaire qui a liquidé son régime matrimonial, comme le notaire de sa belle-famille chez qui la maison avait été achetée et qui a conseillé de lui attribuer officiellement une part réduite, ne lui a pas fait de cadeau dans les comptabilités établies au moment du divorce. Mais, comme elle l'exprime elle-même, elle n'a ni les moyens ni l'envie de remettre en cause ces arrangements patrimoniaux.

Plus le patrimoine est important et diversifié, plus le travail d'élaboration d'arrangements patrimoniaux conformes aux droits mais aussi aux intérêts des familles est important. Ce travail n'est pas exempt de tensions et met en jeu des rapports de forces entre conjoint·es, comme entre héritier·es. Quand les enjeux deviennent énormes, que les rapports de forces entre protagonistes sont suffisamment équilibrés et que les stratégies familiales de reproduction ne font pas consensus, le tribunal peut devenir un horizon possible du règlement des arrangements patrimoniaux, comme c'est le cas dans l'affaire de divorce du « PDG bien entouré ». Les plus riches pratiquent des allers-retours interminables entre la procédure contentieuse, dans la lumière du tribunal, et le huis clos feutré des cabinets de notaires et d'avocat·es. Du fait de la concentration de richesse dans la capitale, la chambre de la famille de la cour d'appel de Paris concentre ce type d'affaires hors-norme.

Un jour, Brigitte Cigliano, une magistrate de la cour d'appel de Paris, montre à l'une d'entre nous (Céline) un dossier de divorce d'un mètre cinquante d'épaisseur. Il est composé d'une dizaine de gros classeurs entreposés dans un coin de son bureau, et elle le qualifie de « clou du spectacle ». Ce dossier est l'un de ceux qui auraient dû être plaidés à l'audience de l'après-midi mais pour lequel les avocats ont demandé un report. Une collègue de la juge également présente lance alors : « Ça doit être des gens fortunés ! » Brigitte Cigliano confirme : le dossier oppose le numéro trois de la filiale espagnole d'une multinationale à une mannequin.

Céline demande à la magistrate si elle a commencé à regarder le dossier : « Ah non, sûrement pas ! Je ne veux surtout pas l'ouvrir. » Non seulement ce dossier très épais lui coûterait quinze jours de travail, mais elle sait qu'il est probable que le conflit aboutisse à une négociation entre les parties, qui fera que le tribunal n'aura plus à le traiter. On peut penser que le dossier de divorce du « PDG bien entouré » prendra le même chemin. Les familles très aisées combinent donc à la fois les moyens de judiciariser leurs conflits patrimoniaux et ceux de les régler *in fine* dans le huis clos offert par les professionnel·les dont elles sont les clientes privilégiées.

**De « bons clients » qui ressemblent à leur notaire**

Du point de vue des notaires, tou·tes les client·es ne se valent pas. S'occuper d'une succession déficitaire signifie travailler pour des héritiers et des héritières qui auront sans doute peu l'occasion de revenir à l'étude – à moins d'acheter un jour un logement, qui n'aura néanmoins qu'une faible valeur, et sera donc peu rémunérateur. Ceci est bien moins rentable que de conseiller un·e client·e au patrimoine important, susceptible de faire des donations simples à certain·es petits-enfants, une donation-partage à ses enfants, un don philanthropique ou encore de multiples acquisitions et ventes de biens immobiliers, tous actes tarifés à proportion de la valeur des biens circulant entre personnes apparentées.

Sébastien Darguy est un jeune notaire de trente-cinq ans associé avec son épouse au sein d'un office situé dans une petite ville du Sud-Ouest avec un fort passé ouvrier. Leur clientèle est essentiellement constituée de petits propriétaires : « On vend la maison d'à côté 150 000 euros, l'appartement 80 000 euros ou 60 000 euros, voilà, le terrain, 70 000 euros, c'est ça notre fonds de commerce ! » Dans ces conditions, explique Sébastien Darguy avec regrets, pas le temps d'envisager systématiquement l'usage d'outils juridiques complexes : « Ici, pour que ça marche, il faut faire de l'abattage, faut que ça tourne. Une étude comme ici, c'est 80 % de conseil gratuit […]. On reçoit les clients une demi-heure et puis on passe. J'ai plus de dix rendez-vous par jour. J'avoue, des fois, j'engueule mes collaborateurs de travailler comme des notaires à Paris. Ils sont trop méticuleux, ils passent trop de temps sur des dossiers qui n'en valent pas la peine, ils vérifient tout. Un petit dossier, faut que ça aille vite ! Donc mes collaborateurs, des fois, je dois leur dire stop. »

Ce n'est pas seulement l'insuffisance de la richesse dans chaque dossier qui freine ici l'usage des outils les plus sophistiqués du droit de la famille, mais aussi le fait de devoir traiter avec un grand nombre de client·es, ce qui conduit à une certaine routinisation de la pratique, pour « faire du chiffre ».

Sébastien Darguy consacre néanmoins des efforts particuliers à se constituer une clientèle choisie, correspondant davantage à la pratique du droit à laquelle il aspire, malgré l'implantation défavorable (selon lui) de son étude. Il entretient le capital social accumulé dans sa ville d'origine, située à quarante kilomètres de là, notamment auprès des professions libérales médicales, ses parents étant pharmaciens et ses beaux-parents médecins. Plusieurs fois par semaine, Sébastien Darguy fait le trajet pour attirer cette clientèle plus fortunée jusqu'à son étude. Il s'appuie plus largement sur une sociabilité d'entre-soi masculine, typique de la bourgeoisie locale. « Vous travaillez, vous sortez tous les soirs pour rencontrer du monde, donc des gens qui vous amènent des clients […]. Vous vous faites quinze copains qui vous font bosser, sur une ville comme ici, ça va vite », nous dit-il. Dîners en ville, formations à la chambre de commerce et d'industrie, matchs de rugby le samedi, intégration d'un club-service (la Table ronde française, un club réservé aux hommes de moins de quarante ans, souvent chefs d'entreprise ou professions libérales) : toutes ces activités l'aident à se constituer une clientèle plus aisée qui lui permet d'accroître son chiffre d'affaires et de prendre des parts de marché sur les études concurrentes.

Au quotidien, les notaires aspirent à développer une clientèle choisie dont le capital économique fera « tourner » leur étude. Certes, la clientèle de professions libérales de Sébastien

Darguy n'a pas grand-chose à voir avec les clients privilégiés d'autres notaires que nous avons rencontrés, comme les grandes fortunes parisiennes que conseille Jean-Pierre Chartrain ou la clientèle d'agriculteurs affectionnée par Cédric Le Guen au sein de son étude rurale (« des gens carrés avec qui c'est facile de travailler »). Toutefois, le point commun entre ces clientèles électives est la place centrale du capital économique dans leur activité, qui leur fait fréquenter régulièrement les offices notariaux. « Le beau notariat si j'ose dire ! Et ça c'est vraiment plaisant parce qu'on a des clients fidèles, on connaît leur histoire, on vieillit avec eux », résume le notaire Jérôme Poly, quarante ans, qui exerce en milieu semi-rural dans les Pays de la Loire.

La proximité sociale entre les notaires et ces « bons clients » est remarquable : ce sont des possédants qui partagent un intérêt commun pour la préservation de la richesse dans le temps et sa transmission familiale. Le notariat contemporain est toujours une « profession à patrimoine[19] ». Les charges notariales sont en effet rares et chères : entre 400 000 et 1 million d'euros environ selon le lieu d'exercice et le chiffre d'affaires[20]. En 1987, quinze ans après la mise en place du diplôme de notaire (une formation d'une année après un master 2), Ezra Suleiman évaluait à un tiers encore la part des offices transmis de père en fils[21]. Cette transmission est devenue plus rare mais persiste encore aujourd'hui. Les notaires diplômé·es exercent d'abord comme stagiaires, puis notaires salarié·es dans les offices. Pour devenir titulaire d'une charge, ils et elles doivent être coopté·es par un notaire en titre et, pour celles et ceux qui ne reprennent pas une étude familiale, mobiliser un apport souvent hérité et s'endetter.

Le corpus de notaires qui nous ont accordé des entretiens approfondis est composé de treize hommes et quatre femmes, âgé·es de trente à plus de soixante ans qui exercent dans des études plus ou moins grandes, constituées d'un notaire individuel jusqu'à six associés, et situées dans des zones géographiques variées. Nous connaissons de façon détaillée l'origine sociale de quinze d'entre eux. La moitié a repris une étude familiale : six ont directement hérité de l'étude notariale de leur père ou de leur grand-père, l'un a pris la suite de son beau-père, un autre est fils de notaire mais n'a pas directement repris l'étude de son père. À une exception près, toutes et tous proviennent de famille d'indépendant·es et se sont installé·es dans leur région d'origine : parents ou beaux-parents médecins, pharmaciens, restaurateurs et hôteliers, boulangers, agriculteurs, viticulteurs, père commissaire-priseur. Celles et ceux qui ont des enfants en fin d'études se posent généralement la question de la transmission de leur office.

Il est frappant de voir combien les notaires souhaitent créer avec certaines familles, notamment celles qui sont les plus dotées en capital économique, une relation forte inscrite dans la durée, qui repose sur la confiance et qui engage une identification forte du « notaire de famille » à sa clientèle. Écoutons Marc Pouget, un jeune notaire de trente ans qui a repris les parts de l'étude de son père dans le Sud-Ouest et qui nous vante ici les qualités de la « réserve en valeur » au moment d'une succession : « Parce que, même si j'ai un désaccord familial, je peux par testament instituer légataire universel un de mes enfants, si j'ai un problème avec un autre, c'est pas grave, au moins celui à qui je lègue tout, il prend possession du patrimoine, après c'est qu'une question d'évaluation des biens, donc de négociation économique […]. C'est une bonne gestion familiale, quand j'arrive à avoir transmis tout mon patrimoine, et terminé avec l'assurance-vie qui est pas fiscalisable, et sur les comptes juste de quoi écrire la déclaration de succession, bah là, les parents… c'est-à-dire qu'ils ont vachement bien géré le truc ! »

Tout l'entretien est ainsi, à la première personne. Quand Marc Pouget dit « je », il se désigne parfois explicitement lui-même en tant que notaire. C'est aussi une manière pour lui de raconter un dossier en se mettant *à la place* de son client. Quand Marc Pouget se réjouit de parents qui ont bien géré leur succession en l'anticipant fortement, il se réjouit aussi d'avoir bien fait son travail. Ses intérêts professionnels rejoignent ainsi directement ceux de sa clientèle dans une relation inscrite dans la durée, où l'anticipation, la confiance et la communauté d'intérêts vont ensemble. Un notaire a tout intérêt, y compris financier (puisque ses honoraires constituent un pourcentage du patrimoine de ses client·es), à ce que ceux-ci ne dilapident pas leur fortune. Le point de vue du « notaire de famille » épouse celui de son client et *vice versa*. On retrouve ici un résultat de l'enquête pionnière de l'anthropologue américain George Marcus, qui étudie comment les grandes dynasties étasuniennes s'en sont remises depuis la fin du XXe siècle à des experts pour gérer leur fortune familiale (trust managers, conseillers patrimoniaux, avocat·es, comptables et même psychologues), et montre que, paradoxalement, ce sont ces professionnel·es extérieur·es à la famille qui sont les plus attaché·es à la perpétuation dans le temps des fortunes familiales[22]. Du fait de leur *ethos* professionnel, les gestionnaires de fortune sont encore plus familialistes et conservateurs que leurs client·es. Même chose pour les notaires en France : ils ont tout intérêt à inscrire le patrimoine dans un temps long pour maintenir leur clientèle de génération en génération, dans une lignée qu'ils imaginent le plus souvent, et naturellement, comme étant masculine.

Les entretiens que nous avons réalisés avec les notaires montrent combien ces professionnel·les du droit de la famille s'identifient à leur client au masculin. Les notaires titulaires de leur charge, quand ils nous parlent de leur dossier, ne féminisent jamais les termes de parenté. Les notaires parlent d'« un client », « un héritier », « un conjoint survivant », « un enfant », jamais d'une cliente, une héritière, une conjointe ou une fille. Il nous a fallu sans cesse les questionner pour savoir s'il s'agissait dans telle affaire d'un veuf ou d'une veuve, d'un frère ou d'une sœur. Nous avons souvent eu du mal à suivre ces histoires familiales racontées dans les termes du droit et uniformément au masculin. Pour les juristes, ce langage du droit exprimé au masculin n'est pas sexiste. Il est au contraire le garant de sa prétendue neutralité du point de vue du genre. Pourtant, la morale économique des notaires se fonde bien sur une vision genrée des rapports familiaux, proche de celle de leur clientèle privilégiée. Ils et elles considèrent souvent, comme leurs client·es, que les hommes sont les plus aptes à faire fructifier le patrimoine dans la lignée, surtout lorsqu'il s'agit de biens professionnels – exactement comme dans leur propre groupe professionnel, qui privilégie les hommes pour accéder à la tête des offices notariaux.

Parmi les professions juridiques qui traitent du droit de la famille, le notariat est la moins féminisée. Certes, le conseil supérieur du notariat met en avant une féminisation rapide du métier : en 2019, 47 % des notaires sont des femmes, peut-on lire sur le site officiel de la profession, alors que ce n'était le cas que de 22 % en 2007. Cependant, au 1er janvier 2016, les femmes représentent 64 % des notaires salarié·es (rémunérées entre 2 000 et 4 000 euros par mois et dont la part a fortement progressé), mais seulement 32 % des notaires titulaires de leur charge (17 000 euros par mois en moyenne, dont le nombre est limité par un numerus clausus)[23].

Dans la division du travail des études, les notaires salarié·es sont surtout chargé·es de la documentation, de la préparation et de la rédaction des actes. Ce sont les notaires titulaires de leur charge qui sont en contact direct avec la clientèle et définissent la stratégie du dossier, notamment en ce qui concerne la clientèle régulière et privilégiée à fort capital économique. Ces derniers sont les plus proches socialement des familles possédantes à fort capital économique : non seulement leur rémunération est très élevée, mais ils sont à la tête d'un patrimoine professionnel conséquent.

La proportion de femmes accédant à l'exercice libéral est en très net décalage avec celle constatée chez les diplômé·es notaires, les femmes représentant environ 70 % des dernières promotions[24]. À partir de 2016, l'entrée en vigueur de la « loi Macron » pour la croissance, l'activité et l'égalité des chances économiques a conduit à la création d'un nombre conséquent de nouveaux offices. Dans la période 2016-2018 qui a suivi, les femmes ont représenté 58 % des notaires nominé·es à la tête des offices nouvellement créés, attribués par simple tirage au sort parmi des candidatures préalablement déposées. En revanche, les femmes n'ont constitué que 45 % des nouveaux notaires ayant accédé au statut libéral par la voie classique du « droit de présentation », c'est-à-dire par cooptation dans le cadre de successions ou d'associations dans les offices existants[25]. Un avis du 31 juillet 2018 de l'Autorité de la concurrence note ainsi : « Alors que beaucoup de contributeurs indiquaient que la forte proportion de femmes dans des fonctions de notaire salarié relevait d'un choix personnel et que ces dernières ne souhaitaient pas accéder aux responsabilités impliquées par l'exercice libéral, le nombre de femmes notaires nommées aux offices créés, qui – compte tenu des modalités de tirage au sort – doit être à peu près équivalent au pourcentage de candidates, indique au contraire une appétence certaine de ces dernières pour l'entreprenariat[26]. » En bref, les stratégies de reproduction de cette profession à patrimoine qu'est le notariat s'appuient donc sur les mêmes mécanismes sexistes que celles de leur clientèle possédante, et se traduisent par une discrimination des femmes pour l'accès par cooptation au statut de notaire libérale.

### Des cabinets généralistes, un traitement différencié de la clientèle[27]

Recherche active d'une clientèle privilégiée, couplée à une différenciation des pratiques du droit de la famille selon les caractéristiques sociales des client·es : cette combinaison observée dans les études notariales se retrouve dans les cabinets d'avocats[28].

Dans l'ensemble, le droit de la famille apparaît comme un domaine dominé au sein de la profession, peu spécialisé et peu rémunérateur. Une forte proportion d'avocat·es est amenée à traiter, au moins de manière ponctuelle, des dossiers familiaux. C'est aussi un des domaines où la féminisation du barreau est la plus visible[29]. Dans les divorces contentieux, à l'étape de l'ordonnance de non-conciliation, deux tiers des hommes et trois quarts des femmes sont assistées d'une avocate plutôt que d'un avocat[30]. Les avocates et avocats ont affaire à des clientèles différenciées, selon l'emplacement et l'histoire de leur cabinet, sa taille et son degré de spécialisation, mais surtout selon les réseaux professionnels et personnels dans lesquels ils et elles sont insérées.

Les observations menées dans un barreau dans l'ouest de la France font apparaître de prime abord un marché peu segmenté. Les avocat·es qui pratiquent le droit de la famille se côtoient régulièrement au palais de justice ou à la maison du barreau, et ont affaire plus ou moins à la même clientèle. Comme l'explique Yves Le Floch, un avocat qui a plus de trente années d'exercice : « On n'est pas à Paris, ici. À Paris, vous pouvez sélectionner, parce qu'à Paris vous avez le monde, à Paris vous avez la clientèle et le contentieux. En province, on ne peut pas, dans les barreaux comme ici, on ne peut pas, ce n'est pas possible. Vous ne pouvez pas sélectionner et passer votre temps à renvoyer les clients chez les concurrents. » Les avocat·es rencontrées exercent ainsi une partie de leur activité à l'aide juridictionnelle, bien que dans des proportions variables. Les honoraires sont plutôt calculés au forfait qu'à l'heure travaillée. Un divorce par consentement mutuel avec un seul avocat pour les deux parties est facturé entre 1 400 et 2 100 euros ; le tarif de base du divorce contentieux se situe entre 2 000 et 2 500 euros, ces tarifs pouvant donner lieu à des dépassements en cas d'allongement de la procédure.

Et pourtant, au sein des cabinets de ce barreau, un constat nous frappe très vite : la clientèle aisée reçoit en moyenne davantage de temps et d'attention que celle des classes populaires. Nous avons relevé la durée des 45 rendez-vous entre les avocat·es et leurs client·es observés par l'ensemble de l'équipe de recherche. Sur les 40 rendez-vous où la profession du client·e est connue, ceux concernant des classes populaires (n = 16) ont duré 41 minutes en moyenne, contre 55 minutes pour les classes moyennes (n = 11) et 61 minutes pour les classes supérieures (n = 13)[31].

Reprenons l'observation réalisée dans le cabinet de Grâce Dupont-Bernard, l'avocate de Ginette Durand. Juste après ce rendez-vous qui a duré 25 minutes, l'avocate a reçu une cliente retraitée touchant 600 euros par mois, souhaitant officialiser sa séparation avec son époux (effective depuis trois ans) pour pouvoir faire une demande de logement social. Grâce Dupont-Bernard lui consacre 15 minutes. La cliente suivante, proche de la soixantaine, est enseignante à l'université et en cours de divorce avec un architecte. Contrairement à ses prédécesseuses, la cliente se montre très à l'aise dans le bureau de son avocate. C'est notamment la seule qui vient d'emblée nous serrer la main, en affirmant qu'elle fera « comme si [nous] n'éti[ons] pas là ». Le rendez-vous avec elle dure 45 minutes et débute par l'écoute d'un message vocal provenant de l'époux. Est-ce que ce court message à l'occasion de la naissance d'un petit-fils est un message « pervers », « odieux », « hyper-préparé et fermé », comme l'affirme la cliente ? L'avocate répond sur le même registre psychologisant : « Votre mari n'est pas capable d'aller au fond de ses sentiments. » Impressions et ressentis prennent une grande part dans leur discussion, en même temps que sont abordés les enjeux juridiques et économiques du dossier : la valeur d'une maison, la réunion des pièces en vue de la demande d'une prestation compensatoire. « Vous avez vu la complicité que j'ai avec elle », commente avec satisfaction l'avocate après le rendez-vous. Son dernier client vient pour son premier rendez-vous dans le cadre d'une procédure de divorce. L'avocate reste une heure avec ce cadre du privé qui gagne près de 4 000 euros par mois (et refuse la présence des sociologues). Elle nous explique après coup que c'est une durée qu'elle estime normale pour une première entrevue. Pourtant, les deux premières clientes de l'après-midi venaient également pour la première fois.

On pourrait multiplier les exemples de ce type. Souvent, les juristes expliquent ces variations par l'ampleur et la complexité des patrimoines des classes supérieures, qui nécessiteraient des consultations juridiques plus longues. Nos observations nous conduisent à nuancer cette analyse. Il est indéniable que les familles fortunées ont des patrimoines complexes, en grande partie à cause d'une production intentionnelle de complexité par les professionnel·les du droit eux-mêmes : fiscalistes, notaires, comptables, banquiers, gestionnaires de fortune, etc., d'autant plus nombreux et nombreuses à intervenir que la richesse est importante[32].

Mais les affaires économiques des justiciables de classe populaire peuvent aussi s'avérer tout à fait complexes. C'est le cas notamment pour les *classes populaires possédantes*, propriétaires d'un patrimoine immobilier ou professionnel parfois non négligeable mais qui sont peu diplômées et ont de faibles revenus. Cette situation est fréquente en milieu rural[33]. Ce sont des client·es qui peuvent susciter de la méfiance de la part de leur conseil. D'abord, il n'y a pas de connivence fondée sur un entre-soi cultivé. Ensuite, une partie des interactions entre avocat·e et client·e consiste à mesurer la qualité des informations transmises, qui va permettre à l'avocat·e de jauger la complexité du dossier, de conseiller efficacement son client ou sa cliente et donc de bien faire son travail. C'est dans ces interactions que se noue la confiance entre le client et son conseil. Mais c'est aussi une manière pour le professionnel de déterminer la capacité et la bonne volonté du client à payer ses honoraires[34]. Or cette situation économique paradoxale qui caractérise les classes populaires possédantes – pas de liquidité disponible mais du patrimoine sans qu'on sache toujours exactement combien – engendre de l'incertitude sur la complexité du dossier, sur l'éligibilité à l'aide juridictionnelle, et plus généralement sur le paiement des honoraires.

Nous avons assisté au rendez-vous de Michèle Abitbol, une avocate chevronnée d'une soixantaine d'années spécialisée en affaires familiales, avec une cliente de ce type, Nathalie Mougins. Cette commerçante d'une cinquantaine d'années est assignée en divorce par son mari avec qui elle possède un camion à pizza, en tant qu'autoentrepreneuse. Au cours du long premier rendez-vous (une heure et quart), l'avocate découvre que cette potentielle cliente est tout à la fois sans revenus – elle vit du RSA – mais possède un petit patrimoine avec son mari (une maison en Bretagne louée 540 euros par mois, un étang de loisir, un terrain avec un bungalow en bord mer loué 300 euros par mois et plusieurs véhicules : 4 × 4, camping-car, caravane, fourgonnette).

La cliente se présente comme démunie, mais Michèle Abitbol lui explique qu'étant donné son patrimoine elle n'aura sans doute pas le droit à l'aide juridictionnelle. Elle lui indique alors ses tarifs (2 000 euros hors taxe pour son divorce) et lui demande de prendre son temps pour réfléchir et décider si elle veut poursuivre avec elle. Et elle demande immédiatement à sa secrétaire de lui amener la facture de 120 euros pour cette première consultation, une pratique inhabituelle, les avocat·es de ce barreau faisant plutôt payer leurs honoraires sous la forme d'un forfait ou d'un nombre d'heures groupées. Nathalie Mougins s'excuse : « Ben, j'ai rien apporté, j'ai pas de chéquier. Je vais vous envoyer ma fille, c'est elle qui va payer. » Le lendemain, l'avocate nous annonce qu'elle a pris la décision de ne pas prendre cette cliente parce que « ça va partir en vrille avec elle ». Elle redoute de ne pas être payée si Nathalie Mougins ne reçoit pas l'aide juridictionnelle, mais estime également qu'au vu du travail nécessaire pour ce dossier compliqué la rémunération à l'aide juridictionnelle serait de toute façon insuffisante[35]. Les avocat·es soulignent régulièrement travailler « à perte » sur les affaires prises en charge par l'aide juridictionnelle, ce qui les conduit à modérer leur investissement dans ce type de dossiers. Ainsi, alors que la durée moyenne des rendez-vous que nous avons observés dans ce barreau est de seulement 31 minutes pour les client·es qui bénéficient de l'aide juridictionnelle, elle est de 59 minutes pour les client·es qui n'en bénéficient pas.

Nathalie Mougins réunit toutes les caractéristiques d'une « mauvaise cliente », et cela en raison de spécificités de classe et de genre intriquées. Alors que son mari est en contact direct avec le notaire qui gère leurs biens et qu'il a initié la procédure en choisissant un avocat conseillé par ce notaire, Nathalie Mougins n'a aucun réseau de professionnel·les du droit vers lequel se tourner. Propriétaire d'un patrimoine qui rend son éligibilité à l'aide juridictionnelle incertaine, mais n'ayant aucun revenu propre, elle se trouve en situation délicate pour se payer un conseil. Ayant quitté le domicile dans un contexte de violence conjugale, sa situation précaire réduit son accès effectif à son patrimoine comme à de simples pièces justificatives. L'avocate, très expérimentée et qui exerce dans un barreau à dominante rurale, a l'habitude de ce type de difficultés avec des client·es issus des fractions populaires des classes possédantes, qui ne déclarent pas tous leurs revenus, ne sont pas toujours solvables, mais pas éligibles non plus à l'aide juridictionnelle. Elle a appris à les déceler rapidement et, en fin de carrière, a les moyens économiques de les refuser en anticipant les difficultés à travailler sur ce type de dossier sans être certaine d'être payée.

Mais la proximité entre avocat·e et client·e n'est pas seulement une affaire d'argent. À un pôle, on trouve des *classes supérieures possédantes* qui cumulent toutes les formes de capital (économique, culturel, social et symbolique)[36] et qui parviennent à nouer une relation de connivence avec leur conseil, en vue de la meilleure défense de leurs intérêts familiaux et économiques. Faisant preuve d'aisance dans les interactions, familier·es du langage du droit (sans toutefois toujours bien le maîtriser), les client·es de classes supérieures parviennent à donner le change à leur conseil, affirment davantage leur point de vue et interviennent plus activement dans le déroulé de leur procédure. Même si la relation avocat·e/client·e est une relation asymétrique entre professionnel·le et profane, certaines avocates, surtout si elles sont en début de carrière, peuvent même avoir du mal à imposer leur stratégie juridique face à des cadres supérieurs ou chefs d'entreprise plus âgés, qui ont l'habitude professionnelle de diriger des subalternes. À l'autre pôle, on trouve des *classes populaires* non possédantes caractérisées par leur position subordonnée dans le travail, une étroitesse des ressources économiques et un éloignement relatif au capital culturel légitime[37] : intimidées par le droit et ses professionnel·les, apportant des affaires peu rentables pour ces dernier·es, elles n'ont d'autre alternative que de s'en remettre à la stratégie de leur avocat·e, sans toujours en comprendre les implications. Entre ces deux pôles, il existe une variété de positions, incluant des *classes non possédantes à capital culturel* qui peuvent fortement s'investir dans leur dossier (rédiger des conclusions à la place de leur avocat·e, par exemple) dont les enjeux économiques sont toutefois relativement faibles, ou des *classes populaires possédantes* dont la complexité économique d'affaires peu rentables peut susciter la méfiance des avocat·es.

## En région parisienne : un marché segmenté

En région parisienne, le marché du droit de la famille est davantage segmenté.

En bas de l'échelle des rémunérations et de la richesse des client·es, on trouve de jeunes avocat·es inscrit·es sur les listes de l'aide juridictionnelle, qui additionnent les permanences de consultations gratuites dans les mairies ou les maisons de justice et du droit, travaillent au forfait et multiplient les dossiers pour se constituer des revenus suffisants. Leur clientèle est essentiellement composée de classes populaires non possédantes. C'est dans ce segment du marché de l'avocature que nous avons rencontré quelques avocat·es d'origine maghrébine, portugaise ou d'Afrique noire, souvent partagée avec leur clientèle. L'essentiel de leurs revenus provient de l'aide juridictionnelle, ce que l'une d'entre elles appelle « pratiquer l'AJ de masse ».

Mais la concentration des richesses en Île-de-France est telle que le marché du droit de la famille se segmente aussi par le haut, avec la création de cabinets spécialisés dans la gestion de patrimoine, aux tarifs très élevés et de fait réservés à une clientèle « haut de gamme ».

Dans les beaux quartiers parisiens ou les banlieues cossues, on trouve des grands cabinets entièrement spécialisés en droit de la famille et du patrimoine, comme le vantent leurs sites Web. L'un d'entre eux indique les rubriques suivantes : « droit patrimonial et extra-patrimonial », « droit international de la famille », « contrats de mariage et *prenuptial agreement* », « patrimoine et succession », « anticipation et liquidation successorales », etc. Un autre, entièrement en anglais, se positionne d'emblée pour une clientèle internationale expatriée avec le titre « *international family lawyers for a new generation of families* » et propose un conseil en cinq langues différentes. Les tarifs dans ces cabinets sont élevés, entre 250 et 550 euros de l'heure. Les avocat·es n'y prennent aucun·e client·e à l'aide juridictionnelle.

Ces cabinets spécialisés sont peu nombreux : « une dizaine sont sur le devant de la scène », selon Cécile Martin-Dubois, une avocate quadragénaire, qui estime en être. Ses locaux sont immenses, situés dans un imposant immeuble haussmannien dans les beaux quartiers de la capitale. Les clientes et clients viennent ici par interconnaissance, envoyé·es par les cabinets d'affaires où travaille son mari, mais aussi rencontré·es dans des réunions politiques, dans des cercles ou dîners en ville, ami·es et ami·es d'ami·es. Cécile Martin-Dubois offre à ses client·es un service personnalisé, en se rendant très disponible pour eux. Elle reçoit tou·tes les client·es elle-même, leur donne systématiquement son numéro de téléphone portable, assure toutes les discussions avec le conseil de la partie adverse (que ce soit au téléphone ou en se déplaçant), et elle accompagne régulièrement ses client·es chez le notaire ou la médiatrice. Par contraste avec les autres avocat·es que nous avons rencontré·es au cours de l'enquête et qui mettent en place de nombreuses tactiques de protection face à une clientèle souvent fébrile et envahissante dans une période de difficultés familiales (restriction du nombre de rendez-vous, mise en place d'un standard téléphonique, discipline des échanges par mails avec les client·es), Cécile Martin-Dubois paraît au contraire très accessible et disponible pour sa clientèle, triée sur le volet : « Un Français marié à une Grecque, première résidence de la famille, New York, et domicile actuel, Pékin, voilà le type de dossier que je traite », dit-elle. Elle reconnaît que les « petits dossiers » où tout le monde est d'accord d'emblée ne viennent pas chez elle.

Des dossiers plus simples sur le plan juridique, mais émanant d'une clientèle tout aussi fortunée, auront toutes les chances d'être traités par des cabinets non spécialisés en droit de la famille, réservés à une clientèle triée sur le volet, du fait de leurs tarifs élevés (en moyenne 300 euros hors taxe par heure) et des réseaux d'interconnaissance professionnelle dans lesquels ils sont situés. Ayant une formation en droit des affaires et de la fiscalité, Carole Jouve conseille surtout en matière familiale des chefs d'entreprise envoyés par des amis experts-comptables ou son mari, lui-même avocat d'affaires. Elle remarque que sa clientèle est surtout masculine : « Il se trouve que ceux qui font des affaires, c'est plus des hommes. » « J'ai intérêt à bien me débrouiller, parce qu'après la réputation va très vite », explique-t-elle. Des hommes au patrimoine conséquent, en particulier des chefs d'entreprise, bénéficient donc d'un réseau de professionnel·les du conseil d'ores et déjà en lien les un·es avec les autres, ce système de recommandation ayant des effets sur la qualité des services qui leur sont rendus.

On retrouve cette spécialisation parisienne dans le haut de gamme également chez les notaires. Située dans un hôtel particulier des beaux quartiers parisiens, l'étude notariale où exerce Jean-Pierre Chartrain se consacre à une clientèle privilégiée. « Issu d'une très vieille famille de notaires » (*dixit* un de ses confrères), ce quinquagénaire est associé au sein d'une étude qui comporte quatre associé·es et vingt-six salarié·es, insérée dans un réseau détenu par une holding, avec deux autres offices situés dans des communes huppées de l'Ouest parisien. Dans son étude, trois quarts des successions dépassent le seuil de l'ISF, soit 1 300 000 euros. Jean-Pierre Chartrain, très élégant dans son blazer bleu marine, accueille l'une d'entre nous (Céline) dans la vaste salle de réunion où il reçoit ses clientes et clients. Ici, les murs sont anciens (avec moulures, cheminée et parquet), le matériel est high-tech (des écrans aux murs sont reliés à un ordinateur dissimulé sous la table), la décoration contemporaine (avec des œuvres d'art abstrait accrochées au mur), le mobilier est luxueux (sièges en cuir, table en bois précieux), la porcelaine dans laquelle la secrétaire sert le café est fine. Hormis les écrans au mur et le téléphone sur la table, l'ensemble rappelle davantage une salle à manger bourgeoise qu'un lieu de travail : il n'y a pas de traces de dossiers dans la pièce, la discussion a lieu autour d'un café, la secrétaire au bout du fil est toutefois en permanence disponible pour répondre aux sollicitations du notaire. Cet entretien est l'occasion de mesurer combien le service proposé aux client·es dans ce type d'études est spécifique. Ici, chaque client·e a un notaire comme interlocuteur privilégié pour ses rendez-vous, mais son dossier peut être traité sur le fond par l'un·e des notaires appartenant aux trois études en réseau, selon le type de conseil ou d'acte sollicité (immobilier neuf, immobilier ancien, droit de la famille, transmissions d'entreprise, successions internationales, etc.). Ce service très pointu et personnalisé, réservé à un petit nombre de client·es (l'étude enregistre seulement soixante successions par an), conduit à l'usage des outils les plus récents et sophistiqués du droit de la famille.

### Des outils juridiques différenciés selon le capital économique et culturel

Certains outils juridiques ne sont proposés par les professionnel·les du droit de la famille à leurs client·es qu'à partir d'un certain niveau et d'une certaine composition de richesse. Par exemple, les *contrats de mariage en séparation de biens* sont proposés par les notaires à leur clientèle de chefs d'entreprise, en vue de protéger l'épouse des aléas de l'activité professionnelle, en pratique aussi pour protéger le patrimoine professionnel des aléas de la vie conjugale[38]. Le *cantonnement des libéralités* (qui permet, avec son accord, de réduire les droits du conjoint survivant sur l'héritage, en général au bénéfice des enfants) n'est proposé aux veuves que lorsqu'elles sont propriétaires de leur logement et qu'elles ont une retraite ou des revenus suffisants pour subvenir à leurs besoins. Les *donations transgénérationnelles* (les enfants du donateur renoncent à une partie de leur réserve héréditaire au bénéfice de leurs propres enfants, l'objectif étant de payer moins d'impôts sur la succession) vont être proposées à des héritier·es aisés qui n'ont pas besoin de leur héritage et cherchent au contraire à faire des donations défiscalisées à leurs enfants. Quant à la *renonciation anticipée à l'action en réduction* (RAAR), qui consiste, pour des héritier·es, à renoncer à réclamer la prise en compte, dans les partages successoraux finaux, de donations dont un de leurs cohéritier·es a été bénéficiaire, c'est un outil qui est réservé en pratique aux clients les plus fortunés qui souhaitent, par exemple, faire des donations à des fondations philanthropiques. Tandis que, pour Jean-Pierre Chartrain, l'ensemble de cette palette d'outils du droit de la famille fait partie du « sur-mesure » qu'il offre dans l'« accompagnement fiscal » de sa clientèle haut de gamme parisienne, ces outils juridiques sont exclus de la pratique de près de la moitié des offices notariaux en France[39]. Comme le dit Cédric Le Guen, notaire dans une zone rurale pauvre qui n'a utilisé que deux fois la RAAR depuis son entrée en vigueur en 2006, n'a pas reçu de donation-partage transgénérationnelle l'année précédente et n'a jamais pratiqué le cantonnement des libéralités : « Il faut de la matière pour ça ! »

D'autres outils juridiques ne sont pas l'apanage des seules élites économiques. Ils sont destinés à des fractions inférieures des classes possédantes. Nous en donnons ici deux exemples.

La *donation au dernier vivant* était un dispositif juridique populaire en France, très largement utilisé dans la seconde moitié du XX^e^ siècle. Jusqu'à la loi du 3 décembre 2001 relative aux droits du conjoint survivant, le veuf ou la veuve ne bénéficiait que de la jouissance sans propriété – les juristes parlent alors d'*usufruit* – du quart du patrimoine de son conjoint décédé. À défaut de précautions particulières, les enfants se partageaient la pleine propriété de ce patrimoine.

Ces règles légales par défaut étaient peu adaptées aux situations les plus communes, dans lesquelles les couples âgés étaient propriétaires à parts égales de leur résidence principale : les enfants pouvaient réclamer la vente de la résidence conjugale pour bénéficier de leur part, et forcer ainsi leur parent resté en vie à quitter son domicile. « On n'a pas travaillé toute notre vie pour qu'on soit mis à la porte après », s'exclame ainsi Jeanne Le Vennec, assistante maternelle à la retraite rencontrée au chapitre précédent. Elle explique pourquoi elle et son mari maçon, après avoir construit eux-mêmes leur maison sur un terrain acheté avec leurs économies dans les années 1960, ont du coup effectué une donation au dernier vivant. Cette précaution permettait alors au veuf ou à la veuve de bénéficier de l'usufruit de l'ensemble du patrimoine du couple ou de la pleine propriété d'un quart du patrimoine de la personne décédée[40]. Jeanne, devenue usufruitière de l'ensemble de la maison après le décès de son époux en 1997, a ainsi pu rester y habiter sans se soucier des éventuelles vues de chacun·e de ses sept enfants sur le petit pécule que leur aurait rapporté la vente du bien immobilier.

En 2003, selon l'enquête « Patrimoine » de l'INSEE, la moitié de l'ensemble des couples mariés de l'échantillon déclarait avoir pris une telle mesure et près des trois quarts des couples âgés (où l'épouse a plus de soixante-cinq ans). Son usage variait essentiellement en fonction de la propriété de la résidence principale. Parmi les couples âgés, sa fréquence atteignait, chez les propriétaires, respectivement 76 % et 78 % lorsque l'homme était cadre ou ouvrier, mais seulement 34 % dans les deux groupes pour les couples ne possédant aucun patrimoine immobilier, signe que c'est au moment de l'achat de la résidence principale que les époux étaient informés de l'existence et de l'importance de cette disposition particulière du droit civil.

Autre outil, autre public. Depuis les années 2000, certains barreaux proposent à une clientèle de classes supérieures à capital culturel de divorcer dans le cadre du *droit collaboratif*. Cette pratique issue des pays anglo-saxons a pour principe un règlement à l'amiable des divorces par une série de rendez-vous à quatre (les époux et leurs conseils respectifs), très formalisés, qui doivent aboutir à la rédaction d'une convention de divorce par consentement mutuel. Lorsqu'une partie décide de divorcer en s'appuyant sur le droit collaboratif, elle doit suggérer à l'autre de choisir un conseil au sein d'une liste d'avocats et avocates dûment formé·es. Faire partie de cette liste permet d'accéder à un segment de marché où la clientèle est particulièrement solvable. Dans le barreau de l'ouest de la France que nous avons étudié où cette pratique était émergente, ce service est tarifé 2 500 euros et en pratique donne lieu à de nombreux dépassements d'honoraires facturés environ 200 euros de l'heure.

« C'est quand même très intéressant financièrement pour nous », résume l'avocate Grâce Dupont-Bernard lors d'une session d'information sur le droit collaboratif auprès de ses confrères et consœurs du barreau. Lors de cette réunion, plusieurs personnes dans l'assistance soulignent que le droit collaboratif ne peut pas être proposé à l'aide juridictionnelle et condamnent cette « justice à deux vitesses ». Le droit collaboratif se révèle ainsi accessible uniquement aux personnes dotées d'un capital économique suffisant, comme le reconnaît Arnaud Thiercelin, lui-même praticien : « Les confrères le nient, mais il y a aussi un problème de capacité financière. Parce que, vous l'avez vu, ça prend beaucoup de temps. Beaucoup, beaucoup de temps. [...] Donc la limite, c'est la capacité financière [des justiciables], et à mon sens, l'aide juridictionnelle. »

Au-delà de ces enjeux financiers, les avocat·es qui pratiquent le droit collaboratif insistent sur les compétences culturelles qu'il requiert de la part des justiciables. Grâce Dupont-Bernard répète en plusieurs circonstances que les « rendez-vous à quatre » (les deux parties accompagnées de leurs conseils respectifs) durent en moyenne deux heures trente et que seuls celles et ceux qui ont un certain « niveau de culture » sont capables de « se concentrer suffisamment », « savent faire l'effort ». Arnaud Thiercelin regrette quant à lui d'avoir engagé cette démarche avec un client, contrôleur à la SNCF, qui a selon lui « une capacité intellectuelle un peu limite ».

Cette pratique est donc réservée en pratique à une élite locale de chefs d'entreprise, professions libérales, cadres et enseignant·es ayant suffisamment de ressources économiques et culturelles pour s'y conformer. Elle permet aux avocat·es de recruter au moins une partie de leur clientèle au sein de groupes sociaux qui leur sont proches, solvables, avec lesquels peut se constituer un entre-soi propice à la mise en œuvre de jeux à l'ombre du droit. Les trois « rendez-vous à quatre » de droit collaboratif que nous avons observés dans ce barreau se singularisent par leur durée (entre une heure et quart et quatre heures) et par l'ampleur des sujets abordés, du patrimoine et de la fiscalité aux histoires intimes des couples (les trois rendez-vous abordent longuement des histoires d'adultère). L'ampleur de cette exposition de la vie privée et des arrangements patrimoniaux des clients, dans le cadre confidentiel du cabinet, vise ainsi à éviter que ceux-ci ne soient discutés face à un juge, au tribunal.

La pratique du doit collaboratif apparaît toutefois inadaptée aux dossiers des client·es les plus fortunés. À Paris, Clotilde Reymbaut-Dawkins, avocate spécialisée en droit international privé à la clientèle très aisée (elle facture 450 euros de l'heure), promotrice du droit collaboratif en France, ne met en œuvre cette pratique qu'avec sa clientèle française au patrimoine situé sur le territoire national. Car le droit collaboratif ne convient pas selon elle aux « dossiers financièrement complexes » de sa clientèle internationale. Ces dossiers donnent lieu à d'autres formes de négociations entre avocat·es, qui bien souvent impliquent d'autres professionnel·les (médiatrices, psychologues, notaires, experts-comptables, fiscalistes…) et ne nécessitent pas autant de disponibilité physique des client·es, ni une telle exposition de leur vie privée.

### Les usages sociaux différenciés du droit international privé

Alors que le droit de la famille est souvent considéré comme « peu technique » et « peu juridique », le droit international privé constitue une exception. Ce droit encadre les successions et les divorces qui comportent des éléments d'extranéité (nationalité étrangère d'une partie des personnes apparentées, lieux de résidence ou biens situés dans d'autres pays que la France, mariage contracté à l'étranger, etc.). En principe, il concerne aussi bien la succession de Johnny Hallyday ou les divorces des client·es de Cécile Martin-Dubois que des séparations conjugales entre deux conjoint·es de milieu populaire d'origine étrangère (à cause de leur nationalité ou de la détention d'une maison dans un autre pays).

À Paris, en raison de la concentration de grandes fortunes internationalisées et de la forte segmentation du marché juridique, ce droit d'exception est revendiqué comme une dimension « noble » du droit de la famille. Magistrate à la chambre de la famille de la cour d'appel de Paris, Brigitte Cigliano lie ainsi dimension internationale, importance financière et complexité juridique des dossiers dont elle est chargée : « Les spécificités parisiennes, en droit de la famille, c'est d'abord beaucoup d'internationalité du litige. Beaucoup. Et puis la masse, l'importance financière des dossiers. Je ne vous dis pas qu'il n'y ait pas des gens riches en province. [...] Mais rien à voir. C'est une différence d'échelle qui n'est même pas pensable. [...] Mais nous, c'est compliqué juridiquement, et c'est lourd financièrement. Et, en plus, il y a du droit international. Et le DIP [droit international privé] de la famille, il est tellement difficile qu'au sein même des professeurs de DIP il y a une spécialité DIP famille. »

Pourtant, les professionnel·les du droit de la famille ne se saisissent pas systématiquement de ce droit sophistiqué, réservé, de fait, aux personnes étrangères fortunées ou françaises expatriées[41]. Tout dépend des caractéristiques socio-économiques des justiciables. L'audience suivante observée par notre collègue Hélène Steinmetz au tribunal de grande instance d'une grande ville du sud-est de la France illustre bien la complexité des enjeux des affaires familiales transnationales, y compris dans les classes populaires, mais qui ne donnent pourtant pas lieu à la mise en œuvre de ce droit pointu.

L'affaire se joue en deux temps. À 10 h 30, Abdelkrim Brahimi entre avec son jeune avocat dans le bureau du juge Jean Brunetti. Ni l'épouse du justiciable ni son avocate qui a rédigé l'assignation en divorce ne sont présentes, et le juge demande s'il y a un désistement. L'avocat rétorque que la situation est « plus compliquée ». Selon lui, cette assignation est abusive, puisque le couple a déjà divorcé en Algérie quatre ans plus tôt. Abdelkrim Brahimi proteste : « Elle entame une procédure sachant qu'on est déjà divorcés. Je ne comprends pas ! » L'avocat demande que l'épouse soit déboutée de sa demande de divorce et qu'elle soit condamnée à verser, au titre de l'article 700 du code civil, une somme à son ex-époux pour ses frais d'avocat. Le juge Brunetti met l'affaire en délibéré et rassure l'homme : en l'absence d'argumentation de la partie adverse, le magistrat n'a pas de raison de ne pas débouter l'épouse de sa demande de divorce en France.

Plus d'une heure plus tard, après l'audition de deux autres affaires, l'avocate de Djamila Brahimi entre, affolée, dans le bureau du juge et s'excuse de son retard : elle était retenue par une autre affaire, ce qui arrive souvent pour les avocates rémunérées à l'aide juridictionnelle qui multiplient les dossiers. « Je ne me suis pas désistée », explique-t-elle. Elle raconte que sa cliente a fait une première procédure en France en 2006 pour faute, puis que Abdelkrim Brahimi est descendu seul en Algérie et a fait un divorce éclair. À l'oral, l'avocate reconnaît qu'elle aurait pu « conclure », c'est-à-dire rédiger des arguments, portant sur des points précis de droit international privé : elle aurait notamment pu contester la validité du divorce algérien au regard du droit français, dans la mesure où l'épouse n'était pas présente à l'audience en Algérie. Mais, comme elle n'a pas soulevé ce point dans ses conclusions écrites, cet argument ne pourra pas être retenu en faveur de sa cliente. L'avocate n'insiste pas : « Je bats ma coulpe, monsieur le président, restons-en là. Ce qui m'importe, c'est la pension alimentaire, je ferai une procédure après-divorce. Je prends acte de mon insuffisance sur ce dossier. » Après discussion avec le juge, elle lui demande d'être déboutée de sa demande : « Tant que vous ne me mettez pas d'article 700, contre mauvaise fortune, on fera bon cœur ! », conclut-elle. L'avocate renonce ainsi purement et simplement à la demande en divorce de sa cliente – qui n'est pas là pour donner son avis. Autrement dit, elle accepte tacitement la légitimité du divorce sous forme de répudiation qui a été décidé par le seul mari en Algérie. Au-delà des enjeux moraux de ce choix, l'avocate de Djamila Brahimi, en renonçant à un divorce pour faute en France en faveur de sa cliente, renonce aussi à différentes compensations financières, notamment une prestation compensatoire, voire le versement de dommages et intérêts. Le droit international privé aurait pourtant pu être mobilisé pour contester la validité du divorce prononcé en Algérie. Mais l'avocate de la femme n'a pas pris le temps de le faire dans ses écrits, préférant se rabattre sur une procédure bien plus routinière : une demande de pension alimentaire post-divorce. Rémunérée par un forfait de l'aide juridictionnelle, elle gagne ainsi du temps et de l'argent.

On mesure combien la pratique de cette avocate n'a rien à voir avec le « sur-mesure » développé par les cabinets spécialisés dans les grandes fortunes internationales. Pour les professionnel·les du droit, mobiliser des outils juridiques au cas par cas ne dépend pas seulement des potentialités et de la complexité du dossier. Dans le cas des affaires familiales, le rapport virtuose au droit international privé est mobilisé par un nombre très limité de spécialistes, dont l'activité est réservée à une clientèle privilégiée. De manière générale, les membres des classes populaires ont affaire à des avocat·es généralement moins investi·es dans leurs dossiers, qui sont moins rentables. Ces inégalités de traitement ont aussi un genre, puisque du fait des inégalités de revenus entre les hommes et les femmes ces dernières ont davantage recours à l'aide juridictionnelle : c'est le cas d'un tiers d'entre elles, contre seulement un sixième des hommes[42].

Les familles sont inégales face au capital : elles en possèdent beaucoup, peu ou pas du tout, et sont inégalement armées sur le plan juridique pour transmettre la richesse d'une génération à la suivante. Selon leur milieu social, les hommes et les femmes sont inégalement accompagné·es dans les opérations comptables qui officialisent leurs arrangements économiques au moment des successions et des séparations. Quel que soit leur milieu social, les femmes ont plus de mal à défendre leurs intérêts patrimoniaux que les hommes.

Plus la richesse familiale est importante et diversifiée, plus les avocat·es et les notaires mobilisent du temps, des compétences et des outils sophistiqués du droit au service des intérêts économiques, notamment fiscaux, de leurs client·es. L'ampleur et le raffinement de ces jeux comptables avec le droit varient fortement selon le volume de richesse détenu ainsi que sa composition (revenus du travail uniquement, actifs financiers, patrimoine immobilier, biens professionnels, etc.) et selon la relation établie entre les professions libérales du droit de la famille et leurs client·es.

Au sein des classes supérieures fortunées, souvent également fortement dotées en capital culturel, ce sont les hommes qui bénéficient le plus de l'investissement des professionnel·les du droit au service de leur clientèle. Inversement, dans les classes populaires sans patrimoine, voire dans les franges inférieures des classes possédantes, les femmes bénéficient très rarement de conseils personnalisés alors que, dans les séparations notamment, les enjeux économiques sont parfois vitaux pour elles. Pour comprendre dans quelle mesure l'activité des professions juridiques contribue au creusement des inégalités économiques entre hommes et femmes dans différents milieux sociaux, en dépit d'un droit aujourd'hui formellement égalitaire, nous allons maintenant entrer dans le détail de leurs manières de compter.

# 4

## Des comptabilités sexistes sous couvert d'un droit égalitaire

Pierre Delmas occupe des fonctions importantes au sein du Conseil supérieur du notariat. Quand nous le rencontrons, il a soixante-cinq ans et vient de transmettre à son fils ses parts d'associé dans un grand office notarial situé dans une préfecture du Sud-Ouest. En entretien, s'adressant pourtant à une femme (Sibylle), il assume de façon particulièrement directe son adhésion au souci de sa clientèle de transmettre le patrimoine professionnel à un héritier masculin : « Dans ma région, on s'est toujours assis sur la réserve héréditaire quand il s'agissait de maintenir l'exploitation agricole », dit-il.

Comme nous l'avons vu, la réserve héréditaire est le principe structurant du code civil qui, depuis 1804, assure dans le droit l'égalité entre fils et filles en matière d'héritage. L'article 735 du code civil modifié par la loi du 3 décembre 2001 enfonce le clou, en étendant cette règle à tous les enfants quelle que soit l'union dont ils sont issus et qu'elle soit ou non légitimée par un mariage : « Les enfants ou leurs descendants succèdent à leurs père et mère ou autres ascendants, sans distinction de sexe, ni de primogéniture, même s'ils sont issus d'unions différentes. »

Entre boutade et provocation, Pierre Delmas compare les transmissions d'exploitations familiales agricoles dans sa région à ce qu'il estime être le « droit musulman » : « Les femmes n'ont droit qu'à une demi-part mais ne sont jamais abandonnées par leur famille ! »[1] Il conclut que les « filles désavantagées » ne s'en plaignent pas car elles sont sûres de bénéficier de « solidarités familiales » en cas de besoin. On aimerait que ces propos, énoncés en décembre 2014 par un éminent représentant national du notariat, ne concernent désormais qu'une poignée de familles agricoles, aux confins d'une zone géographique historiquement connue pour ses partages successoraux inégalitaires[2].

En effet, le droit de la famille et de la propriété n'autorise plus une discrimination systématique des filles par rapport aux fils dans les héritages, ou de l'épouse par rapport à l'époux dans les divorces. Pourtant, les inégalités de richesse entre les hommes et les femmes ne se résorbent pas, et même s'accroissent, dans la France contemporaine. Comment se fait-il qu'un droit formellement égalitaire ne parvienne pas à endiguer cette inégalité fondamentale ? Quel est le rôle des professions libérales du droit chargées de le mettre en œuvre ? Dans ce chapitre, nous verrons pourquoi et comment les notaires et les avocat·es apportent leur contribution à des stratégies familiales de reproduction défavorables aux femmes. Ces professionnel·les du droit de la famille et de la propriété légitiment et dissimulent, sous couvert d'un droit désormais formellement égalitaire, la production d'arrangements patrimoniaux sexistes.

## Un droit égalitaire : histoire d'une conquête récente

Historiquement, des discriminations juridiques ont empêché les femmes d'accumuler de la richesse autant que les hommes. Ces discriminations ont particulièrement concerné les femmes mariées, mais ont également eu des implications sur la possibilité des filles d'hériter au même titre que leurs frères. On les retrouve, sous des formes différentes, dans les deux grandes traditions juridiques occidentales : les territoires régis par la *common law*, comme les pays anglo-saxons, et ceux régis par le code civil, comme la France.

En Grande-Bretagne, jusqu'à la fin du XIX^e siècle, une épouse était l'extension juridique de son mari : une fois mariée, elle perdait tout contrôle sur ses biens. La pratique de l'*entail*, qui permettait dans un acte de succession la désignation d'un unique héritier masculin à qui le défunt imposait des restrictions sur l'usage, la vente ou le transfert des biens, achevait de déposséder les femmes. L'histoire racontée par Jane Austen dans *Orgueil et préjugés* en 1813 en fournit un exemple éclatant. Aucune des cinq filles de M. Bennet ne peut hériter de sa propriété qui est *entailed* et destinée à un lointain cousin qui a la possibilité d'expulser la veuve et les cinq filles, d'où l'impératif pour au moins l'une d'entre elles de faire un beau mariage pour entretenir toutes les autres.

Les *Married Women's Property Acts* ont amélioré cette situation. À partir de 1872, les femmes mariées britanniques (à l'exception d'abord des Écossaises) ont pu disposer librement de leurs revenus et, en 1882, elles ont obtenu les mêmes droits que les célibataires : la possibilité de signer des contrats, de s'engager dans un procès comme de transmettre leurs biens en cas de séparation de biens entre époux[3]. Le système d'*entail* est aboli en 1925 au Royaume-Uni.

Aux États-Unis, l'adoption de ces réformes s'est faite État par État, dans la seconde moitié du XIXe siècle. La suppression des discriminations dans le droit a conduit à davantage d'égalité entre époux et épouses. Elle a abouti, alors que se maintenait la liberté de tester, à davantage d'équité entre frères et sœurs dans les successions. D'après Carole Shammas, historienne américaine spécialiste de ces questions, la part de la richesse détenue par des femmes a davantage progressé aux États-Unis entre 1860 et 1890 que dans les deux cents années précédentes[4]. En 1860, les femmes américaines détenaient environ 5 % des biens taxables, un pourcentage qui grimpe à 25 % en 1900 et jusqu'à 40 % dans les années 1950, au moment où se généralise la propriété conjugale de la résidence principale et où l'espérance de vie des femmes grimpe plus rapidement que celle des hommes, les conduisant à hériter de leur conjoint.

En France, reprenant une partie des acquis du droit privé révolutionnaire, le code civil a permis que les femmes accumulent des richesses dès 1804[5]. Du point de vue successoral, les filles sont considérées comme des héritières réservataires au même titre que leurs frères. Du point de vue matrimonial, la « communauté de meubles et acquêts » devient le régime par défaut. Non seulement les femmes mariées peuvent conserver la propriété des biens immobiliers hérités ou acquis avant le mariage, mais aussi accumuler, puisque tous les biens acquis durant le mariage sont détenus par moitié par chaque conjoint·e. Au XIXe siècle, le code civil est donc nettement plus favorable aux femmes que la *common law*[6].

Toutefois, jusqu'en 1965, les droits de propriété de l'épouse sur la communauté matrimoniale s'articulent à un pouvoir quasi absolu du mari en matière de gestion des biens. Pour les femmes mariées, l'autorisation de l'époux est obligatoire pour accepter une succession, faire une donation entre vifs, acquérir, aliéner ou hypothéquer un bien. Ainsi, même en cas de contrat de mariage prévoyant la séparation de biens (les époux ne possèdent alors aucun bien en commun), les femmes ont besoin d'une autorisation générale de gestion de leur mari pour administrer leurs biens propres.

En France, la loi du 13 juillet 1965 portant réforme des régimes matrimoniaux représente de ce point de vue un bouleversement considérable. Le régime légal par défaut devient celui de la « communauté des biens réduite aux acquêts », qui prévaut encore aujourd'hui, et qui par rapport au code civil réduit le périmètre de la communauté. Tous les biens acquis avant le mariage ou hérités, y compris les biens mobiliers, sont désormais exclus de la communauté. Cette loi consacre surtout la fin de l'incapacité des épouses à gérer leurs biens et les dote de la capacité juridique. Les femmes mariées peuvent désormais exercer un métier, passer un contrat ou ouvrir un compte bancaire sans autorisation de leur conjoint. Elles disposent désormais librement de leurs gains et salaires. La loi du 23 décembre 1985 parachève l'autonomie de chacun·e dans la gestion des biens communs et supprime toute référence dans le code civil aux termes de « mari » et « femme », au profit de la mention les « époux », qui ont désormais des droits strictement identiques en matière de gestion du patrimoine conjugal.

Les discriminations juridiques qui empêchaient les femmes d'accumuler des richesses relèvent ainsi d'une histoire récente, certes, mais d'une histoire révolue. En France, à l'exception des paragraphes portant sur la maternité et de deux articles non modifiés qui laissent entrevoir l'inconscient patriarcal du droit des successions[7], l'ensemble du droit légiféré concernant les ressources et richesses est désormais rédigé de façon neutre[8]. En réalité, il s'agit d'un masculin neutre : il est question de « défunt » (jamais de défunte), d'« héritier » (et jamais d'héritière), de « donateur » (jamais de donatrice) et même de « conjoint survivant » et de « conjoint successible », alors que ces dernières expressions désignent en pratique, étant donné les différentiels d'espérance de vie et d'âge entre conjointes et conjoints, surtout des veuves.

## Des comptabilités inversées

Cette neutralité formelle, récemment acquise et qui peine encore à s'exprimer dans le langage du droit, n'empêche pas le maintien, voire le développement d'inégalités entre hommes et femmes, dans sa mise en œuvre. Notre enquête dans les études notariales saisit le droit en pratique, en train de se faire, non pour constater qu'il y aurait d'un côté le droit « pur » inscrit dans le code civil et le droit « impur » de la pratique, mais plutôt pour montrer que la signification et l'effectivité du droit n'existent que dans sa mise en œuvre[9].

Anne Prisot-Gallot était avocate à Paris. Elle a pratiqué le droit de la famille pendant quarante années, avant de prendre sa retraite en 2009. À la suite de plus de deux heures d'entretien au cours duquel elle fait le bilan de son activité, elle envoie à notre collègue Gabrielle Schütz un document écrit d'une dizaine de pages sur les changements du droit de la famille et leurs répercussions sur sa pratique d'avocate. Elle décrit notamment les enjeux des liquidations de régime matrimonial – c'est-à-dire des partages du patrimoine conjugal – dans les divorces : « L'établissement de ces projets de liquidation des droits matrimoniaux, ainsi que la détermination du montant et des modalités d'exécution de la prestation compensatoire quand l'un des époux pouvait y prétendre demandaient un travail certain pour réunir les éléments “comptables”, trouver un accord entre les parties, et présenter les choses de façon à parvenir au résultat sur lequel elles étaient tombées d'accord. »

Comparons cette citation avec les propos du notaire Pierre Delmas mentionnés au début de ce chapitre : « Dans ma région, on s'est toujours assis sur la réserve héréditaire quand il s'agissait de maintenir l'exploitation agricole. » Voici comment le notaire poursuit : « En pratique, on regarde combien le repreneur peut donner, et on fait cadrer la succession. Et on a très peu de contentieux, parce que c'est accepté par tout le monde. »

À première vue, les deux pratiques décrites ci-dessus n'ont rien à voir. Elles impliquent des professions différentes (une avocate et un notaire), ainsi que des outils du droit distincts : liquidations du patrimoine conjugal d'une part, successions d'autre part. Il y a pourtant un point commun entre ces deux situations : c'est ce que nous appelons la pratique de la *comptabilité inversée*[10].

Les actes notariés qui authentifient les partages patrimoniaux au moment d'une succession ou d'une séparation conjugale apparaissent toujours sous la forme d'inventaires de biens, attribués aux différentes parties sous forme de lots, à chacun desquels correspond une valeur (exprimée en euros). En cas de déséquilibre entre les lots de biens et les droits des parties, une somme d'argent, appelée *soulte*, est fixée pour compenser. Par exemple, celui ou celle qui conserve la propriété du domicile conjugal à la suite d'une séparation doit verser une soulte à celui ou celle qui y renonce ; même principe quand une maison de famille est transmise à un·e héritier·e qui doit alors dédommager ses frères et sœurs. D'un point de vue mathématique, les opérations sont très simples. Il s'agit d'additions et de divisions d'actifs et de passifs, selon la séquence officielle suivante : 1) inventaire des biens, 2) évaluation de ces derniers, 3) évaluation de la masse patrimoniale totale par addition, puis de la part de chaque conjoint·e ou héritier·e par division, 4) répartition des biens en lots de valeur la plus proche possible des parts calculées, 5) enfin, compensations éventuelles par des soultes.

Or ce que nous racontent le notaire Pierre Delmas et l'avocate Anne Prisot-Gallot est très différent de cette formalisation comptable : en pratique, la séquence des opérations est rigoureusement inversée. Les personnes apparentées et les professionnel·les du droit établissent *d'abord* un consensus sur le résultat final, c'est-à-dire sur la répartition des biens et les compensations. Dans les termes du notaire, « on regarde combien le repreneur peut donner » : c'est ce qu'il appelle le *cadre* de la succession. Et c'est dans un second temps que viennent les opérations d'évaluation (que vaut chaque bien ?) et même d'inventaire (qu'est-ce qui est compté ?), orientées de telle façon que le cadre juridique semble respecté.

Devant une dizaine de juristes et de sociologues travaillant sur les renonciations successorales, le représentant du notariat Pierre Delmas explicite aussi bien les instruments officiels du droit des successions que les techniques informelles utilisées pour transmettre les exploitations agricoles à un seul héritier masculin : « Comment on faisait, c'est très simple : en sous-estimant les biens, en fixant des salaires différés tirés par les cheveux, et en utilisant la quotité disponible bien sûr. » La quotité disponible est la part de la succession dont le défunt peut disposer librement : la moitié s'il n'y a qu'un enfant, le tiers s'il y en a deux, le quart s'il y en a trois ou plus. Cet outil juridique a notamment été prévu par le code civil pour pouvoir continuer à favoriser, dans une certaine mesure, un·e héritier·e par rapport aux autres. Quant à la créance de salaire différé, elle permet au descendant d'un exploitant agricole de faire reconnaître officiellement son travail gratuit sur l'exploitation, qui devra dès lors faire l'objet d'une rétribution au moment des partages successoraux[11]. Ces deux techniques sont parfaitement légales et inscrites dans le droit.

La surévaluation des salaires différés ou la sous-estimation des biens professionnels à transmettre font en revanche partie des marges de manœuvre officieuses en matière d'évaluation des actifs qu'utilisent fréquemment les notaires.

## Des évaluations et des inventaires à l'ombre du marché

Si la plupart des actifs financiers qui circulent entre personnes apparentées ont une valeur monétaire déterminée à un moment donné (solde d'un compte bancaire, actions cotées en Bourse), les biens fonciers, immobiliers et professionnels doivent faire l'objet d'une évaluation alors qu'ils ne sont pas nécessairement mis en vente. Dans les études notariales, l'évaluation des biens se réalise donc à l'ombre du marché. En arrière-plan des arrangements patrimoniaux, la valeur de marché est une référence, un « métaprix », qui constitue un niveau théorique du prix, qui a peu de chances d'être réalisé, mais qui influe sur la formation des prix comme support de réflexion, comme potentialité ou encore comme point de référence, alors que c'est dans la coordination des protagonistes des arrangements qu'est déterminée l'« effectivité du prix »[12].

Ainsi, l'établissement des prix se déroule de façon différente si au cours d'un divorce ou d'une succession un bien immobilier est vendu à un tiers ou si le bien est attribué à l'un·e des conjoint·es ou héritier·es en échange d'une soulte. Dans le premier cas, le bien est vendu sur le marché au prix le plus avantageux possible, souvent avec l'intervention d'intermédiaires tels que des agents immobiliers, et son *prix effectif* est partagé entre les protagonistes en fonction de leurs droits officiels sur le bien. Dans le second cas, la transaction se déroule dans l'étude notariale, sans que le bien passe par le marché. Même si le droit fiscal contraint les notaires à faire référence à la valeur marchande du bien, les relations entre personnes apparentées pèsent alors de tout leur poids dans l'établissement du prix de la transaction. L'exemple suivant permet de mesurer l'ampleur des variations que peut prendre l'évaluation d'une maison au cours d'un divorce dont le règlement s'étire sur sept années, lors de moments plus ou moins conflictuels de la relation postconjugale.

Emmanuel Ruffaut (chef d'entreprise à son compte dans le secteur du bâtiment) et Sophie Pourquerie (maîtresse de conférences en droit) se sont mariés en 2001 sous le régime de la séparation de biens, peu après avoir acquis une maison en indivision située dans une petite ville des Pays de la Loire, pour 60 980 euros. L'année suivante, ils ont réalisé d'importants travaux dans la maison (chauffage, isolation, électricité, pose d'une baie vitrée). En 2006, Sophie Pourquerie quitte le domicile conjugal pour s'installer dans la ville universitaire où elle exerce son métier, tandis qu'Emmanuel Ruffaut reste sur place. En avril 2008, dans son assignation en divorce, ce dernier propose de racheter la maison en versant une soulte à sa future ex-épouse de 33 517 euros (pour un prix du bien estimé donc au double, soit 67 034 euros). À cette période, on est au plus haut du conflit judiciaire qui oppose ces parents sur la résidence de leur fils unique (une procédure d'appel est en cours). Dans les écritures de leurs avocates en 2009 et 2010, plusieurs valeurs de la maison sont mentionnées. Emmanuel Ruffaut réévalue la maison à 100 000 euros puis 121 000 euros ; Sophie Pourquerie estime de son côté que la maison vaut 214 000 euros. Des annonces immobilières locales sont citées dans les deux dossiers en appui à ces évaluations divergentes. Lors du jugement de divorce sur le fond prononcé en mai 2010, la liquidation de l'indivision conjugale n'a toujours pas eu lieu. Le JAF demande au président de la chambre départementale des notaires « de déléguer un notaire dans cette affaire, et que, si dans le délai d'un an après que le présent jugement est passé en force de chose jugée, les opérations de liquidation ne sont pas achevées, le notaire transmettra au tribunal un procès-verbal de difficulté ». En juin 2011, le notaire nommé contacte trois agences immobilières pour évaluer le prix de la maison dans laquelle réside toujours Emmanuel Ruffaut.

Chaque agence fournit une fourchette de prix au cours de l'été 2011 : entre 152 000 et 153 000 euros pour la première ; 158 000 et 164 000 euros pour la deuxième ; 178 000 et 180 000 euros pour la troisième. Le notaire propose une moyenne générale de 165 833 euros dans plusieurs projets de liquidation. Finalement, Emmanuel Ruffaut annonce qu'il ne souhaite plus racheter les parts de son ex-épouse et qu'il est prêt à vendre la maison. Cette dernière est vendue à une tierce personne en janvier 2013, pour 175 000 euros.

L'évaluation d'un bien dans l'étude d'un notaire n'a pas grand-chose à voir avec la fiction de l'économie classique du prix de marché dépendant d'entités désincarnées que sont l'offre et la demande. Ici, au contraire, tout est incarné. L'évaluation est directement inscrite dans l'état de la relation entre les personnes apparentées. Comme le montre le divorce de Sophie Pourquerie et Emmanuel Ruffaut, cette relation peut évoluer : en 2008, quand le conflit judiciaire est maximal, leurs évaluations respectives de la maison divergent franchement ; elles se rapprochent au moment où la maison est le dernier aspect de leur divorce qu'il reste à régler (2010-2011) ; leur intérêt devient tout à fait commun quand Emmanuel Ruffaut décide de quitter la maison et que cette dernière est mise en vente (2013).

Généralement, la ou les personnes apparentées qui rachètent un bien aux autres ont intérêt à ce que l'estimation du bien soit la plus basse possible. L'intérêt des autres peut être une évaluation maximale, pour obtenir la soulte la plus élevée possible. Les notaires jouent un rôle déterminant dans ces constructions d'équivalences, puisque leur profession est garante de l'évaluation des biens, avec comme garde-fou l'administration fiscale qui peut sanctionner une sous-évaluation trop importante. Les notaires insistent ainsi souvent auprès de leurs client·es sur la nécessité de justifier les estimations retenues, d'où le recours à d'autres professionnel·les pour expertiser les biens : agents immobiliers, commissaires-priseurs… Mais, comme dans le cas d'Emmanuel Ruffaut et Sophie Pourquerie, des expertises contradictoires peuvent être produites. Il est possible de jouer sur les différentes estimations des biens pour répondre à certaines nécessités du règlement d'une succession, de la liquidation d'un régime matrimonial ou de la fixation d'une prestation compensatoire, en tenant compte de soucis d'optimisation fiscale sur lesquels nous reviendrons.

La formalisation de la circulation de la richesse familiale qui se négocie dans ces cabinets ne joue pas seulement sur l'évaluation des actifs mais aussi, en amont, sur l'inventaire de ce qui doit être comptabilisé. En droit, cet inventaire se limite aux « biens ». En pratique, les opérations d'inventaire mettent potentiellement en équivalence des éléments très hétérogènes. Peuvent ainsi être recensés des biens matériels mais aussi du travail sur une exploitation agricole (c'est le cas de la créance en salaire différé), ou encore des soins (apportés à des parents âgés ou des enfants), du travail domestique (réalisé par une épouse), du temps, des diplômes, etc. Ces comptabilités hétérogènes, dont les éléments ponctuent le temps long de l'histoire familiale, sont plus ou moins reconnues et légitimées par le droit. Les inventaires officiels éludent toute une partie des transactions intimes réalisées entre personnes apparentées, alors même que les discussions aboutissant à ces inventaires en tiennent étroitement compte.

Si l'on repense au cas Pilon, la famille de boulangers-pâtissiers de Gironde, les discussions au sujet des partages successoraux de Renée au bénéfice de ses quatre enfants mentionnent à la fois les biens officiellement transmis (des terrains, des maisons, une boutique et un fonds de boulangerie ainsi que des sommes à rembourser en pain et viennoiseries), les biens omis dans les comptes officiels (un fonds de pâtisserie), mais aussi des études payées par les parents, des coups de main pour la boulangerie familiale et des sacrifices professionnels, voire conjugaux (au moment de l'enquête menée par Sibylle, ses sœurs se demandent si les problèmes de couple de Pierre Pilon, qui a repris la boulangerie, sont liés à son maintien contraint au voisinage de sa famille). C'est entre tous ces éléments que la mère, le fils et les sœurs reconstituent des équivalences. Or la donation-partage rédigée par le notaire ne retient qu'une partie de ces éléments, pour établir un partage officiel conforme au droit civil – omettant un fonds de pâtisserie de plusieurs dizaines de milliers d'euros. Cette omission légitime l'équivalence faite entre le fonds de pâtisserie et les études des filles, en même temps qu'elle allège la facture fiscale de la donation.

Dans l'exercice de leur pratique, les professionnel·les du droit de la famille partent d'un résultat (transmettre un bien spécifique à un·e héritier·e en particulier, ou attribuer un bien à un·e conjoint·e lors d'une procédure de divorce) pour réaliser ensuite les opérations d'inventaire et d'évaluation qui permettent d'y aboutir. Dans les termes de l'avocate Anne Prisot-Gallot, il s'agit de « présenter les choses, de façon à parvenir au résultat sur lequel les parties étaient tombées d'accord ». Le huis clos des études notariales et des cabinets d'avocat est ainsi le lieu protégé de jeux comptables qui permettent d'adapter les arrangements économiques familiaux au cadre légal censé les contraindre. Nous avons appelé *arrangements patrimoniaux* cette coproduction – plus ou moins laborieuse et conflictuelle – par les personnes apparentées et les professions libérales du droit d'un consensus sur l'évaluation et la distribution de la richesse familiale, qui se trouvent dès lors légitimés par la mise en œuvre d'une *comptabilité inversée*.

### Les biens structurants pour les uns, des compensations pour les autres

Ces *comptabilités inversées* contribuent en pratique au creusement des inégalités de richesse entre les hommes et les femmes. Car tous les biens ne sont pas équivalents. Nous avons vu au chapitre 2 qu'il y a dans certaines familles des « biens qu'il faut garder », qui sont symboliquement et économiquement plus importants, et qui sont transmis préférentiellement aux fils. Selon les milieux sociaux, la nature de ces biens varie. Cela peut être un portefeuille d'actions et d'obligations dans les familles les plus fortunées (les actions d'Amazon dans la famille Bezos par exemple), une entreprise familiale ou des biens professionnels dans des familles d'indépendants (la boulangerie-pâtisserie des Pilon), mais cela peut aussi être une maison de famille, des terrains qui ont pris de la valeur parce que bien situés, ou encore une résidence secondaire (la maison sur la côte vendéenne des Renoir).

Ces biens particuliers – variables selon les situations familiales et les milieux sociaux – sont aussi des biens *structurants* de la succession. Ils fournissent le *cadre*, par rapport auquel les professionnel·les du droit organisent les arrangements patrimoniaux. La pratique de la *comptabilité inversée* leur permet de placer ces *biens structurants* au point de départ et au centre de leurs calculs : une fois que le notaire sait à qui ces biens structurants reviennent, il organise une *compensation* acceptable pour les autres héritières et héritiers (en argent ou en autres biens).

Les données statistiques permettent d'établir que les fils uniques et les premiers des garçons reçoivent davantage ces biens structurants « qu'il faut garder », ainsi que davantage de donations anticipées, que les cadets et les filles. Nos observations dans les études notariales démontrent que cette répartition de la richesse familiale – des biens structurants pour les uns, des compensations pour les autres – est loin d'être économiquement égalitaire. Si dans les actes notariés (et dans les enquêtes statistiques) les montants apparaissent égaux, cette égalité s'avère être le résultat des jeux comptables mis en œuvre par les notaires.

Les transformations historiques du code civil ont rendu de plus en plus facile la mise en œuvre des comptabilités inversées en matière successorale. En effet, en 1804, le code Napoléon définissait l'égalité entre cohéritier·es comme une égalité en valeur et en *nature* : « Il convient de faire entrer dans chaque lot, s'il se peut, la même quantité de meubles, d'immeubles, de droits ou de créances de même nature et valeur » (article 832 du code civil ancien). Les héritier·es héritaient collectivement de l'ensemble des biens en indivision et puis chacun·e devait être doté·e de lots équivalents en valeur et en nature. Si cette distribution était impossible, en particulier si des biens ne pouvaient matériellement être divisés, la seule solution était alors la licitation, c'est-à-dire la vente des biens (article 827, alinéa 1 du code civil ancien). Tout au long du XXe siècle, des exceptions à ce principe d'égalité en nature ont été progressivement introduites. Elles ont mis en place des conditions juridiques plus favorables pour la transmission à un seul héritier de certains biens physiques, précisément les biens structurants que nous avons repérés : les logements et les entreprises. Les HBM (« habitations bon marché ») dès 1922, les petites exploitations agricoles à partir de 1938, l'ensemble des exploitations, les entreprises commerciales, artisanales et industrielles et tous les logements depuis 1961, et enfin les parts de société au début des années 1980 ont pu faire l'objet d'une « attribution préférentielle » (le bien est attribué à un·e héritier·e unique sous réserve de verser une compensation aux autres). C'est la loi de 2006 de réforme des successions qui supprime toute référence à l'égalité des parts en nature : « chaque copartageant reçoit des biens pour une valeur égale à celle de ses droits dans l'indivision » (article 826, alinéa 2 du code civil).

À trente ans, Marc Pouget vient de prendre la suite de son père en tant que notaire associé dans une grande étude d'un département rural du Sud-Ouest (6 associés, 37 salarié·es). Sa clientèle implantée sur tout le territoire national, voire à l'international, est issue de l'émigration massive d'une partie de la population rurale de la région vers Paris dans la seconde partie du XXe siècle et comprend d'importantes fortunes professionnelles et immobilières. En entretien, le jeune notaire nous explique toute la latitude que confère désormais la réserve héréditaire en valeur : « Même si j'ai un désaccord familial, je peux par testament instituer légataire universel un de mes enfants. Si j'ai un problème avec un autre, c'est pas grave, celui à qui je lègue tout prend possession du patrimoine. Après, ce n'est qu'une question d'évaluation des biens, donc de négociation économique. Si je prends l'exemple d'une maison, si je veux être sûr qu'elle revienne à l'un et qu'elle ne soit pas bloquée par une indivision, je fais ça : je laisse le patrimoine à un de mes enfants avec qui je m'entends bien, qui dès mon décès, en tant que légataire, peut en bénéficier et en avoir la jouissance, et il aura juste à régler une question économique, c'est-à-dire les droits de son frère dans la succession en argent. »

### Quand une entreprise est au centre de la succession

Le cas des entreprises familiales fournit une sorte de caricature de transmission de biens structurants à un héritier unique, le plus souvent un homme[13], dans le cadre d'un droit formellement égalitaire. Céline a mené une enquête ethnographique de longue durée au tournant des années 2000, dans la région de Cognac, auprès de jeunes viticulteurs qui reprennent l'entreprise de leurs parents[14]. Dans ces familles, tous les arrangements successoraux sont organisés autour de la transmission de la propriété viticole à un unique héritier, presque toujours masculin. Que la famille soit fortunée ou non, avec un patrimoine diversifié ou non, le bien structurant de la succession est la propriété viticole, et l'objectif premier est sa transmission sans division au repreneur. Le reste, c'est-à-dire la compensation des autres héritier·es, est perçu par les protagonistes des arrangements (c'est-à-dire en premier lieu les parents exploitants et leur notaire) comme une question secondaire.

Dans les familles de propriétaires-exploitants les plus modestes, dont le mode de vie est proche de celui des ouvriers agricoles, il n'y a rien d'autre à transmettre que la petite exploitation composée de quelques hectares de vignes, de bâtiments et de matériel d'exploitation. Les arrangements patrimoniaux consistent donc, d'abord, à faire patienter les cohéritier·es. Plusieurs techniques juridiques sont disponibles. Certains repreneurs vont rester très longtemps en indivision avec leurs frères et sœurs, les rémunérant plus ou moins pour la propriété du capital, au gré des variations de leur chiffre d'affaires. Tant que leur frère n'a pas les moyens de racheter leurs parts, les héritier·es non repreneurs ne peuvent exiger de sortir de l'indivision sans mettre en péril l'entreprise familiale. Afin de parer à cette éventualité, les notaires et autres conseillers juridiques agricoles recommandent d'ailleurs à leurs clients propriétaires-exploitants de créer un groupement foncier agricole. Le repreneur de l'exploitation familiale se trouve alors locataire des terres possédées avec ses frères et sœurs, ce qui lui laisse du temps pour racheter les parts de ses cohéritier·es, au gré de ses marges de manœuvre financières et avec la possibilité, entre-temps, de jouer sur le montant et le paiement de son bail. On retrouve aussi de façon récurrente dans les arrangements successoraux les techniques énoncées par le représentant national du notariat, Pierre Delmas : la sous-évaluation des biens professionnels et la surestimation des salaires différés, afin d'aboutir à la soulte la plus réduite possible.

Dans les familles viticoles plus fortunées de la région de Cognac, qui ont des styles de vie proches de la bourgeoisie, voire de la grande bourgeoisie, les successions comprennent souvent des biens immobiliers (parc locatif dans la région, résidences secondaires en bord de mer ou à la montagne) et des actifs financiers (portefeuille d'actions et d'obligations), en plus du patrimoine professionnel, souvent très important, composé de vignes, de bâtiments d'exploitation et de matériel, mais aussi et surtout d'un stock de cognac qui prend de la valeur en vieillissant. Toutefois, ces biens et actifs ne sont pas équivalents. Ce qui structure la succession, c'est toujours la transmission de la propriété viticole à l'héritier-repreneur. Les autres frères et sœurs reçoivent des compensations qui, dans l'acte notarié, paraissent économiquement équivalentes, mais qui en pratique résultent d'un jeu très important sur les évaluations – sous-évaluation systématique des biens professionnels, surévaluation des biens immobiliers de compensation. Ce procédé permet de transmettre la propriété viticole à un unique héritier, parfois à deux (lorsqu'elle est vraiment très importante).

Le temps est une dimension cruciale de toutes ces opérations d'inventaire, d'évaluation et de distribution des biens qui constituent la trame des arrangements patrimoniaux. Les familles viticoles de Cognac, comme les familles d'indépendants en général, sont ainsi les championnes de l'anticipation successorale, et pratiquent beaucoup plus que les autres familles des donations et donations-partages[15]. Les premières donations, parfois lorsque les parents sont encore en activité, permettent d'installer le repreneur dans son rôle. À l'occasion d'un agrandissement par exemple, des parents exploitants vont donner de façon anticipée à un de leurs fils les terres nouvellement acquises. Ils céderont ensuite, petit à petit ou au moment de leur passage à la retraite, le reste de l'exploitation à cet héritier d'ores et déjà « intéressé » aux résultats de l'entreprise. Les conseillers juridiques agricoles ainsi que les notaires insistent beaucoup sur cette importance du temps de la succession, en martelant que la transmission d'une exploitation « s'organise sur toute une génération ». À chacune de ses étapes, des compensations plus ou moins sous-évaluées peuvent être versées aux autres frères et sœurs. L'étalement dans le temps permet de démultiplier les possibilités de jeux comptables. De plus, le *tempo* de ces donations dépend de la temporalité de l'entreprise familiale. Les frères et sœurs du repreneur reçoivent d'éventuelles soultes au rythme de la vie de l'exploitation et de sa transmission, et non en fonction de leur propre rythme d'accumulation (acquisition d'une résidence principale, paiement des études des enfants, etc.).

À Cognac, il est très clair que cette manière d'organiser les arrangements patrimoniaux bénéficie aux garçons, puisque les filles ne sont qu'exceptionnellement les héritières et repreneuses des entreprises familiales viticoles[16]. Pourquoi les notaires sont-ils prêts à mettre en œuvre les comptabilités inversées qui permettent la transmission des biens structurants, au détriment du principe d'égalité entre héritières et héritiers, pourtant au cœur du code civil ?

## Des notaires attachés au principe de l'égalité, mais…

De façon générale, les notaires sont fortement attachés au principe de la réserve héréditaire qui assure l'égalité entre héritières et héritiers dans les successions. Lorsque nous les avons rencontrés individuellement dans leur étude pour réaliser des entretiens enregistrés et parler de leurs dossiers, beaucoup nous ont rappelé vivement cet attachement. Il faut dire que le cadre même de l'enquête qui nous a ouvert les portes de leurs études mettait cette question sur le tapis.

Nous étions en effet chargées d'évaluer les transformations des pratiques notariales dans les dix années qui avaient suivi la réforme du code civil de 2006, qui pour la première fois depuis 1804 autorisait la signature de « pactes successoraux » dans lesquels des héritier·es réservataires renonceraient par avance à tout ou partie de leurs droits sur la succession. La *renonciation anticipée à l'action en réduction* (RAAR) constitue une des mesures phares de la loi du 23 juin 2006. Elle intervient lorsqu'une donation est faite à un·e héritier·e. Les autres héritier·es réservataires peuvent alors renoncer de façon anticipée à réclamer la prise en compte de cette donation lors du règlement final de la succession, même si cela entame leur réserve. En d'autres termes, ils ou elles peuvent accepter de recevoir une part inférieure à celle qui leur est normalement due. Le rapport à l'Assemblée nationale inspirant la loi précisait que ces pactes de famille étaient destinés à faciliter la transmission d'une entreprise ou à assurer la prise en charge d'un enfant handicapé ou dans le besoin.

Alors que cette disposition a été réclamée par les instances nationales du notariat, la plupart des notaires que nous avons rencontré·es ont avoué « ne pas être très à l'aise avec ça ». Plusieurs ont exprimé leur gêne à l'idée de demander à une personne de renoncer à ses droits. Il en va ainsi de Bernard Lecart, un notaire qui exerce en individuel, dans un bassin d'emploi attractif du sud-ouest de la France où résident de nombreux cadres supérieurs. Il explique, avec quelques hésitations, pourquoi il n'a jamais utilisé la RAAR, et en vient à faire l'éloge de la réserve : « Le professeur Catala [un célèbre juriste, spécialiste de droit privé, décédé en 2012] parlait d'une hypocrisie. On ne voit pas comment on pourrait renoncer à sa part de réserve si on n'y a pas été, d'une certaine manière [il hésite] un petit peu poussé par l'entourage familial. Et c'est à ce sujet qu'il parlait d'hypocrisie. Je pense que c'est vrai. Enfin c'est quand même très rare que les personnes renoncent à un droit que la loi leur accorde. Surtout que, on peut dire ce qu'on voudra, mais, quand même, la réserve, ça a quand même un sens ! »

Jacques Bulond, un notaire âgé d'une cinquantaine d'années, est encore plus virulent contre la RAAR. Son étude se trouve dans une commune résidentielle de la première couronne de la banlieue parisienne. Le notaire exprime sa crainte que cette mesure ne soit utilisée en vue de déposséder les filles – une tendance qu'il attribue à sa clientèle originaire d'Afrique du Nord : « Alors ça, c'est personnel, mais je n'aime pas le principe. [...] Une fille qui va accepter, sous la pression de son père, de signer une RAAR pour que les frères aient tout l'héritage, encore une fois, je n'ai jamais eu ce problème mais c'est la porte ouverte à tout et n'importe quoi ! [...] Pour être clair et net, je craindrais assez que dans des familles d'origine algérienne ou marocaine il y ait ce genre de pression [...]. Il n'y a pas que dans ces familles-là mais, culturellement parlant, c'est quand même assez prégnant. J'ai dans ma clientèle d'origine maghrébine, effectivement, des clientes qui m'expliquent les successions au Maroc ou en Algérie, alors qu'elles vivent en France, et elles sont affolées de ce qui va se passer par rapport au patrimoine là-bas, avec toute la culture française qu'elles ont acquise. [...] Or, *via* une RAAR, vous pouvez arriver exactement à ce résultat-là. »

Les notaires se positionnent ainsi comme des garants de l'établissement de successions « équilibrées ». « On n'en fait pas tous les jours des RAAR, et heureusement, parce que si vous allez dans un office où vous trouvez dans le répertoire officiel énormément de RAAR, c'est qu'il y a eu énormément de transmissions déséquilibrées. Et ça, c'est quand même pas notre métier ! », nous explique Christophe Lebourg, un notaire associé à la suite de son père dans une grande étude du Sud-Ouest, qui enregistre près de deux cent cinquante successions par an.

Mais quel est donc le métier des notaires ? Comment expliquer que ces professionnel·les, apparemment si soucieux du respect de la réserve et de l'équité entre héritier·es, n'hésitent pas à pratiquer une comptabilité inversée pour transmettre certains biens structurants à un héritier privilégié ? C'est que les notaires valorisent les compétences mobilisées pour donner l'apparence de l'égalité à un partage inégal et produire un consensus autour de ce partage. Ces compétences sont le signe du bon notaire. Et elles ne tirent leur nécessité que de l'objectif auquel elles sont soumises : garantir la transmission des « biens qu'il faut garder » à celui que notaire et client·es considèrent comme le « bon héritier ».

## Une vision masculine du « bon héritier »

Or les notaires ont généralement une conception genrée et socialement située du « bon héritier », qui rencontre celle des familles possédantes. S'ils sont particulièrement attachés à assurer le maintien des entreprises familiales, c'est parce qu'ils sont eux-mêmes issus de familles d'indépendants et qu'ils ont bénéficié de donations importantes de patrimoine professionnel pour exercer leur profession. On se souvient qu'une partie d'entre eux est issue de familles de notaires, et que quasiment tous et toutes viennent de familles d'indépendants. La morale économique de ces familles, qui cherchent à transmettre leurs biens professionnels intacts à l'un de leurs héritiers, si possible le « plus apte » à faire fructifier l'entreprise, rencontre donc la morale économique de ces professionnel·les du droit de propriété.

Dans l'imaginaire de beaucoup de notaires, un bon héritier est un héritier masculin, et une transmission familiale est *a priori* une transmission de père en fils. Cela est manifeste dans les écrits professionnels des notaires eux-mêmes. Prenons le site Web Notaires.fr, « site officiel des notaires de France ». La page consacrée aux transmissions d'entreprises est illustrée par une photographie d'un homme dans la force de l'âge dont les cheveux commencent à se dégarnir, qui tient sur ses épaules un petit garçon blond en marinière bleue et blanche, dont les bras sont levés vers le ciel[17]. Quant aux pages concernant les donations et successions, elles sont illustrées par la photographie d'un père qui tient son fils par l'épaule sur un ponton en bord de mer, le fils mettant sa main en visière pour regarder au loin[18]. Le bandeau en haut de page représente des mains masculines jointes en coquille, qui supportent des mains féminines, qui elles-mêmes portent les mains d'un enfant. Enfin, la page « Société civile immobilière familiale » donne à voir la photographie d'un jeune père devant son ordinateur avec son fils qui l'attrape par le cou, et sa fille à ses côtés[19].

Les représentations patriarcales des notaires en matière successorale se retrouvent aussi dans les « mémos-conseils », ces petits dépliants publiés par les notaires que l'on trouve dans leurs salles d'attente et qui fournissent des conseils pratiques sur de nombreux sujets de droit. Ces fascicules sont rédigés au masculin neutre et tous les exemples sont donnés au masculin. Pour illustrer la « transmission d'une entreprise individuelle à un tiers, parent ou non, par le biais d'une donation-partage », on part du récit suivant : « Une donation-partage est consentie par *un* descendant à ses sept enfants et à *un* de ses petits-enfants qui a les qualités nécessaires pour reprendre l'entreprise[20]. » Pour expliquer ce qu'est une donation graduelle[21] : « *Le* donateur donne un studio à son enfant, à charge pour *lui* de le transmettre à son décès à son *neveu* (le *fils* d'un autre enfant du donateur). Une donation graduelle ne peut porter que sur la quotité disponible du donateur. Mais les héritiers réservataires peuvent accepter qu'elle concerne aussi leur part de réserve. » Même chose pour illustrer une donation résiduelle[22] : « *Le* donateur donne un portefeuille de valeurs mobilières à son enfant pour qu'*il* le gère (achat, vente de titres, etc.) à charge pour *lui* de le transmettre à son enfant (*le petit-fils* du donateur). » On a beau chercher, jamais des femmes ou des filles ne sont données en exemple dans cette littérature professionnelle et commerciale sur les donations et successions.

## La veuve ou l'envers du « bon héritier »

À l'opposé de la figure du « bon héritier » apte à faire fructifier le patrimoine dans la lignée, se trouve la figure de la « veuve », pièce rapportée soupçonnée de se l'approprier et de le dilapider. Lætícia Hallyday incarne cette figure, toujours d'actualité. Des articles de presse rapportent les qualificatifs de « veuve noire » ou de « manipulatrice », dont les proches du chanteur l'affubleraient[23]. D'après *L'Express*, Johnny Hallyday avait conscience des conséquences qu'allait provoquer l'ouverture de son testament : « "Laeticia va prendre des seaux de merde sur la gueule. Aidez-la à tenir", aurait-il dit à ses proches[24]. » Au tribunal de grande instance de Nanterre où Laura Smet et David Hallyday ont contesté les dispositions testamentaires prises par leur père, les ténors du barreau qui les représentent emploient stratégiquement et systématiquement les termes d'adresse « Madame Boudou » ou « la cinquième épouse » pour désigner Lætícia[25]. « À la femme d'affaires avisée et "manipulatrice" qui, après "six testaments successifs, trois contrats de mariage et deux changements de régime matrimonial", est devenue l'unique bénéficiaire du trust mis en place pour gérer le patrimoine du chanteur, à la toute-puissante veuve qui s'est adjoint les services de Michèle Marchand, papesse des journaux people, pour défendre son image, ils ont opposé la "douleur intense" d'une fille et d'un fils tenus à l'écart des ultimes moments de vie de leur père et contraints de réclamer en justice le droit d'entendre ses derniers enregistrements », peut-on lire dans le compte rendu du *Monde*[26]. Ces termes d'adresse – l'emploi du nom de naissance et non du nom d'épouse, la mise en série des épouses de Johnny (comme si la cinquième n'était pas la dernière) – ont aussi pour conséquence de dévaloriser le lien conjugal de la veuve avec Johnny Hallyday, par rapport aux liens de filiation existant entre le chanteur et ses deux aîné·es. L'argumentation des juristes chevronnés qui représentent Laura et David s'inscrit dans une longue tradition du droit de la famille.

Historiquement, le droit de la famille s'est en effet méfié des veuves en tant qu'héritières. Établi en 1804 et inchangé pendant près de deux siècles, l'ordre successoral (c'est-à-dire la liste ordonnée définie par la loi qui détermine les bénéficiaires d'une succession en l'absence de testament) consacrait la priorité aux « consanguins », c'est-à-dire à la famille par le sang. Jusqu'en 2001, le « conjoint survivant » se trouvait donc derrière les « descendants », les « ascendants » et les « collatéraux privilégiés » (les frères et sœurs et leurs descendant·es) dans l'ordre de la succession. Or, dans plus de huit cas sur dix, le « conjoint survivant » est une veuve âgée de plus de soixante ans[27]. Elle ne pouvait hériter de son conjoint qu'en l'absence d'héritier·es jusqu'au douzième degré, d'où la mise en place fréquente de « donations au dernier vivant » pour assurer ne serait-ce que son maintien au domicile conjugal. Depuis la loi du 3 décembre 2001, la situation des veuves s'est améliorée, en droit du moins. Dans l'ordre successoral, elles passent devant les collatéraux privilégiés et les ascendants. Elles peuvent désormais hériter soit de l'usufruit de la totalité du patrimoine, si tous les enfants sont issus du couple, soit de la pleine propriété du quart de la succession (y compris quand le défunt a des enfants issus de plusieurs unions) (article 757 du code civil). Ces droits peuvent même être étendus par donation au dernier vivant (par exemple à la pleine propriété du quart de la succession *et* à l'usufruit des trois quarts restants).

Trois années plus tard, le 100e Congrès des notaires exprime des réserves face à ces changements[28]. En marge du congrès, un article rédigé par le notaire Didier Coiffard, président de la commission « Liberté, Égalité, Familles » au Congrès, en dit long sur la méfiance des notaires vis-à-vis des veuves en matière d'héritage : « L'histoire des droits du conjoint survivant est celle du fléau de la balance entre la préoccupation de lui assurer les moyens de sa subsistance et le souci de préserver la transmission des biens dans le lignage », écrit-il[29]. Didier Coiffard prend fermement position contre la création d'un droit réservataire pour le conjoint survivant lorsqu'il n'y a pas d'enfant héritier. Cette réserve, explique-t-il, peut, par exemple, empêcher un neveu de reprendre l'entreprise de son oncle. On retrouve ici la figure masculine du bon héritier, entrepreneur au masculin, et son envers, la veuve incapable.

Finalement, la loi de 2006, tout en consacrant le « conjoint survivant » comme héritier·e réservataire de second rang (après les enfants), apporte de nouveaux outils juridiques aux notaires pour contrebalancer la potentielle mainmise des veuves sur les héritages, comme le *cantonnement des libéralités*. La veuve, si elle a bénéficié d'une donation de son conjoint, peut renoncer, grâce à cette disposition, à tout ou partie de son héritage. Les notaires que nous avons rencontrés en sont particulièrement friands.

Bernard Lecart, qui exerce dans une commune périurbaine du Sud-Ouest, considère que cet outil « très intéressant » devrait même être étendu : « Quand il y a un patrimoine, important, le conjoint, lorsqu'il est âgé ou qu'il a des revenus suffisants, peut très bien dire : "C'est bien, mais je n'en ai absolument pas besoin, je n'ai plus la possibilité de gérer, parce que mon âge ne me permet pas de le faire, je n'en ai pas besoin parce que j'ai des revenus suffisants, une retraite suffisante, et je préfère que ce soit mes enfants." Parce que c'est vrai que la gestion par des personnes âgées, c'est catastrophique ! On le voit, nous… Les personnes qui meurent très âgées, qui sont restées totalement à la tête de leur patrimoine, bec et ongles : c'est le patrimoine qui est en péril ! Donc le conjoint souvent, il peut dire moi, ça, je préfère que ce soit mes enfants qui le gèrent, d'une part parce que je n'ai plus envie de ça, de gérer, et puis je pense que mes enfants en auront besoin, peut-être pour vivre ou pour entretenir leurs propres enfants. »

Bernard Lecart s'arrête sur un dossier récent de ce type. Il s'agit d'une femme à la retraite qui, à la mort de son mari, hérite de sa résidence principale, mais aussi d'immeubles de rapport. La veuve dit d'emblée au notaire « qu'elle a horreur » des travaux et de la gestion des appartements en location, « qu'elle ne veut pas en entendre parler ». Soucieux de ne pas « dépouiller les gens », le notaire considère que la veuve a une retraite suffisante pour vivre et a donc « proposé à ses clients » un cantonnement des libéralités. Au final, la veuve récupère seulement l'usufruit sur sa résidence principale, mais cède ses droits sur le patrimoine immobilier de rapport à ses enfants. Le notaire a mis en place une SCI, dont les enfants cohéritier·es détiennent les parts et que gère le fils qui travaille dans le bâtiment : « Il s'en débrouille très bien », commente le notaire.

Tous les dossiers de cantonnement des libéralités qui nous ont été relatés en entretien reprennent ce schéma : une veuve « qui n'avait pas besoin de ça » pour vivre et qui est considérée comme « pas intéressée », voire « réticente » ou « incompétente » pour la gestion du patrimoine. La figure de la veuve – qui est à la fois une femme, une pièce rapportée et souvent une personne âgée – constitue donc l'exact opposé du « bon héritier » masculin, jeune et compétent, apte à faire fructifier le patrimoine et à le maintenir au sein la lignée[30].

### La comptabilité inversée des divorces

Les notaires jouent ainsi un rôle déterminant dans la mise en œuvre des stratégies familiales de reproduction fondées sur la transmission d'un patrimoine économique en lignée masculine. Ceci est vrai aussi bien au moment des successions que, pour les couples mariés, au moment du divorce. À l'issue de celui-ci, les anciens conjoint·es ne peuvent plus faire patrimoine commun : leurs biens doivent être partagés. Dès lors que le patrimoine conjugal comporte au moins un bien immobilier, c'est le notaire qui effectue cette liquidation, en recensant les actifs et passifs communs et en les répartissant en deux parts égales. Et pourtant, comme pour les successions, notre enquête montre que les opérations qui sont habituellement effectuées dans les offices notariaux ne se déroulent pas dans cet ordre : les comptabilités des liquidations sont elles aussi des *comptabilités inversées*, dans lesquelles la distribution des biens précède et détermine leur inventaire et leur évaluation.

À la différence des successions, qui impliquent uniquement les notaires, plusieurs professions libérales du droit sont impliquées dans le règlement économique des divorces. La liquidation du régime matrimonial prise en charge par les notaires n'est pas indépendante des autres aspects financiers dont s'occupent en parallèle les avocat·es en droit de la famille : la contribution à l'entretien de l'enfant, l'attribution du domicile conjugal ou encore la prestation compensatoire. Certaines de ces avocates, qui sont majoritairement des femmes, sont conscientes des effets défavorables pour leurs clientes des arrangements patrimoniaux validés par les notaires. Pour autant, il n'est pas facile pour elles de remettre en cause cette manière de compter.

Retrouvons Michèle Abitbol, avocate dans un petit barreau des Pays de la Loire. Elle s'est construit une réputation d'avocate spécialiste du droit de la famille particulièrement compétente. Elle fait partie des rares avocat·es que nous avons rencontré·es qui considèrent le droit de la famille comme une matière juridique noble et technique. Michèle Abitbol estime que, dans les opérations de liquidation du régime matrimonial, son rôle est de faire contrepoids aux propositions du notaire : « Pour ne pas dire juste amen au notaire, il faut toujours exercer un œil critique ! » De plus, parmi ses confrères du barreau, elle a la réputation d'être féministe, et de défendre bec et ongles l'intérêt de ses clientes.

Nous sommes présentes dans son cabinet lors d'un rendez-vous avec une cliente en train de négocier la liquidation de son régime matrimonial dans le cadre d'un divorce par consentement mutuel. La cliente est une agente hospitalière âgée de quarante-deux ans, mariée à un maraîcher. Elle détient la société de maraîchage à parts quasi égales avec son époux (49 % pour elle, 51 % pour lui). Des terrains et une grange appartiennent à la communauté (50-50 donc). Leur maison est un bien propre du mari, hérité de ses parents, mais dans laquelle des travaux conséquents ont été financés par l'argent du couple. L'ensemble de ces éléments suppose le calcul d'une « récompense » de l'époux à la communauté. L'avocate se lance dans des calculs techniques pour estimer combien sa cliente va récupérer à l'issue du divorce. Cette dernière qui, tout comme nous, a un peu de mal à suivre ces calculs, explique : « Lui, il a dit que ça faisait 20 000 euros pour la société et la maison. Moi, j'ai dit à monsieur que, autant sur la société je veux pas trop me prendre la tête, mais sur les terrains, la grange et la maison, y a pas de raison ! »

L'avocate la coupe et récapitule : « La grange, vous l'avez achetée en 2007 pour 60 000 euros. Le notaire va venir pour estimer sa valeur actuelle. Et les trois parcelles de terre vous les avez achetées en 2010 pour 6 000 euros, et y a encore un autre terrain à 2 000 euros. Donc ça fait 68 000 euros. Donc déjà, au minimum, il vous doit 34 000 euros [la moitié] sans la société ! Après, il y a la question de la société, rien que vos capitaux propres ça fait 13 130 euros, donc là déjà on est à 50 000 euros... Et y a encore les 61 549 euros du compte courant associé, ça, on va demander des explications. Et avec ça, on a encore oublié la maison et les profits subsistants. Parce que la maison, lui dit qu'elle valait 60 000 euros au départ, mais si vous avez fait des travaux de 20 000 euros qui font que la valeur de la maison elle a doublé ou triplé, admettons que maintenant la maison elle vaut 180 000 euros, alors vous devez non seulement récupérer la valeur des travaux, mais aussi la plus-value. Ça c'est horrible pour celui qui paie, mais il ne faut pas lâcher ! Et c'est maître Abitbol qui vous le dit, c'est ni le notaire ni le maraîcher ! »

Michèle Abitbol se livre ici à une comptabilité alignée sur le droit : elle liste les biens communs, les évalue puis calcule la part de sa cliente. Elle cherche à lui montrer que la proposition de son mari (20 000 euros pour solde de tous comptes) est très en deçà de ce à quoi elle peut prétendre.

Mais, une fois la cliente partie, l'avocate débriefe le rendez-vous et nous explique comment elle perçoit la suite de ce dossier : « Tout ça, c'est une bataille du lion contre le crocodile. Quand on aura fait la danse des crocs, on va se mettre autour de la table et discuter. On va regarder la capacité du mari à payer, par rapport à sa banque aussi, on fera ce qui est réalisable. Il faut être réaliste. Mais, bien entendu, je ne dis pas ça à la cliente. Il faut qu'elle reparte chez elle plus forte ! Elle, en ce moment, elle est prête à tout laisser. Donc, non, pas question, il faut qu'elle reparte en se disant : “Je vais me défendre.” Mais ensuite y a aussi la réalité. Il faut les moyens financiers de se battre. Il faut un bon avocat, faire des estimations, et être psychologiquement forte. Mais, il faut se rendre à l'évidence, à un moment, il n'aura pas les moyens. Elle ne pourra pas trop avoir, mais il est important qu'elle reparte avec un petit patrimoine. »

Cette avocate, pourtant soucieuse de l'intérêt économique de sa cliente et prompte à mettre à distance le point de vue du notaire, explicite la limite au respect des droits de cette épouse. La liquidation ne peut pas aboutir à la mise en danger de l'entreprise. Cette limite explique, d'après elle, pourquoi les divorces sont particulièrement difficiles pour les femmes d'indépendants. Au final, dans ces situations, c'est bien une comptabilité inversée par rapport au texte juridique qui s'impose : attribution de l'entreprise à l'homme, négociation de la compensation qu'il peut verser sans mettre en danger sa position de chef d'entreprise, évaluation des biens permettant de conformer l'arrangement prévu aux règles de droit.

À la suite d'un divorce, l'entreprise familiale dépose parfois le bilan. Mais ce n'est pas en raison du capital que l'homme aurait à verser à son ex-épouse : hors des faillites liées à la conjoncture économique, ces dépôts de bilan ont pour cause l'impossibilité de poursuivre l'activité sans le secours du travail gratuit d'une conjointe[31]. Car la nécessité de préserver l'entreprise reprise par l'homme va de soi dans nombre de dossiers d'indépendants que nous avons rencontrés. C'est en fonction de cet impératif que sont déterminées les compensations financières que reçoit l'ex-conjointe. Quel que soit le travail – bien souvent gratuit ou rémunéré *a minima* –

que l'épouse a fourni pour l'entreprise. Quels que soient les sacrifices professionnels qu'elle a consentis pour libérer son conjoint des contraintes domestiques. Quel que soit le montant de ses salaires parti dans le remboursement des dettes contractées pour l'activité de son mari. En revanche, le divorce ne suspend pas la solidarité de l'ex-épouse à l'égard des dettes contractées pendant le mariage, y compris pour l'entreprise. Michèle Abitbol conclut ainsi, à propos du destin économique des femmes d'indépendants : « C'est certain, il y a toujours une petite part d'injustice. »

Cette injustice se retrouve depuis la petite société de maraîchage jusqu'aux grandes entreprises. Qu'on songe au divorce des Bezos. La presse financière et généraliste s'est alors unanimement inquiétée que ce divorce mette en péril l'empire de Jeff qui, en réalité, était pour moitié celui de MacKenzie. Dans *Le Monde*, Alexandre Piquard écrit : « MacKenzie Bezos deviendrait, avec 69,5 milliards de dollars, la femme la plus riche du monde. Si d'aventure cette dernière possédait 8 % d'Amazon, elle pourrait tenter d'infléchir la stratégie du grand groupe du numérique », avant de tempérer : « Toutefois, une division à parts égales de la fortune de M. Bezos serait surprenante […], les divorces de Larry Ellison d'Oracle, ou Sergey Brin de Google n'ont pas eu de conséquences importantes sur leur place dans l'entreprise[32]. » Il va ainsi de soi que le maintien du pouvoir du dirigeant sur son entreprise doit passer avant le respect des droits de l'épouse sur le patrimoine conjugal.

La participation des notaires et avocat·es à l'élaboration de tels arrangements patrimoniaux, manifestement non conformes à l'esprit du droit, repose sur le partage, avec leurs client·es, d'une représentation masculine du capital et, plus spécifiquement, du capital productif. Qu'en est-il en matière de patrimoine immobilier ?

### Le logement pour solde de tout compte

Le genre du patrimoine immobilier est ambigu parce qu'il est tout à la fois un capital masculin et un espace de production domestique féminin. Lorsque l'ancien domicile conjugal est attribué à l'ex-épouse, il s'agit donc davantage de loger la mère des enfants du couple que de maintenir du patrimoine immobilier dans des mains féminines.

Rappelons qu'en moyenne, toutes situations confondues, les femmes se maintiennent moins souvent au domicile conjugal que les hommes un an après une séparation. C'est d'autant plus le cas que les couples sont propriétaires de leur logement ou encore que l'écart d'âge ou l'écart de revenus entre conjoints est élevé[33]. Pour le dire simplement, les femmes ont moins souvent que les hommes les moyens de conserver le logement familial. Lorsque le couple a des enfants à charge, l'écart entre hommes et femmes se réduit. Certes, les situations de résidence alternée sont nettement défavorables aux mères : leur probabilité de quitter le domicile conjugal grimpe à 80 %, tandis qu'elle est inférieure à 50 % pour les pères[34]. En revanche, toutes choses égales par ailleurs, avoir la garde des enfants (ce qui est plus fréquent pour les mères que les pères[35]) est positivement corrélé avec le maintien au domicile conjugal. L'attribution de la résidence principale des enfants chez la mère diminue nettement sa probabilité de déménager.

C'est pour cette raison que, dans les dossiers de liquidation que nous avons consultés au tribunal[36], lorsqu'il y a des enfants mineurs et que leur résidence est fixée chez la mère, l'ancien domicile conjugal est attribué à l'épouse dans 45 % des cas, à l'époux dans seulement 14 % des affaires. En revanche, les autres types de biens immobiliers – résidences secondaires, logements mis en location, terrains –, quand il s'agit de biens communs, sont deux fois plus souvent attribués à l'homme. Et, lorsque les biens immobiliers sont des biens propres, ils sont deux fois plus souvent la propriété de l'homme que celle de la femme. Ainsi, si le capital immobilier – celui qui rapporte et qui se transmet – est bien du genre masculin, l'attribution du domicile conjugal aux mères permet, au travers du maintien du cadre de vie des enfants, de maintenir l'espace féminin de production domestique.

Ce souci est particulièrement visible dans un dossier de divorce par consentement mutuel prononcé en juin 2013 au tribunal de grande instance de Paris, concernant un couple marié en séparation de biens. Âgé de cinquante-quatre ans, l'époux gagne 12 300 euros de salaire mensuel fixe en tant que consultant, auquel s'ajoute une rémunération variable. Il possède un appartement parisien de 38 $m^2$, qui constitue son nouveau domicile, ainsi qu'une confortable résidence secondaire et deux autres biens immobiliers en province qui sont probablement des biens hérités et possédés avec des frères et sœurs. De cinq ans sa cadette, l'épouse est éducatrice spécialisée et déclare des revenus de 1 700 euros par mois. Elle-même détient un appartement en Savoie en indivision avec d'autres personnes, ainsi que le tiers de la nue-propriété d'une maison dans les Pyrénées-Atlantiques. Par ailleurs, le domicile conjugal est constitué de deux appartements de 60 $m^2$ chacun, transformés en duplex, détenus respectivement par la femme et l'homme. Ce dernier a accepté de verser une prestation compensatoire à son ex-épouse, constituée du droit d'usage et d'habitation de l'étage du duplex qui lui appartient, jusqu'aux vingt ans du troisième et dernier enfant. Les droits féminins sur l'ancien domicile conjugal sont ici clairement associés à la prise en charge des enfants par la mère.

Dans d'autres cas, la pleine propriété de la résidence principale est attribuée de façon définitive à l'épouse, au titre de la prestation compensatoire. La prestation compensatoire est « une prestation destinée à compenser, *autant qu'il est possible,* la disparité que la rupture du mariage crée dans les conditions de vie respectives » (article 270 du code civil). Elle est versée sous forme de capital et doit notamment dépendre du « patrimoine estimé ou prévisible des époux, tant en capital qu'en revenu, après la liquidation du régime matrimonial » (article 271 du code civil). En pratique, nous y reviendrons, elle est généralement attribuée à l'épouse à l'issue d'une longue vie commune, au cours de laquelle elle a sacrifié sa vie professionnelle à la prise en charge des enfants. Si le versement d'une prestation compensatoire sous la forme directe et intégrale de biens immobiliers est rare (1,5 %), dans 14 % des cas les prestations compensatoires correspondent à la renonciation de l'autre partie à une soulte, exclusivement ou partiellement[37]. Typiquement, cela correspond à la situation où l'épouse reste dans le domicile conjugal et, au lieu de payer une soulte à son ex-conjoint (la moitié de la valeur du logement s'il a été acquis dans le cadre de la communauté), en obtient la pleine propriété au titre de la prestation compensatoire.

Dans ce type de dossiers, on est bien face à un mécanisme de comptabilité inversée : aucun professionnel du droit ne calcule la prestation compensatoire en tenant compte des critères de l'article 271 du code civil. Personne ne réalise non plus d'estimation précise de la valeur du logement, qui n'est d'ailleurs pas mis sur le marché. L'époux a quitté le domicile conjugal ; l'épouse y est restée. Elle n'a souvent pas les moyens de racheter l'autre moitié des parts du logement, mais le couple se met d'accord sur l'attribution de la propriété à l'épouse au titre de la prestation compensatoire. Tous les calculs, légitimés par le notaire et les avocats, découlent de cet arrangement premier. Le montant de la prestation compensatoire atteint, comme par un heureux hasard, la valeur de la part du logement que l'ex-épouse aurait dû racheter à l'ex-mari.

L'avantage des femmes en matière d'attribution préférentielle du logement n'est donc pas l'équivalent de la préservation de la position de chef d'entreprise des hommes. Dans le cas des femmes, l'attribution du logement est conditionnée à la prise en charge passée ou présente des enfants, et vient quasi systématiquement se substituer à la prestation compensatoire. L'attribution du domicile conjugal à la femme constitue une forme de « solde de tous comptes » des droits auxquels l'épouse peut prétendre, qui n'est pas forcément à son avantage. Comme le résume une avocate du barreau de Paris spécialiste des questions de patrimoine dans les divorces : « Selon la phrase célèbre, j'ai tout laissé à ma femme : les enfants, les crédits, les emmerdes. »

En matière de succession comme de liquidation du régime matrimonial, la pratique de la *comptabilité inversée* est l'instrument qui permet aux notaires, en collaboration avec les avocat·es dans le cas des divorces, de mettre en conformité avec le droit les arrangements économiques inscrits dans les stratégies familiales de reproduction. Plutôt qu'un traitement inégalitaire explicite des héritier·es ou des conjoint·es, les notaires et les avocat·es préfèrent les techniques souples mises en place dans le secret de leur cabinet. Ils et elles jouent notamment sur les inventaires des biens et leurs évaluations. Les comptabilités inversées sont ainsi des techniques *discrètes*, dans le double sens du terme. Elles sont mises en œuvre *en toute discrétion* dans le huis clos des études notariales et des cabinets de conseil juridique, et elles le sont également *à la discrétion* des professionnel·les du droit de propriété, c'est-à-dire selon leur bon vouloir. La technicité de ces comptabilités, exprimées dans un langage juridique complexe, obscurcit leurs enjeux politiques, qui sont pourtant nombreux.

Est-ce que les professions libérales du droit que nous avons suivies dans ce chapitre cherchent consciemment à favoriser les hommes par rapport aux femmes ? La question de l'intentionnalité n'est sans doute pas la bonne. La comptabilité inversée est une *logique de la pratique* au sens de Pierre Bourdieu, c'est-à-dire un système incorporé de dispositions qui, sans l'organisation d'une intention, est néanmoins capable d'orienter les pratiques d'une façon qui est à la fois inconsciente et systématique[38]. Des représentations genrées de l'ordre social sont charriées au travers de ces comptabilités, notamment autour de la définition d'un bon héritier ou d'un bon chef d'entreprise, d'une veuve raisonnable ou d'une bonne mère, des biens qui doivent être transmis dans la lignée ou qui peuvent être transférés à une conjointe. Les transferts économiques entre personnes apparentées sont empreints d'impensés sexistes, incorporés dans les manières même de compter des notaires et des avocat·es et, de ce fait, dissimulés et légitimés par le droit. Si les avocat·es et les notaires calculent de cette façon, c'est avant tout parce qu'ils cherchent la production d'un consensus dans les rapports familiaux. Nous montrons dans le chapitre suivant le rôle crucial de la fiscalité dans la production de cette « paix des familles » qui prend des formes très différentes selon les milieux sociaux, mais qui est le plus souvent défavorable aux femmes.

# 5

## Une paix des familles à l'ombre du fisc et aux dépens des femmes

> « Je désire que la nue-propriété de mon immeuble de la rue Sainte-Hélène à Lyon soit attribuée à mon fils aîné Jean-Pierre en tenant compte que toutes les améliorations apportées à cet immeuble l'ont été par ses soins et que les plus larges délais lui soient donnés pour lui permettre de faire face s'il y a lieu aux compensations qu'il pourrait devoir à certains de ses frères ou sœurs. [...] J'espère que vous pourrez vous partager ce que je vous laisse aussi équitablement que possible et continuer à vous entendre aussi bien que j'ai eu la joie de vous voir vous aider et vous aimer mutuellement. Je vous ai tous aimés d'un même cœur et une dernière fois je vous embrasse. Papa[a] »

Sibylle reçoit une copie de ce testament en novembre 2007, transmis par le fils benjamin de Raymond Dufournel, Antoine. Ce dernier est un quadragénaire, cadre de la fonction publique territoriale dans l'agglomération lyonnaise. Son père vient de mourir, laissant à ses sept enfants issus de trois unions différentes un important patrimoine immobilier et financier, estimé à plus de 1 million d'euros. Mais rien ne se passe comme prévu dans le testament rédigé quinze ans plus tôt. Antoine Dufournel est accablé par cette succession conflictuelle qui le met en porte-à-faux vis-à-vis de ses (demi-)frères et sœurs. Lors de recherches sur Internet, il tombe sur le numéro spécial de la revue d'anthropologie

a. Extrait du testament de Raymond Dufournel, daté du 15 février 1991.

*Terrain*, consacré à l'argent dans la famille. Il y lit l'article de Sibylle décrivant les partages successoraux de la famille Pilon, les boulangers-pâtissiers de Gironde que nous avons suivis dans les chapitres précédents[1]. Il s'étonne du déroulement apparemment serein de cette succession et souhaite avoir le sentiment de Sibylle sur sa situation familiale.

Enquêté volontaire, Antoine Dufournel se prête au jeu de l'entretien enregistré à trois reprises entre 2008 et 2018. Il transmet aussi à Sibylle l'ensemble des actes notariés concernant la succession de son père, ainsi qu'une importante correspondance électronique et postale avec sa mère et ses frères et sœurs. Cette succession particulièrement conflictuelle se solde finalement par un jugement du tribunal de grande instance en décembre 2013. Les conflits judiciarisés en matière d'héritage sont rares : ils concernent moins de 5 % des successions. Mais l'exposé de ce cas exceptionnel éclaire, par contraste, dans quelles conditions le secret des études notariales garantit habituellement la paix des familles.

Bien souvent, c'est le souci partagé d'en donner le moins possible aux impôts qui met d'accord des personnes apparentées aux intérêts divergents, dans le huis clos des cabinets des professions libérales du droit plutôt qu'au tribunal. Une enquête récente du Crédoc montre que l'impôt sur les donations et les héritages est pour les Français, quels que soient leur milieu social et leur niveau de patrimoine, l'un des impôts les plus impopulaires, mais aussi le plus mal connu et fortement surestimé[2]. Puissant ciment familial dans les familles possédantes, l'optimisation fiscale en matière de succession, mais aussi de divorce, n'est pas sans conséquences sur les inégalités intrafamiliales. La paix des familles négociée à l'ombre du droit et du fisc avantage les personnes apparentées les mieux dotées, et se réalise le plus souvent aux dépens des femmes.

## Un benjamin récalcitrant

Raymond Dufournel est né en 1911. À l'âge de vingt-sept ans, il hérite de sept immeubles dans l'agglomération lyonnaise. S'il a monté au cours de sa vie plusieurs « affaires » dans la restauration, la création de meubles et la brocante notamment, il a essentiellement vécu de ses rentes. Selon ses enfants, il a été plutôt mauvais gestionnaire de son héritage, mais sa richesse est restée conséquente. Sa déclaration de succession mentionne un patrimoine estimé à 1,2 million d'euros composé de nombreux comptes d'épargne, de terrains et surtout d'un important patrimoine immobilier : outre l'immeuble bourgeois de la rue Sainte-Hélène cité dans le testament et situé dans le centre ancien de la ville, il y a également une maison à Nuits-Saint-Georges (*La Berchère*), où Raymond a fini ses jours avec sa dernière épouse, ainsi que plusieurs immeubles de rapport à la périphérie de Lyon.

La succession concerne sept enfants, issus de trois mariages. Entre 1939 et 1944, Raymond Dufournel a eu trois fils et une fille d'un premier mariage : Jean-Pierre, l'aîné, qui après un doctorat en biologie est devenu ingénieur de recherche au CNRS ; François, technicien, qui a monté son entreprise de maintenance électronique ; Roland qui est devenu expert-comptable ; et enfin Claudine, sans diplôme, qui est devenue agent d'entretien dans un centre d'accueil pour enfants. D'un second mariage, d'une durée brève, naît Colette qui est devenue conseillère ANPE. Raymond Dufournel s'est remarié pour la troisième fois en 1955. Avec sa dernière épouse Yvonne, qui était assistante sociale, il a eu deux enfants : Dominique, née en 1959, devenue traductrice commerciale en Alsace, et enfin Antoine, né en 1964, notre enquêté volontaire. Dans le conflit successoral qui éclate à la mort de Raymond Dufournel, ce sont surtout le premier et le dernier des fils – Jean-Pierre et Antoine, que vingt-cinq ans séparent – qui s'affrontent à coups de lettres formalisées et d'emails. Par contraste, les sœurs sont quasi absentes des échanges ou jouent, comme les autres frères, un rôle de médiation.

Jean-Pierre est le seul enfant à bénéficier de l'attribution préférentielle d'un bien dans le testament. Raymond Dufournel souhaite lui donner l'immeuble de la rue Sainte-Hélène, que Jean-Pierre a occupé à titre gratuit pendant près de vingt ans. Par cette volonté, le père assigne une place particulière à son fils aîné parmi ses descendant·es : celui de porteur du statut social de la lignée. Cependant, quelques mois avant la mort de Raymond, en avril 2007, l'immeuble de la rue Sainte-Hélène est vendu. Le testament, par ailleurs non conforme au code civil, devient totalement inapplicable. C'est Roland, le troisième fils expert-comptable, qui s'occupe de cette vente en tant que curateur de son père. L'acheteur de l'immeuble n'est pas n'importe qui : c'est le fils aîné de Jean-Pierre. La pièce maîtresse du patrimoine familial – le bien structurant de la succession – est donc bien transmise au représentant le plus légitime de la lignée : le fils aîné du fils aîné.

Antoine Dufournel, de son côté, a reçu par donation officielle en 2001 et 2006 deux immeubles situés à Villeurbanne, en banlieue lyonnaise. Il y a entrepris d'importants travaux pour en faire des biens locatifs. Il a bénéficié pour cela de subventions publiques importantes, qu'il connaît bien grâce à son travail dans une mairie de l'agglomération. Ces donations étant des *donations simples*, les biens doivent être réévalués au prix courant le jour de la succession. Or, en quelques années, ces prix ont considérablement augmenté. Lorsque Antoine avait reçu ces immeubles, il avait prudemment demandé à ce que soit faite une *donation-partage*, c'est-à-dire à ce que ses frères et sœurs reçoivent en même temps des sommes équivalentes. Le bien qu'il a reçu en 2001 avait été évalué à l'époque à 54 000 euros. Avec une donation-partage, chacun·e de ses (demi-)frères et sœurs aurait reçu la même somme, et l'immeuble et les sommes concernées n'auraient plus été pris en compte dans le calcul final de la succession. Six ans plus tard, l'immeuble est estimé à 100 000 euros, et l'égalité entre les héritiers réclame que chacun des six frères et sœurs d'Antoine reçoive l'équivalent sur la succession. En demandant une donation-partage, Antoine avait anticipé ce risque. Mais, à l'époque, son père comme ses frères et sœurs avaient refusé cette formule.

Au moment de la succession, la compensation de la donation simple des immeubles en location de Villeurbanne sonne comme une injustice pour Antoine, qui a le sentiment que le bon soin et la mise en valeur de ce patrimoine immobilier profitent surtout à ses (demi-)frères et sœurs. Il exige donc que son frère aîné Jean-Pierre rapporte à la succession son avantage en nature : il a vécu gratuitement rue Sainte-Hélène, dans un logement avec jardin de plus de 100 mètres carrés en plein centre-ville, entre 1961 et 1989. Si l'occupation de cet immeuble par Jean-Pierre et les « améliorations qu'il lui a apportées » sont présentées dans le testament comme une contribution à la préservation du patrimoine immobilier familial, pourquoi n'en est-il pas de même pour les travaux réalisés par Antoine dans les immeubles de rapport qu'il a reçus ? Jean-Pierre réagit vivement à cette demande. Il refuse catégoriquement qu'on compte son occupation de l'immeuble de la rue Sainte-Hélène comme un avantage rapportable à la succession. De son point de vue, ce logement gratuit est la seule aide, bien méritée, que son père lui a apportée, alors qu'il négligeait ses premiers enfants au profit de sa dernière épouse et sa nouvelle famille. Un mois avant la mort de son père, Jean-Pierre envoie une lettre à l'ensemble de la fratrie, où il écrit : « Alors que je faisais des efforts pour que notre père consacre davantage d'argent aux autres, un jour il m'a annoncé la future naissance de Dominique [la sœur aînée d'Antoine] (il faisait un nouvel enfant alors qu'il n'assumait pas la subsistance correcte des "existants"). Je suis rentré dans une violente colère et je suis resté deux ou trois ans sans contact avec lui. C'est ainsi que grâce à l'existence de mes frères et sœurs, aux incapacités de notre père à faire fructifier le capital de ses héritages et à mon travail, j'ai pu être boursier de l'État français au taux maximum pendant treize ans (j'en suis fier et reconnaissant). »

La succession de Raymond Dufournel ravive des tensions majeures et larvées entre demi-frères et sœurs issus de « différents lits ». Pourtant, le conflit successoral n'oppose pas classiquement les descendant·es issu·es des deux premières unions aux deux derniers enfants, Dominique et Antoine, et à leur mère. C'est Antoine Dufournel, seul, qui s'oppose à l'ensemble des autres cohéritier·es, y compris sa mère et sa sœur. Pour comprendre cette configuration particulière, il faut se pencher sur une nouvelle dimension des arrangements patrimoniaux : la dimension fiscale.

## La fiscalité des donations et successions

Depuis les années 1970, on observe dans tous les pays occidentaux un déclin de la fiscalité successorale, y compris dans des pays comme les États-Unis, où elle a pu être très importante, en tant que garante de l'égalité des chances et de la démocratie[3]. Certains pays ont même décidé sa suppression complète : le Canada en 1972, l'Australie en 1984, et plusieurs pays européens dans les années 2000 (Italie, Portugal, Suède, Autriche). Malgré le maintien du principe d'une fiscalité progressive sur les donations et successions, la France connaît dans les années 2000 un net recul du poids de la fiscalité successorale rapporté au montant des successions, du fait de la mise en place de nombreux abattements et exemptions[4].

En France, ce sont chaque donation et chaque héritage reçus qui sont taxés, et non l'ensemble de la succession (comme aux États-Unis). En pratique, cela conduit à limiter fortement le principe de la progressivité du système, puisqu'il n'y a pas de vision d'ensemble du patrimoine transmis ou reçu par les individus au cours d'une vie : il suffit d'anticiper sa succession en multipliant les donations pour éviter d'être imposable[5]. Par ailleurs, depuis le code civil, les droits de succession varient fortement selon le destinataire de l'héritage, ce qui favorise la transmission en ligne directe, c'est-à-dire entre parents et enfants. Dans les années 1950, Antoine Pinay multiplie les abattements en faveur des enfants, rendant possibles des transmissions considérables en franchise d'impôt. Les années 1960 et 1980 sont caractérisées au contraire par un processus régulier d'alourdissement des droits[6]. Cette tendance se retourne durant les années 2000. Dès son élection en 2007, Nicolas Sarkozy élargit fortement les possibilités d'abattements et multiplie les mesures d'exonération favorisant les donations entre vifs. L'abattement sur les donations et héritages en ligne directe, qui était jusqu'alors de 50 000 euros par enfant tous les dix ans, est multiplié par trois et porté à 150 000 euros tous les six ans. Depuis la présidence de François Hollande en 2012, il est de 100 000 euros tous les quinze ans, auxquels s'ajoute la possibilité de « dons familiaux de sommes d'argent » non déclarés de 30 000 euros par enfant et petit-enfant tous les quinze ans également. Au-delà, le patrimoine transmis aux enfants est imposé à hauteur de 5 % à 45 % selon un barème progressif.

La proportion de successions taxées est aujourd'hui de 15 %, soit deux fois moins qu'en 2004[7]. Comme ailleurs dans le monde, ces réformes fiscales profitent aux plus riches[8]. Elles ont essentiellement concerné les 20 % d'héritages les plus élevés, et en particulier les héritages supérieurs au million d'euros[9]. Par ailleurs certains actifs économiques bénéficient d'exonérations supplémentaires. C'est le cas des assurances-vie, produit d'épargne qui rencontre un fort succès, puisqu'il représente 37 % du patrimoine financier des ménages et 23 % de l'ensemble des actifs transmis au décès[10]. Les biens professionnels – biens qu'il « faut garder » par excellence et dont on a vu qu'ils étaient transmis en priorité aux fils – bénéficient depuis la loi Dutreil de 2003 d'un régime particulièrement avantageux. Ils sont exonérés de droits de succession à concurrence de 75 % de leur valeur, à condition que l'héritier conserve ses parts dans l'entreprise pendant quatre ans[11]. La fiscalité successorale avantage ainsi la transmission des patrimoines diversifiés, notamment composés de biens professionnels, et dont les propriétaires possèdent les ressources – économiques mais aussi culturelles – nécessaires pour l'étaler dans le temps.

## Des intérêts fiscaux divergents

Revenons à la succession conflictuelle des Dufournel. Après avoir échoué à contester l'évaluation haute des biens immobiliers qu'il a reçus, Antoine décide de se faire conseiller par un avocat spécialisé, un ancien notaire. Voici ce que lui écrit ce dernier dans une lettre datée du 28 janvier 2008 : « Je vous conseille de demander le rapport [du logement à titre gratuit dont a bénéficié son frère Jean-Pierre] – il est dû – et de provoquer des propositions d'évaluation de l'avantage avant de faire vous-même une proposition. C'est aussi le rôle du notaire dans la déclaration de succession, sous le contrôle de l'administration fiscale qui, en cas de redressement, ne manquera pas d'avoir une attitude maximaliste ; cela fera d'ailleurs votre affaire. »

Deux mois plus tard, suivant ce conseil, Antoine envoie à la notaire en charge de la succession un courrier recommandé intitulé « Réserves et contestations sur acte de clôture d'inventaire ». Il y recense l'ensemble des « dons manuels » et « avantages indirects » dont ont bénéficié ses frères et sœurs, en particulier son frère aîné.

Cette démarche est très mal perçue par ses frères et sœurs. Leur stratégie collective consiste, à ce moment-là, à essayer de s'arranger « sans » le droit. Il s'agit de déclarer le moins possible les avantages en nature et les dons informels dont ils et elles ont bénéficié, pour déclarer au fisc le montant successoral le plus faible possible. Quand Antoine propose une réunion avec la notaire pour aborder ces questions, son frère Roland lui répond prudemment (lettre du 7 mai 2008) : « Nous ne voyons pas l'intérêt d'une réunion avec la notaire à ce stade de nos échanges, car elle ne connaît ni ne maîtrise aucun des paramètres qui nous sont propres. » Antoine lui écrit le 13 mai : « Je constate qu'il n'est pas envisagé de suivre des recommandations professionnelles et objectives mais de régler "les comptes en famille". »

La stratégie proposée par l'avocat d'Antoine s'avère inefficace. La notaire en charge de la succession et ses frères et sœurs s'accordent fin 2008 sur un inventaire minimaliste. L'immeuble de la rue Sainte-Hélène, d'ores et déjà vendu au fils de Jean-Pierre, n'est pas déclaré. La répartition informelle des fruits de la vente entre les autres enfants, effectuée avant la mort de Raymond Dufournel, n'est que partiellement officialisée. Les montants de ces « dons manuels » sont plus ou moins sous-déclarés, afin de rester sous le seuil d'abattement fiscal. Cet *arrangement patrimonial* qui fait consensus auprès de tous les héritier·es (sauf Antoine) permet le maintien du *bien structurant* de la succession dans les mains des héritiers les plus légitimes de la lignée, tout en procurant un avantage fiscal aux autres enfants. Les « avantages indirects » recensés par Antoine ne sont pas comptabilisés. Si cette optimisation fiscale ne convainc pas ce dernier, c'est qu'il n'en bénéficie pas : il a d'ores et déjà payé, quelques années auparavant, les droits de succession sur ses immeubles de Villeurbanne reçus en donation. Antoine Dufournel s'oppose au front uni de tous ses frères et sœurs et de sa mère en faisant capoter leur consensus, ce qui empêche le règlement de la succession dans l'étude notariale. Ses frères et sœurs finissent donc par saisir la justice pour faire homologuer l'acte de partage rédigé par la notaire et lui demander des dommages et intérêts. En effet, entre le moment où la notaire a proposé un acte de partage en novembre 2011, celui où les cohéritier·es ont introduit leur requête en mai 2012 et le jugement de novembre 2013, plusieurs réformes de la fiscalité des successions sont entrées en vigueur, remettant en cause les calculs d'optimisation fiscale qui avaient abouti à la rédaction de cet acte. Ils demandent donc à la justice de « condamner Monsieur Antoine Dufournel à acquitter le complément fiscal de 12 913 euros », ce qui leur sera refusé.

La résistance à l'impôt[12] est un puissant ciment familial. Omniprésente dans les arrangements patrimoniaux, la fiscalité est pleinement incorporée par les professions libérales du droit. Les notaires utilisent le consensus autour de l'objectif d'optimisation fiscale pour produire le consensus sur la succession tout entière, c'est-à-dire la distribution du patrimoine entre les héritier·es. Le cas des Dufournel soulève deux questions. D'une part, celle du rapport à l'administration fiscale des professions libérales du droit. Et, d'autre part, celle des effets de ce rapport à l'impôt non seulement sur les possibilités, pour les plus riches, de transmettre leurs richesses, mais aussi sur les inégalités patrimoniales entre hommes et femmes.

## Récolter et minimiser l'impôt : le paradoxe des notaires

Le rapport à l'impôt des notaires est pour le moins ambigu. Le site Web du Conseil supérieur du notariat rappelle que ce qui est communément appelé « frais de notaire » est composé aux 8/10$^{e}$ de taxes reversées au Trésor public, de 1/10$^{e}$ de « débours » (ensemble de frais divers payés par le notaire pour le compte de son client) et de 1/10$^{e}$ de rémunération du service notarial à proprement parler[13]. En tant qu'officiers ministériels, les notaires sont effectivement chargés de récolter l'impôt et, une partie de leur rémunération étant proportionnelle à la valeur du patrimoine considéré dans l'acte rédigé par leurs soins, ils n'ont *a priori* pas intérêt à le sous-estimer.

Mais, en pratique, l'optimisation fiscale pour leur clientèle la plus fortunée constitue une grande partie de leur activité de conseil. Les mémos-conseils des notaires sont truffés de recommandations pour minimiser les droits de succession. Ainsi, on peut lire dans un document daté de février 2014, disponible dans un grand office parisien et intitulé *Les Grandes Étapes de la succession*, le conseil suivant : « Lorsque les bénéficiaires des contrats d'assurance-vie sont également les héritiers, il est pertinent de régler les deux transmissions en parallèle. Le conjoint survivant est aujourd'hui exonéré de droits de succession. Il peut donc être judicieux que les enfants recueillent le bénéfice de contrats d'assurance-vie moins taxés et exonérés et le conjoint survivant plus de biens successoraux, sur lesquels il ne paiera pas d'impôt. »

La sous-évaluation des biens n'est bien sûr jamais proposée noir sur blanc dans les publications notariales. Au contraire, toujours dans le même fascicule, elle est même déconseillée : « Toute sous-évaluation peut donner lieu à un redressement fiscal au titre des droits de mutation à titre gratuit. Sans compter qu'en cas de revente du bien l'impôt de plus-value sera calculé en fonction de la valeur déclarée au moment de la succession. » Le conseil ci-dessus résume bien l'ambiguïté de la profession face à l'impôt. Se plaçant davantage du côté de leur clientèle que de l'administration fiscale, les notaires n'empêchent pas formellement leurs client·es de sous-évaluer un bien ou de ne pas déclarer un don manuel, mais informent du risque encouru d'un redressement fiscal coûteux. Par ailleurs, en rappelant qu'il est judicieux de réduire l'impôt sur la plus-value, les notaires s'appuient sur un autre argument d'optimisation fiscale pour déconseiller la sous-déclaration quand le bien est destiné à la vente.

Cette position équivoque face à l'impôt, visible dans le cadre des successions, se retrouve dans le travail de conseil en matière de liquidation du régime matrimonial, cette fois-ci en coordination avec les avocat·es.

## Face au fisc, un principe de confidentialité à géométrie socialement variable

Rien ne vaut l'observation de réunions professionnelles entre notaires et avocat·es pour saisir quelles pratiques font consensus et quelles pratiques, à la limite de la légalité, donnent lieu à des interprétations divergentes. La fiscalité des divorces fait partie de ce second type de sujets.

Lors de la liquidation du régime matrimonial, les biens communs et indivis détenus par les personnes mariées sont soumis à des droits de partage qui s'élèvent à 2,5 % du montant de l'actif à diviser. Cependant, cette fiscalité ne s'applique que si le partage fait l'objet d'un acte notarié, comme c'est le cas lorsque les époux détiennent ensemble un bien immobilier. En décembre 2014, nos collègues Gabrielle Schütz et Hélène Steinmetz ont assisté à une session de formation du barreau de Paris consacrée aux « enjeux patrimoniaux et fiscaux des négociations en droit de la famille » organisée par Sophie Delalande, une avocate promotrice des modes amiables de règlement des séparations conjugales. À la tribune, une notaire parisienne, Christelle Andreux, informe la centaine d'avocat·es présent·es des possibilités qu'offre le divorce par consentement mutuel pour éviter les droits de partage, pour peu que les biens immobiliers soient vendus avant la procédure officielle.

> Une avocate fiscaliste à la tribune pose frontalement la question suivante : « Dois-je ou non cacher au notaire que nous partageons le prix de vente [d'un bien liquidé avant la procédure officielle de divorce] ? »
> « Il faut informer le notaire du partage verbal, répond immédiatement Christelle Andreux, car les notaires sont là pour aider les particuliers, les conseiller, donc il ne faut pas leur cacher quoi que ce soit. Avant d'être un agent des impôts, le notaire est aussi un conseil pour les parties. On ne mentionnera pas la cause dans l'acte ni ne fera de compte de répartition… »
> Sophie Delalande, à la tribune, ajoute : « Il faut des rapports de confiance avec le notaire. Un de nos clients récemment, qui avait un patrimoine considérable, on a vu qu'une discussion était possible. Évidemment dans ce cas on ne saisit pas le juge, on invite les clients à se séparer de ce dont ils veulent se séparer *avant* de faire la procédure. Et on est d'accord, il n'y a aucun écrit ni entre avocats ni entre clients mentionnant cela ! »
> Dans l'assistance, une femme demande : « Même pas des écrits confidentiels ? »
> Sophie Delalande répond : « Si c'est un dossier à 10,5 millions de patrimoine, non ! L'intérêt commun, il est quand même absolument évident ! »
> Un homme prend la parole : « Je suis fiscaliste, et ça me paraît extrêmement prudent ce que vous conseillez [ne pas laisser de trace écrite], ça me paraît hyperconservateur.

> Dans d'autres domaines du droit fiscal, ce n'est même pas discuté ! » […]
> Quelqu'un dans l'assistance, interrogatif, fait remarquer à la notaire : « Mais vous gagnez moins… »
> Il veut dire que la notaire ne touche alors que les honoraires liés à la mutation et non au partage. Christelle Andreux répond : « Mais je gagne des clients ! »
> Une femme fait remarquer dans l'assistance : « Mais vous avez des notaires qui ne sont pas du tout d'accord. »
> Sophie Delalande réplique : « Oui, mais il faut choisir son notaire ! »
> Plus tard, une autre avocate dans l'assistance raconte : « J'ai déjà eu des cas de rattrapage [par l'administration fiscale]. Moi, je ne l'écris pas, même sur une petite communauté, une petite indivision. Ça pose des problèmes de responsabilité. On sait qu'à Paris, les JAF ont de grandes tendances, quand ils ont un petit doute, à transmettre à l'administration fiscale, qui a besoin d'argent. Je le fais, mais je suis supercirconspecte et superembêtée. Je ne sais pas comment dealer avec ça. »
> Sophie Delalande explique : pour être sûr que l'administration ne proteste pas, « il faut laisser passer quelques mois » entre la vente du bien immobilier et le démarrage de la procédure de divorce.
> Un homme intervient : « J'en fais tous les mois, des opérations comme ça. Le client, je l'informe. Pour moi, c'est une position pas très sûre, borderline. Je lui fais signer un papier disant que je l'ai informé de la position de l'administration fiscale. Le papier, je le garde. »

Ces échanges révèlent à la fois la distance des professionnel·les du droit à l'administration des impôts et la variété de leurs pratiques. Au nom de l'intérêt fiscal de leurs client·es, certain·es avocat·es et notaires assument des efforts particuliers de discrétion pour ne pas mentionner la vente de biens communs ou indivis avant la liquidation du patrimoine conjugal. Il y a plusieurs degrés de confidentialité qui vont du secret des échanges oraux dans le cabinet du notaire ou de l'avocat·e jusqu'à la formalisation écrite des accords (entre notaires et avocat·es, entre les professionnel·les et leurs client·es).

Ce travail spécifique de discrétion face à l'administration fiscale n'est pas entrepris de la même façon par tous les notaires et avocat·es, ni au bénéfice des mêmes client·es. Comme le souligne l'avocate Sophie Delalande lors de la réunion professionnelle observée, un patrimoine de 10,5 millions d'euros implique des prestations et des précautions supplémentaires. On retrouve ici un ressort puissant de la « domestication de la contrainte fiscale » par les classes supérieures[14] : non seulement elles se mobilisent pour infléchir les règles fiscales, multiplier les niches et exemptions, mais elles disposent aussi de plus en plus de marges de manœuvre pour sous-estimer voire dissimuler leurs richesses. Les familles les plus fortunées sont entourées de nombreuses professions (avocat·es, notaires, mais aussi comptables, banquiers, gestionnaires de fortune) qui tournent le droit à leur avantage. Grâce à leur travail, les pratiques de sous-évaluation et de dissimulation sont marquées du sceau du bon sens économique et du professionnalisme, plutôt que stigmatisées comme des pratiques déviantes[15].

Dans d'autres circonstances d'exercice, notamment lorsque la clientèle est moins fortunée, des notaires pourront préférer, à l'entretien d'une clientèle fidèle aisée, le gain immédiat des frais liés au partage, voire le respect du droit fiscal. Des avocat·es et des notaires évitent de prendre le risque d'un redressement, quand d'autres proposent à leur client·e de courir ce risque en toute connaissance de cause.

Jérôme Poly, un notaire qui exerce dans une commune semi-rurale des Pays de la Loire appartient plutôt à la première catégorie. Son étude contraste fortement avec le luxe des offices parisiens. On est ici sur le parking d'un supermarché, dans un local de type préfabriqué, même si le bureau du notaire lui-même, meublé en design contemporain en plastique blanc, est de loin la pièce la plus cossue de l'étude. Âgé de trente-huit ans, Jérôme Poly est associé dans cette étude depuis cinq ans au moment où nous le rencontrons. Ses deux associés, en fin de carrière, l'ont laissé développer une clientèle de primo-accédants à la propriété qui s'installent dans les lotissements pavillonnaires périurbains aux alentours : « C'est ça qui me plaît, moi, c'est qu'on puisse vieillir ensemble, avec mes *petits* clients. » Cette manière de qualifier sa clientèle correspond au décalage social entre ce jeune notaire issu de la bourgeoisie locale (son père était commissaire-priseur et sa mère secrétaire de direction) et sa clientèle plus modeste. « Ici on n'est pas dans un tissu social très riche », dit-il. Au cours de l'entretien enregistré, il qualifie de « roublard » un client mettant en œuvre la technique d'optimisation fiscale présentée par la notaire à la formation du barreau de Paris, mais plus ou moins à l'insu du notaire. Voici ce qu'il raconte.

Un client se présente à l'étude en indiquant que son épouse et lui, qui sont en train de divorcer par consentement mutuel, possèdent ensemble une maison dans laquelle il habite toujours. Jérôme Poly lui propose une estimation des frais de notaire (y compris les droits de partage) associés à la liquidation de ce patrimoine commun. Le client revient quelques semaines plus tard, après avoir consulté une autre notaire, qui lui a indiqué des frais nettement plus importants. Le notaire raconte avoir alors fait mine de s'étonner : « Il doit y avoir un problème. Si maître X vous a annoncé plus de frais que moi, ce n'est pas logique, puisqu'on est tarifés. C'est le gouvernement, c'est partout pareil. Donc ce n'est pas possible, il y a quelque chose qui ne va pas. Vous n'auriez pas oublié de me dire quelque chose ? »

En réalité, dans l'intervalle, sa consœur (« une bonne copine ») l'a appelé pour l'informer qu'un de ses clients était venu la voir et qu'elle l'avait à nouveau renvoyé vers lui. Elle lui a expliqué que le couple détenait également d'importantes sommes sur leurs comptes en banque, liées à la vente d'un autre bien immobilier commun.

Le notaire conclut à propos de ce client : « Je me méfie de lui, énormément. Parce que le problème, c'est qu'aveuglé par cette pingrerie, il va prendre des risques, cette andouille-là. Vous savez que le droit de partage est assis sur l'actif net partagé. Si on a omis de déclarer des actifs et que l'administration fiscale s'en rend compte, qui c'est qui va prendre un redressement fiscal ? C'est lui. Et qui va être attaqué en responsabilité ? C'est moi. » On est loin ici de la relation de confiance réciproque établie, sur le dos du fisc, à Paris, entre des notaires et leur clientèle très aisée, telle que la vante Christelle Andreux. Au contraire, c'est la défiance qui est réciproque entre le client qui ne dit pas tout au notaire et le notaire qui se méfie de son client « roublard ».

La stratégie qui consiste à fidéliser sa clientèle en la protégeant de l'administration fiscale et en réduisant au maximum l'exposition de son patrimoine à l'impôt est effectivement plus ou moins payante selon le type de clientèle. Elle est surtout intéressante lorsque les client·es gagné·es recourent fréquemment aux services d'un·e notaire, ce qui vient compenser les pertes liées à la sous-évaluation du patrimoine qui sert de base au calcul des émoluments. Autrement dit, elle est intéressante à mettre en place pour les notaires et les avocat·es qui souhaitent et peuvent (notamment en fonction de la localisation de leur cabinet) se constituer une clientèle au patrimoine très important et diversifié.

« Si l'on veut être bien conseillé, on ne doit rien cacher à son notaire. On peut cacher des choses à son inspecteur des impôts, mais pas à son notaire ! Les notaires connaissent tous les secrets de famille, ils connaissent tous les bâtards de la République. »

Ces propos ont été tenus à Sibylle par le secrétaire général de l'École de notariat de Paris. Ce n'est pas un hasard s'il oppose le notaire à la figure de l'inspecteur des impôts. Au-delà de la protection de l'intimité de leurs client·es, l'enjeu du secret professionnel brandi par les notaires permet de mettre à distance l'État et le fisc. Face à une clientèle de petit·es possédant·es de biens immobiliers, des notaires usent de cette garantie de confidentialité pour convaincre leurs client·es de ne rien leur cacher, et se prémunir ainsi de toute mise en cause par l'administration fiscale. Ce secret est aussi mis en avant pour fidéliser une clientèle plus régulière et fortunée en lui proposant des outils sophistiqués d'optimisation fiscale. La mise à distance du fisc dans le huis clos des cabinets des professions libérales du droit favorise surtout les clients les plus fortunés et plus spécifiquement, nous allons le voir, les hommes.

## Contre le fisc, toutes et tous d'accord ?

En novembre 2014, Valérie Parienly se rend pour la deuxième fois en l'espace de six mois chez son avocate Carole Jouve, dans un cabinet cossu du VIIIe arrondissement de la capitale. C'est une de ces avocates qui n'hésitent pas à aider leurs clients et clientes de la grande bourgeoisie parisienne à minimiser l'exposition de leur richesse à l'impôt. Ayant une formation en droit des affaires et droit de la fiscalité, nous avons vu dans le chapitre 3 qu'elle conseille surtout des chefs d'entreprise envoyés par des amis experts-comptables ou bien son mari, lui-même avocat d'affaires. Son cabinet est situé dans un bel immeuble haussmannien, avec un très grand porche d'entrée et une belle cour. « Si j'étais à Bastille ou à Charonne, les clients ne viendraient pas me voir. Et c'est stupide, absolument stupide ! Mais c'est comme ça », reconnaît-elle.

« Il y a des choses qui m'intriguent », annonce Valérie Parienly, à peine entrée dans le bureau de l'avocate. Les deux femmes, toutes deux en milieu de quarantaine et vêtues du même uniforme parisien (jeans, bottines à talons, veste cintrée et bijoux discrets), se connaissent bien : « C'est la copine de très bons copains avec qui je sors tout le temps », nous indique Carole Jouve après le rendez-vous. Le coude sur le bureau de l'avocate, la tête posée dans la main, la cliente cherche à comprendre les implications financières de la séparation d'avec son mari. Ce dernier a quitté le domicile conjugal un an plus tôt, d'abord pour « faire un break », mais désormais dans l'intention de divorcer. Valérie s'interroge à la suite de la proposition de son époux de transformer en société civile immobilière (SCI) la propriété en indivision de leur résidence principale – une maison d'une valeur de

1,5 million d'euros, qu'elle occupe encore avec sa fille cadette lycéenne.

Son mari était directeur financier d'une entreprise internationale, avec des revenus très importants : entre 20 000 et 30 000 euros par mois, Valérie ne sait pas exactement. Il a récemment quitté cet emploi salarié pour faire du conseil à son compte. Son épouse ignore quelle indemnité de licenciement il a négociée avec son entreprise. Elle-même a repris une activité de journaliste beauté free lance depuis la séparation, qui lui rapporte environ 1 500 euros par mois : « J'ai pas de revenu ! », estime-t-elle.

Son époux lui demande d'attendre pour lancer la procédure de divorce, pour des raisons fiscales. Il lui a parlé des droits de partage que le couple devrait verser au fisc s'ils divorçaient avant d'avoir liquidé leur indivision. Elle-même s'insurge contre cet impôt : « Moi, je récupère 500 000 euros [de la vente de leur maison dont seulement 1 million est d'ores et déjà remboursé], ce qui me permet de me reloger. Est-ce que je vais devoir payer 2,5 % ? Du coup, ça va être juste pour me reloger ! » Carole Jouve lui explique que le passage en SCI avant le divorce n'est pas à son avantage. Tant que le couple est marié et détient la maison en indivision à parts égales, la prise en charge du prêt par l'homme relève de la contribution aux charges du mariage qui s'élève, du point de vue du droit, à hauteur des facultés respectives des époux. Dans le cadre d'une SCI, chaque remboursement fera augmenter le capital de l'homme, mais pas celui de son épouse. « Il est gonflé ! », commente l'avocate. Elle prévient aussi sa cliente des risques de redressement fiscal liés au fait de liquider l'indivision avant de lancer la procédure de divorce, uniquement pour échapper aux droits de partage.

Valérie Parienly indique que son époux a également proposé, à l'occasion du passage en SCI, de faire donation de parts de la SCI à leurs deux filles, à hauteur de 100 000 euros pour chacune. À nouveau, il a souligné les avantages fiscaux de l'opération. Carole alerte sa cliente : son mari organise son appauvrissement – son licenciement, sa mise à son compte, tout comme sa volonté de transmettre du patrimoine à ses filles vont dans ce sens. Ceci aura pour conséquence de minimiser la prestation compensatoire qu'il devra verser à son ex-épouse en raison de la disparité de richesse qui va résulter de leur divorce. Valérie Parienly remplit en effet tous les critères pour toucher une prestation compensatoire importante : elle est mariée depuis plus de vingt ans, elle a cessé de travailler pour s'occuper de ses enfants et a suivi son mari dans sa carrière aux États-Unis. Ce dernier a des revenus au moins vingt fois plus élevés qu'elle, et, comme le couple est marié sous le régime de la séparation des biens, le patrimoine auquel Valérie peut prétendre à l'issue du mariage se résume à sa part dans l'indivision de la maison. L'intérêt bien compris de son mari est de minimiser son patrimoine. Cet intérêt est convergent avec différentes stratégies d'optimisation fiscale mises en place pendant la vie de couple : sous-estimation du patrimoine pour échapper à l'ISF, transmissions précoces aux enfants pour minimiser les droits de succession et l'ISF, et maintenant pour réduire la prestation compensatoire due à son épouse. Caroline met en garde sa cliente : « Oui, mais après, madame n'a plus rien. Les filles, elles se feront [elles n'ont pas besoin d'hériter tout de suite] ! Les hommes pensent souvent comme ça, surtout ceux qui doivent payer une prestation compensatoire. »

Cependant, l'avocate et sa cliente sont sensibles au souci de minimiser le montant des impôts à payer. Cet intérêt, apparemment commun avec la partie adverse, brouille la stratégie de défense de l'avocate, qui reconnaît, à plusieurs reprises, l'opposition latente entre les techniques d'optimisation fiscale et l'intérêt de sa cliente, voire entre intérêt des hommes (« les hommes pensent souvent comme ça ») et intérêt des femmes. Cédant déjà à la logique d'optimisation fiscale, Carole Jouve propose finalement de faire le point avec un confrère fiscaliste pour étudier la proposition de la SCI et tenir sa cliente au courant.

Le règlement négocié des conséquences économiques des séparations dans les cabinets d'avocat·es et les études notariales s'appuie sur un rapport de défiance à l'impôt, qui n'est pas neutre pour les hommes et les femmes. Dans les couples dotés en patrimoine, ce sont effectivement les hommes qui sont débiteurs des prestations compensatoires, dans l'écrasante majorité des cas. De ce point de vue, ce sont donc eux qui profitent en première ligne des stratégies de sous-estimation du patrimoine du couple. Au cours des procédures de divorce, les stratégies d'optimisation fiscale, proposées et légitimées par les professions libérales du droit, convergent ainsi avec les intérêts des hommes.

### Des réflexes d'optimisation fiscale au bénéfice de la richesse des hommes

Les comptabilités effectuées dans le secret des cabinets des professions libérales du droit sont profondément imprégnées d'un rapport à l'impôt caractéristique des franges supérieures des classes possédantes, qualifié par Alexis Spire de « domestication » du fisc : « domestiquer l'impôt signifie se l'approprier, c'est-à-dire comprendre que la règle doit toujours être interprétée pour être appliquée à un cas particulier, l'enjeu étant d'orienter cette marge d'interprétation pour qu'elle coïncide au mieux avec ses propres intérêts[16] ». Ce souci est partagé par les avocat·es, les notaires et leur clientèle fortunée. Il est parfois explicité, comme dans la discussion entre Carole Jouve et sa cliente. Mais, souvent, il demeure implicite, intriqué dans les opérations de comptabilité mises en œuvre dans le secret des cabinets.

C'est ce souci d'optimisation fiscale et ses effets sur les inégalités économiques entre hommes et femmes que Céline et une collègue, Aurore Koechlin, ont observé en février 2014 dans une ville des Pays de la Loire. Deux avocat·es du barreau local, Arnaud Thiercelin et Grâce Dupont-Bernard, avaient obtenu de leurs client·es, Marc et Isabelle Cousin, que nous assistions à leur second rendez-vous à quatre, dans le cadre d'une procédure collaborative de divorce. Ce rendez-vous avait un objectif bien précis : la fixation d'une pension versée par Marc, chef d'entreprise dans le secteur du bâtiment, à Isabelle, infirmière salariée à mi-temps, conformément au maintien du « devoir de secours » entre les époux jusqu'au prononcé du divorce. Dans un divorce contentieux, cette pension est décidée par le juge lors de la première étape de la procédure, l'ordonnance de non-conciliation. Ici, en procédure collaborative, la discussion se déroule dans le cabinet d'Arnaud Thiercelin pendant presque trois heures, une secrétaire apportant régulièrement du café et des rafraîchissements.

Pour parvenir à un accord sur la pension au titre du devoir de secours, Grâce Dupont-Bernard note au fur et à mesure de la discussion, sur un grand paperboard visible de tout le monde, les ressources et charges mensuelles d'Isabelle et Marc Cousin. Une ligne finale condense toute l'information : le *revenu disponible mensuel* pour chacun·e. L'objectif est d'équilibrer cette dernière ligne. Le tableau ci-dessous reprend les notes du paperboard.

Isabelle Cousin, depuis la séparation, réside seule au domicile conjugal, qui est un bien propre dont elle a hérité. Elle se plaint que les charges de cette grande maison lui incombent désormais à elle seule, alors qu'elle considère que son mari et elle pourraient y vivre à deux sans se gêner. À la suite d'une première négociation, son mari accepte de prendre à sa charge les impôts liés à la maison (158 euros et 183 euros par mois de taxes d'habitation et foncière), ce qui aboutit à un nouveau calcul de disponible : 646,50 euros pour elle et 2 256 euros pour lui. Le versement d'une pension de 800 euros permettrait d'égaliser leur disponible, à 10 euros près, suggèrent les avocat·es. Mais Marc Cousin refuse avec virulence : « On charge bien la mule quand même ! » Avoir le même revenu disponible que son épouse alors que « madame » travaille seulement à mi-temps lui semble injuste. L'atmosphère est très tendue. L'épouse réplique : « On a fait le choix ensemble que je travaille à temps partiel. Pour ne pas donner plus au fisc, déjà qu'on en donne beaucoup. C'est pas à cinquante-quatre ans que je vais travailler à temps plein ! Ça oui, je sais que ce n'est pas possible, pas avec les accidents, les problèmes

***Calculs préalables à la fixation d'une pension au titre du devoir de secours en droit collaboratif***

| | Monsieur | Madame |
|---|---|---|
| Ressources | Salaire : 3 000 euros/mois<br>Dividendes SARL :<br>2 000 euros/mois<br>Dividendes SCI :<br>600 euros/mois<br>Revenu locatif sur un bien propre : 400 euros/mois<br>Fermage sur des biens propres : 50 euros/mois | Salaire : 595 euros/mois<br>Dividendes SCI :<br>600 euros/mois |
| | **Ressources mensuelles totales = 6 050 euros** | **Ressources mensuelles totales = 1 195 euros** |
| Charges | Impôt sur le revenu :<br>1 586 euros/mois<br>Taxe d'habitation résidence secondaire : 53 euros/mois<br>Taxe foncière résidence secondaire : 55 euros/mois<br>Prêt immobilier résidence secondaire : 834 euros/mois<br>Charges résidence secondaire : 90 euros/mois<br>Assurances (bateau, voiture, habitat) : 44 euros/mois<br>Loyer de l'appartement :<br>700 euros/mois<br>Électricité : 61 euros/mois<br>Téléphone : 30 euros/mois | Assurances : 62,50 euros/mois<br>Mutuelle : 50 euros/mois<br>Taxe d'habitation :<br>158 euros/mois<br>Taxe foncière :<br>183 euros/mois<br>Gaz : 39 euros/mois<br>Électricité : 138 euros/mois<br>Redevance TV : 133 euros/an<br>(11 euros/mois)<br>Téléphone : 50 euros/mois<br>Eau : 19 euros/mois<br>Crédit voiture :<br>170 euros/mois<br>Chaudière : 110 euros/an<br>(9 euros/mois) |
| | **Charges mensuelles totales = 3 453 euros** | **Charges mensuelles totales = 889,50 euros** |
| Disponible | **2 597 euros/mois** | **305,50 euros/mois** |

physiques que j'ai pu avoir. » Marc Cousin insiste : « Moi, je veux bien accepter le devoir de secours. Ce que je ne veux pas, c'est un équilibre parfait alors qu'elle travaille à mi-temps et moi à plein temps. » Il ajoute : « Je ne comprends pas pourquoi je serais contraint de supporter les taxes sur une maison qui ne m'appartient en rien et, en plus, dont je n'ai pas la jouissance. »

Finalement, Isabelle Cousin accepte de revenir à la répartition initiale des dépenses (elle prendra en charge les taxes sur la maison). La discussion reprend sur la pension au titre du devoir de secours. Un consensus se dégage sur un montant de 1 000 euros par mois. L'avocate Grâce Dupont-Bernard brandit un argument décisif : « Monsieur Cousin, vous avez conscience que c'est fiscalisé, fiscalement, c'est avantageux pour vous [la pension est déduite de ses revenus imposables]. Madame, vous devez déclarer 1 000 euros, ce sera fiscalisé [la pension doit être déclarée aux impôts par la créditrice]. Pour vous, monsieur, ça fait un disponible de 1 597 euros et même un peu plus avec la fiscalisation. Et pour vous Madame, 1 305 euros de disponible, c'est acceptable ? » Les époux tombent alors d'accord.

Le raisonnement proposé par les avocat·e·s pour trouver une pension « juste » est remarquable : il consiste à équilibrer le disponible calculé en déduisant des revenus de l'ex-mari et de l'ex-épouse leurs charges respectives, qui correspondent en fait à des niveaux de vie très différents. Certes Isabelle Cousin conserve la jouissance du domicile conjugal. Cependant, Marc déduit de ses revenus non seulement le loyer d'une résidence principale distincte, mais aussi des frais liés à une résidence secondaire dont il a la jouissance exclusive et même l'assurance de son bateau. Le calcul effectué reprend tout à fait la logique d'une optimisation fiscale classique en matière d'impôt sur le revenu, en particulier chez les professions indépendantes : on déduit du revenu le maximum de charges pour réduire le disponible, qui est le montant sur lequel sont ensuite focalisées les discussions. Dans l'ensemble de ces calculs, l'argument de la fiscalité revient de façon récurrente : il est à l'origine du travail à temps partiel de l'épouse, et il emporte l'accord de l'homme sur une pension plus importante, qu'il pourra déduire de ses impôts sur le revenu, en échange du maintien à la charge de son épouse de frais qui sont précisément impossibles à déduire fiscalement puisqu'il s'agit d'impôts. Isabelle Cousin y perd, puisqu'elle parvenait, avec le premier arrangement envisagé, à un disponible de 1 446 euros par mois avec moins de revenus à déclarer.

On perçoit, au travers de cet exemple, comment l'application d'un mode de comptabilité forgé par la domestication du fisc aboutit à un résultat plus favorable aux hommes. Ici, la proximité sociale entre les avocat·es, qui sont des professions libérales, et le client chef de son entreprise favorise des arrangements économiques élaborés à l'ombre du contrôle de l'État, qui renforcent l'inégalité de genre.

### Un impensé sexiste : la fiscalisation des pensions alimentaires

Remarquons-le au passage : la fiscalisation des pensions alimentaires en France ne contribue pas à réduire l'inégalité économique entre les hommes et les femmes à la suite d'une séparation, bien au contraire ! Si Marc Cousin peut déduire de sa déclaration d'impôt sur le revenu la pension versée à son épouse au titre du devoir de secours, Isabelle doit en revanche la déclarer et payer des impôts dessus. Il en va de même pour les pensions au titre de la contribution à l'entretien et à l'éducation des enfants.

Or, au-delà du cas des Cousin, ce sont les hommes qui versent une pension au titre du devoir de secours dans 97 % des cas (même si une telle pension n'est fixée que dans 20 % des procédures de divorce). Dans 97 % des cas aussi, le débiteur d'une pension alimentaire au titre de la contribution à l'entretien et à l'éducation des enfants est un père (cette pension concerne 68 % des enfants pour lesquels les JAF sont saisis)[17]. En effet, dans sept cas sur dix, la résidence de l'enfant est fixée chez la mère, cette dernière recevant une pension alimentaire dans 83 % des cas. Cette pension est beaucoup moins fréquente en cas de résidence alternée (les frais sont alors généralement supposés partagés) ou de résidence chez le père (situation souvent associée à une très grande précarité de la mère, considérée « impécunieuse »). Pour les hommes et femmes des classes moyennes et supérieures qui paient l'impôt sur le revenu, la fiscalisation des pensions alimentaires n'est donc pas neutre du point de vue de l'inégalité économique de genre. Les femmes séparées doivent déclarer des pensions au titre de leurs revenus et payer des impôts dessus, alors que les hommes débiteurs les déduisent au contraire de leurs revenus imposables. La raison d'être de cette fiscalité est mystérieuse : pourquoi un père séparé déduirait-il de ses impôts sur les revenus sa contribution à l'entretien (alimentation, logement, autres frais) de ses enfants, alors que ce n'est pas le cas des parents qui vivent avec leurs enfants ?

Dans d'autres pays occidentaux, des choix différents ont été faits, méconnus en France. Au Canada, les pensions alimentaires ne sont plus imposables pour la créditrice ni déductibles pour le débiteur depuis les années 1990, au nom de l'égalité économique entre les sexes mais aussi de la préservation des finances publiques. En raison de la progressivité de l'impôt et des inégalités de revenus entre hommes et femmes (les débiteurs de pensions alimentaires sont généralement plus riches que les créancières), le Québec a ainsi réalisé 75 millions de dollars de recettes fiscales supplémentaires en 1995[18]. En France, cette neutralité fiscale des pensions alimentaires n'a jamais été envisagée. La revendication est portée depuis peu par le collectif féministe Abandon de famille-Tolérance zéro : « Il n'y a aucune raison que le débiteur puisse obtenir une déduction fiscale quand les personnes qui reçoivent, mais prennent également en charge l'enfant, n'en bénéficient pas, pire, doivent déclarer les sommes perçues. Les contributions alimentaires ne sont pas des revenus ! Les mères avancent les charges pour les enfants, les pères sont censés rembourser leur part », dénonce ainsi sa cofondatrice Stéphanie Lamy[19]. Cette position est isolée. Impensé sexiste, la fiscalisation des pensions alimentaires constitue un cadeau de l'État français aux hommes des classes moyennes et supérieures, qui renforce l'inégalité économique avec leurs ex-conjointes.

### Des paradis fiscaux au travail au noir : la production de l'ignorance du fisc et des femmes

Tout en haut de la hiérarchie socio-économique, la richesse est masculine. Les femmes sont nettement sous-représentées parmi les grandes fortunes, les chefs d'entreprise et même les professions libérales et indépendantes. Plus le volume de patrimoine croît, plus ce sont les hommes qui en contrôlent exclusivement la gestion. La sociologue Camille Herlin-Giret qualifie le rapport des femmes de familles fortunées à leurs biens de « propriété sans appropriation[20] ». Les épouses méconnaissent souvent la situation économique de leur couple comme de leur époux, à qui elles s'en remettent pour l'essentiel des tâches administratives comptables, en particulier la déclaration d'impôt. Valérie Parienly, que nous avons rencontrée un peu plus tôt dans le cabinet de son avocate parisienne, en constitue un exemple frappant : elle ne sait pas combien son mari gagne exactement – 20 000 ou 30 000 euros par mois.

À partir d'un certain niveau de fortune, la richesse est caractérisée par sa complexité. Cette complexité ne doit rien au hasard. Elle est produite par l'activité d'un ensemble de professionnel·les du droit et des finances – gestionnaires de fortune, conseillers patrimoniaux, experts-comptables, notaires, avocat·es fiscalistes, etc. – qui « travaillent et font travailler le capital[21] ». Un des objectifs principaux de ces gardien·nes de la fortune est de protéger la richesse de l'intrusion de l'administration fiscale. La production de complexité est une stratégie habituelle de *production de l'ignorance* des industries toxiques. Ce concept a été développé en histoire des sciences dans l'analyse de l'industrie du tabac[22] pour casser l'opposition entre connaissance active et ignorance passive, en mettant l'accent sur l'activité nécessaire à la production de l'ignorance. C'est aussi la stratégie des professionnel·les de la gestion des grandes fortunes. Le travail du capital produit l'ignorance de l'administration fiscale et, chemin faisant, des sœurs et des conjointes, grâce à des montages financiers et sociétaires complexes : holdings, sociétés imbriquées les unes dans les autres, etc.

Un article publié en 2016 dans le *New York Times Magazine* en offre un exemple spectaculaire[23]. Sarah Pursglove, l'épouse de l'entrepreneur finlandais Robert Oesterlund, a eu la chance que le scandale des Panama Papers éclate au moment de sa procédure de divorce au Canada. Avec ses avocat·es, elle a alors découvert que son époux était à la tête d'une fortune de 400 millions de dollars et non de quelques millions, comme ce dernier l'affirmait. Leur enquête très fouillée en marge de la procédure de divorce les a conduits à déconstruire les arcanes d'un empire financier constitué de sociétés offshore, de sociétés écrans et de trusts aux Bahamas.

Bien sûr, ce type de montages financiers à l'échelle internationale concerne uniquement les très grandes fortunes. Mais, nous l'avons vu, nombre d'épouses comme de filles et de sœurs de chefs d'entreprise, de professions libérales ou même de commerçants ou d'agriculteurs se retrouvent au moment du divorce ou de la succession sans connaître précisément l'ampleur du patrimoine familial. Elles ont alors bien des difficultés à faire valoir leurs droits sur une richesse qu'elles peinent à connaître et à faire reconnaître. L'optimisation fiscale, voire la dissimulation, ou même la fraude, mises en œuvre par un ensemble de professionnel·les du droit et de la gestion des biens enraient les mécanismes de compensations juridiques en direction des femmes, tenues à l'écart de la gestion du patrimoine. L'efficacité de la production de l'ignorance en matière d'arrangements patrimoniaux familiaux dépend cependant de la sophistication des outils mobilisés pour tromper le fisc.

Sophie Carsalade est avocate collaboratrice dans un cabinet plutôt cossu d'une ville de l'est de la France, au sein duquel elle prend en charge l'essentiel des affaires familiales. En entretien avec Sibylle et notre collègue Raphaële Salem, elle se plaint du dossier de divorce d'une enseignante contractuelle à temps partiel (800 euros par mois) opposée à son mari, cadre de société à la retraite (2 700 euros par mois) : « C'est horrible, je me tire une balle dans votre dossier ! », nous raconte-t-elle avoir dit à sa cliente. Étonnée par l'importance des revenus au nom de sa cliente sur la déclaration fiscale du couple, en décalage avec ses fiches de paie, Sophie Carsalade s'est d'abord rendu compte que l'homme déclarait au nom de son épouse des revenus salariés qu'il cumulait avec sa retraite. Elle s'est ensuite aperçue qu'il possédait huit logements loués, pour lesquels il déclarait des charges déductibles dont il ne fournissait aucun justificatif. Elle découvre enfin qu'après avoir obtenu l'attribution du domicile conjugal (« Moi, je peux entretenir ce domicile, mon épouse ne peut pas », aurait-il argumenté en audience), il a secrètement mis cette « grosse maison avec piscine » en location pour 1 300 euros par mois, tandis qu'il louait un appartement pour son propre usage. Ces éléments ont encouragé l'avocate à lancer une procédure contentieuse et à demander une expertise comptable, ce qu'elle a obtenu. L'homme a fait appel de cette décision, mais la cour d'appel a confirmé l'ordonnance de l'expertise. Les erreurs commises par le mari et les incohérences de son dossier constituent autant de brèches dans l'ignorance qu'il a tenté de produire pour protéger sa richesse du fisc, comme de son épouse. Son capital économique, pourtant constitué d'un revenu et d'un patrimoine immobilier importants, n'était pas encore suffisant – peut-être non plus suffisamment ancien ni accompagné d'une socialisation au droit adéquate – pour insérer l'homme de longue date dans un réseau de professions libérales du droit susceptibles d'élaborer avec lui une stratégie patrimoniale et fiscale parfaitement cohérente. Il n'est d'ailleurs visiblement pas conseillé par un ténor du barreau local. Sophie Carsalade attribue au justiciable l'initiative de sa ligne de défense et ne mentionne son avocate qu'une seule fois en quinze minutes de récit, sans la nommer.

Sophie Carsalade indique d'ailleurs qu'elle aurait refusé un client pareil, qui enchaîne les mensonges et rechigne à fournir le moindre justificatif. Il a pourtant la chance d'être solvable : il perçoit au moins un revenu conséquent, régulier et officiellement déclaré, sa retraite. On se souvient de

Nathalie Mougins, la cliente de Michèle Abitbol rencontrée au chapitre 3 : propriétaire d'un petit patrimoine immobilier et professionnel mais dénuée de tout revenu officiel, elle n'a pas convaincu l'avocate de défendre sa cause. L'incertitude sur son capital économique a doublement joué en sa défaveur : Michèle Abitbol a à la fois douté de sa solvabilité et de la possibilité de travailler correctement avec elle. Dans cette fraction populaire des classes possédantes, le rapport distant à l'impôt ne crée pas de la connivence avec les professions libérales du droit mais au contraire de la méfiance.

Dans les classes populaires, lorsque le patrimoine se réduit à la propriété du logement et de véhicules automobiles, voire à rien, et que les revenus du travail s'approchent du seuil d'imposition, la stratégie principale de contournement de l'impôt est le travail au noir. À la suite de Florence Weber, on entend par là ni le travail domestique (qui n'intéresse pas le fisc) ni l'économie illégale dont l'objet même de l'activité interdit sa déclaration (comme le trafic de drogues), mais toutes les activités qui pourraient entrer dans le cadre d'un emploi et donner lieu à des prélèvements sociaux et fiscaux et qui, en pratique, ne le sont pas[24]. Le travail au noir peut ainsi recouvrir des situations différentes : les activités dissimulées de petit·es indépendant·es, les emplois salariés dissimulés lorsque l'employeur n'a pas officialisé une embauche, ou encore des heures dissimulées, lorsque des salarié·es ne déclarent pas l'ensemble de leur temps de travail. Lorsque au moins une partie de leur clientèle est issue des classes populaires ou de la petite indépendance, les professionnel·les ont évidemment connaissance de ces stratégies et ne peuvent pas les ignorer. L'enjeu est alors de produire un dossier cohérent et présentable au juge aux affaires familiales, qui ne fasse perdre la face ni au client·e ni à l'avocat·e au tribunal, ce qui ne va pas sans difficulté.

Benjamin Faure et Hélène Steinmetz, deux collègues, assistent ainsi à une audience dans un tribunal de région parisienne, au cours de laquelle un père divorcé, agent d'entretien, demande une baisse de la pension alimentaire de 180 euros qu'il paie en tout pour ses quatre enfants. Tout comme son ex-épouse, aide-ménagère en congé parental, il est né en Égypte ; le couple s'est marié en France, où sont nés les enfants, et a obtenu l'aide juridictionnelle. L'avocat de l'homme a fourni pas moins de trente-huit justificatifs pour démontrer la baisse de ses revenus : il aurait été contraint à la démission par un de ses employeurs, et toucherait actuellement 325 euros net par mois, auxquels s'ajouteraient 200 euros de RSA. L'avocate de la partie adverse sème rapidement le doute : « Je vais poser une question, je crains le pire. Monsieur nous dit : "J'ai signé un courrier de démission." Où est la procédure de prud'hommes ? Pourquoi monsieur a osé quitter son emploi ? Vous voyez ce que je veux dire. »

Et elle pointe rapidement du doigt, dans les relevés bancaires fournis par l'homme, l'existence de comptes différents et des versements par chèque qui corroborent l'hypothèse de sa cliente : l'ex-époux fait des peintures au noir chez des particuliers. Pour ces membres de classes populaires racisées, l'existence d'un patrimoine plus diversifié qu'un simple compte courant constitue en soi une déviance. Être à l'initiative de la procédure et avoir un avocat devient un handicap : ce dernier ne peut venir au tribunal sans avoir versé au dossier des justificatifs, qui vont pourtant jouer contre son client.

En haut comme en bas de la hiérarchie sociale, bien que sous des formes différentes, le contournement du fisc est généralement un puissant fédérateur d'intérêts familiaux divergents, dont savent jouer les professionnel·les du droit pour rechercher un consensus sur les arrangements patrimoniaux. Cet intérêt collectif construit autour de l'optimisation fiscale est d'autant plus efficace qu'il n'a pas toujours besoin d'être explicité. Au nom de la paix des familles en matière de succession et du modèle du « bon divorce négocié[25] », il est incorporé et naturalisé dans les comptabilités mises en œuvre dans les études et cabinets. Or cet intérêt collectif est bien plus proche des intérêts masculins que des intérêts féminins.

La paix des familles à l'ombre du fisc se réalise donc souvent aux dépens des femmes.

Ce type de consensus l'emporte d'autant plus facilement dans les divorces et les successions négociées que les épouses et les sœurs ont peu de ressources financières et informationnelles pour percevoir et défendre leurs intérêts propres. C'est particulièrement le cas dans les familles possédantes où les femmes sont tenues à l'écart de la gestion de la richesse et où la propriété ne fait pas l'objet d'une appropriation par les femmes. Ce type spécifique de rapport à la propriété a des effets sonnants et trébuchants au moment des successions et des divorces : il se traduit par le renoncement des femmes, dans ces familles pourtant fortunées, à certains droits de propriété.

Dès lors que le patrimoine est trop limité et que les stratégies de contournement de l'impôt des client·es – comme le travail au noir – marquent davantage un rapport distancié à la légalité qu'un rapport instrumental au droit, l'intervention de professionnel·les ne permet pas aussi facilement la construction d'un intérêt collectif sur le dos de l'administration fiscale. Les séparations conjugales, en particulier, se règlent alors plus souvent de façon contentieuse. Dans les chapitres suivant nous déplaçons justement notre regard vers le tribunal, en plaçant la focale sur le moment des séparations conjugales, où les inégalités économiques entre les hommes et les femmes éclatent au grand jour.

# 6

## Une justice pour compenser les inégalités de richesse ?

En janvier 2015, autour d'un café, un collègue chercheur présente à Sibylle un ami JAF au tribunal de grande instance de Paris, qui pourrait nous aider à négocier l'accès aux archives du Palais de justice. Le chercheur, la chercheuse et le magistrat sont tous trois en fin de trentaine. Les deux hommes ont fait une partie de leurs études ensemble. Le courant passe facilement entre ces trois fonctionnaires qui ont accédé à leur métier sur concours, à l'issue d'une trajectoire scolaire longue et réussie. Au cours de cette discussion informelle, le magistrat évoque les grandes soirées organisées par une avocate spécialiste des affaires familiales, connue sur la place parisienne. Les juges du TGI de Paris sont régulièrement invité·es à ces mondanités. La dernière en date, raconte malicieusement le magistrat, célébrait l'adoption par l'avocate de son nouveau chihuahua, prénommé Chanel. Magistrat et sociologues rient ensemble de cette anecdote, partageant indubitablement un rapport à l'argent différent de celui de l'avocate et d'un certain nombre de ses confrères et consœurs. Nous avons retrouvé cette mise à distance de la richesse économique chez de nombreux et nombreuses juges, mais aussi chez leurs greffières. C'est particulièrement le cas au TGI et à la cour d'appel de Paris, où les juges et les greffières sont amenées à côtoyer des « avocat·es stars » et leurs client·es qui sont parfois des personnalités du monde de la politique et du spectacle, avec des revenus et des patrimoines « hors-norme ».

En France, les trois quarts des JAF sont des femmes, tout comme neuf greffières sur dix. Ce sont des agents de l'État dont le traitement mensuel est fixe et ne dépend aucunement des revenus et patrimoines des justiciables. Juges et greffières ne s'identifient donc pas aussi aisément que les professions libérales aux intérêts d'un chef d'entreprise qui pratiquerait l'optimisation fiscale à la limite de la légalité.

De plus, le droit donne quelques outils aux JAF pour compenser les inégalités économiques entre hommes et femmes qui se creusent au moment des séparations, notamment par la fixation d'une prestation compensatoire ou encore l'attribution du domicile conjugal. Comment se saisissent-elles de ce cadre juridique ? En font-elles un outil d'égalisation des conditions économiques des ex-conjoints après les séparations ? Voire l'instrument d'une « justice rendue par des femmes pour les femmes[1] », comme le clament certaines associations de défense des pères[2] ?

## Des compensations réservées aux couples mariés

Dans tous les pays européens, il existe des dispositifs juridiques visant à corriger les inégalités économiques entre conjoint·es à la suite d'un divorce[3]. Ces dispositifs s'appuient sur trois justifications[4].

Premièrement, une *logique alimentaire* : il s'agit de maintenir la solidarité entre ex-époux au-delà du mariage, quand l'une des parties se trouve dans une situation de besoin. Deuxièmement, une *logique compensatoire* qui vise à compenser la perte de niveau de vie subie immédiatement ou à court terme par l'un des époux du fait du divorce, et cela quel que soit le niveau de vie. Enfin, une *logique indemnitaire* qui cherche à corriger un dommage constaté au moment de la rupture mais né au cours de l'union. Il s'agit en particulier des écarts issus de la spécialisation différenciée des époux dans les sphères domestique et professionnelle, qui, s'ils peuvent être perçus comme équilibrés durant la relation de couple, aboutissent à des situations très inéquitables lorsque cette relation prend fin, en termes de situation sur le marché du travail ou de droits à la retraite.

En France, lors d'un divorce, une *prestation compensatoire* peut être versée par un époux à l'autre pour « compenser, autant qu'il est possible, la disparité que la rupture du mariage crée dans les conditions de vie respectives » (article 270 du code civil). Cette prestation obéit à des logiques alimentaires et compensatoires, mais aussi indemnitaires, puisque le code civil précise que son montant doit tenir compte des « conséquences des choix professionnels faits par l'un des époux pendant la vie commune pour l'éducation des enfants et du temps qu'il faudra encore y consacrer ou pour favoriser la carrière de son conjoint au détriment de la sienne » (article 271 du code civil).

Le flou existant autour du principe de la prestation compensatoire se retrouve dans d'autres dispositifs juridiques visant à limiter les inégalités économiques entre hommes et femmes. C'est le cas de la *pension de réversion*, qui consiste à verser une partie de la retraite d'une personne décédée à son conjoint survivant. L'efficacité de ce système est souvent évaluée en fonction de sa capacité à maintenir le niveau de vie après un veuvage[5]. Ce critère renvoie à une logique compensatoire. Mais, lorsque la personne décédée a été mariée plusieurs fois, la pension de réversion est divisée entre les veuves au prorata de la durée du mariage, ce qui présuppose plutôt une logique indemnitaire. Le versement de la pension est aussi soumis à des conditions de revenu, donc à une logique alimentaire. L'économiste Lucy ApRoberts, soulignant ces contradictions, parle au final de critères de « dépendance conjugale[6] » qui ont des conséquences sonnantes et trébuchantes sur les droits à la retraite des femmes qui ont davantage de difficultés à faire valoir leurs droits à une pension de réversion, par rapport aux pensions liées à des droits directs[7]. Si la pension de réversion, comme la prestation compensatoire, constitue une forme de reconnaissance du lien entre travail domestique des conjointes et carrière professionnelle des hommes, elle constitue aussi une forme très dégradée et incertaine de reconnaissance financière de ce travail.

### La prestation compensatoire dans le code civil

« Article 270. Le divorce met fin au devoir de secours entre époux. L'un des époux peut être tenu de verser à l'autre une prestation destinée à compenser, *autant qu'il est possible,* la disparité que la rupture du mariage crée dans les conditions de vie respectives. Cette prestation a un caractère forfaitaire. Elle prend la forme d'un capital dont le montant est fixé par le juge. Toutefois, le juge peut refuser d'accorder une telle prestation *si l'équité le commande,* soit en considération des critères prévus à l'article 271, soit lorsque le divorce est prononcé aux torts exclusifs de l'époux qui demande le bénéfice de cette prestation, au regard des circonstances particulières de la rupture.

Article 271. La prestation compensatoire est fixée selon les besoins de l'époux à qui elle est versée et les ressources de l'autre en tenant compte de la situation au moment du divorce et de l'évolution de celle-ci dans un avenir prévisible. À cet effet, le juge prend en considération notamment : la durée du mariage ; l'âge et l'état de santé des époux ; leur qualification et leur situation professionnelles ; les conséquences des choix professionnels faits par l'un des époux pendant la vie commune pour l'éducation des enfants et du temps qu'il faudra encore y consacrer ou pour favoriser la carrière de son conjoint au détriment de la sienne ; le patrimoine estimé ou prévisible des époux, tant en capital qu'en revenu, après la liquidation du régime matrimonial ; leurs droits existants et prévisibles ; leur situation respective en matière de pensions de retraite en ayant estimé, autant qu'il est possible, la diminution des droits à retraite qui aura pu être causée, pour l'époux créancier de la prestation compensatoire, par les circonstances visées au sixième alinéa. »

Comme dans le cas des pensions de réversion, la multiplicité des logiques sous-jacentes au dispositif de la prestation compensatoire contribue, dans les faits, à en restreindre le champ d'application. Les prestations compensatoires sont elles aussi réservées aux couples mariés. Or, en France, plus d'un quart des couples recensés par l'INSEE en 2015 ne sont pas mariés (19 % sont en union libre et 7 % sont pacsés). Alors que, dans certains pays, comme le Canada, l'Angleterre ou la Suisse, la question de l'alignement des droits des couples non mariés sur les couples mariés en matière de séparation conjugale fait l'objet d'une actualité juridique et judiciaire[8], ce n'est pas le cas en France. En 2012, un rapport du Centre d'analyse stratégique à l'attention du Premier ministre a envisagé la possibilité d'une extension de la compensation aux couples parentaux non mariés, au nom de la logique indemnitaire (« quand le travail parental a induit une trajectoire professionnelle diminuée »), mais jusqu'à présent ce rapport est resté sans suite[9].

### Un dispositif de compensation affaibli et réservé aux riches

Concernant donc les seuls couples mariés en cours de divorce, le champ d'application des prestations compensatoires a été fortement réduit au tournant des années 2000.

C'est une conséquence de la loi du 30 juin 2000, votée par une Assemblée nationale à majorité socialiste, qui a transformé les prestations compensatoires, jusque-là versées sous forme de rentes mensuelles en prestations versées une fois pour toutes sous forme de capital (article 276 du code civil). Lors du débat parlementaire, la députée PS Danièle Bousquet, réputée pour son engagement féministe au Planning familial, a avancé l'idée selon laquelle, « la plupart des femmes exerçant désormais une activité professionnelle, une prestation à caractère alimentaire (c'est-à-dire versée sous forme de rente) serait maintenant humiliante ». Ainsi, contrairement à d'autres pays comme le Canada, où la prestation compensatoire est pensée par les mouvements féministes comme un outil de rééquilibrage d'inégalités financières injustifiées entre hommes et femmes, selon une logique indemnitaire, c'est une lecture familialiste qui prévaut en France. Les obligations économiques entre ex-époux sont considérées, y compris dans les rangs féministes, comme la prolongation du devoir et des dépendances conjugales au-delà du mariage[10]. Les parlementaires ont aussi déploré le poids financier de ces rentes pour les personnes débitrices remises en couple, qui se seraient retrouvées, en quelque sorte, obligées de faire vivre deux foyers. Il valait mieux faire solde de tous comptes au moment du divorce, pour que les conjoint·es puissent se remettre plus librement en couple. Or les hommes divorcés, qui constituent 96 % des débiteurs de prestations compensatoires[11], se remettent déjà plus fréquemment et rapidement en couple que les femmes[12]. L'argument revenait, dans les faits, à demander que la remise en couple soit encore plus aisée pour les hommes.

En s'appuyant sur l'idée trop optimiste, sinon fallacieuse, que l'égalité entre les sexes serait désormais acquise, l'un des seuls outils juridiques de compensation des inégalités économiques entre les hommes et les femmes a ainsi été très affaibli. Cette réforme des prestations compensatoires en France a abouti, dans les faits, à une diminution drastique du montant des prestations compensatoires et à une réduction du champ d'application du dispositif aux couples les plus fortunés.

Une enquête réalisée deux années après la promulgation de la loi permet de mesurer l'ampleur de l'affaiblissement du dispositif. En 2003-2004, 80 % des nouvelles prestations compensatoires prennent la forme d'un capital, quand 16 % restent sous forme de rente (4 % cumulent les deux). Or les prestations-capital, dont la valeur médiane est proche de 22 000 euros, sont nettement moins élevées que les prestations-rente, dont la valeur médiane est évaluée à 93 000 euros en tenant compte de l'espérance de vie des bénéficiaires. Pourtant les prestations versées sous forme de rente sont payées par des débiteurs aux revenus moins élevés (2 350 euros par mois en moyenne) que ceux des débiteurs de prestation sous forme de capital (2 940 euros par mois)[13]. L'interprétation de ces chiffres est claire. Tandis que le système de la rente rendait possibles des versements étalés dans le temps par des débiteurs moins riches, le paiement d'une prestation compensatoire sous forme de capital est réservé aux couples les plus aisés, disposant d'un patrimoine immédiatement disponible au moment du divorce. Avec cette réforme, la compensation des inégalités économiques entre époux devient moins accessible aux couples qui n'avaient pas accumulé un capital conséquent au cours de leur vie commune.

Aujourd'hui, le versement en capital de la prestation compensatoire s'est imposé. Selon les données les plus récentes du ministère de la Justice, en 2013, ce sont neuf prestations sur dix qui sont versées en une fois, ou en versements échelonnés sur une période maximum de huit années[14]. Les prestations compensatoires ne concernent plus qu'un divorce sur cinq. Elles bénéficient prioritairement à des femmes (dans 96 % des cas), plutôt âgées (quarante-huit ans en moyenne), inactives (pour 36 % d'entre elles) et après un long mariage (vingt ans en moyenne). En euros constants, le montant médian de ces prestations compensatoires versées sous forme de capital est de 25 000 euros.

Seules 10 % des prestations compensatoires dépassent 100 000 euros. Une telle dette semble insurmontable pour la plupart des hommes. Elle apparaît modérée quand on considère le cas de femmes qui sont trop âgées pour reprendre une carrière et qui, ayant peu travaillé hors du foyer, touchent une maigre retraite. Prenons le cas d'un dossier jugé dans un tribunal de grande instance de la région parisienne en 2007. Les époux, mariés pendant trente-neuf ans, ont dépassé soixante ans. L'homme, un ancien cadre du secteur aéronautique, vient de prendre sa retraite et touche une pension de 4 000 euros par mois, tandis que celle de sa femme, une ancienne secrétaire à temps partiel, est dix fois moins élevée : 400 euros par mois. Le capital de 100 000 euros que le juge attribue à celle-ci correspond à un montant de 400 euros par mois pendant une vingtaine d'années : en l'ajoutant à sa pension de retraite, cette femme atteindra tout juste le seuil de pauvreté jusqu'à l'âge de quatre-vingts ans, quand son ex-mari percevra, jusqu'à sa mort, une retraite équivalente à deux fois le salaire médian[15]. En somme, même quand le capital est significatif, la prestation imposée à l'ex-époux ne compense généralement que très partiellement la disparité économique entre ex-conjoints, issue de la division genrée du travail durant la vie de couple et actualisée par la séparation.

Une étude statistique récente menée par des économistes permet de généraliser ce constat[16] : on mesure les écarts de niveaux de vie mensuels entre conjoints à la suite d'un divorce, en comptabilisant les ressources respectives des unes et des autres (revenus du travail, de remplacement, de capital, minima sociaux et prestations familiales, pensions alimentaires pour les enfants) rapportées à un nombre d'unités de consommation (ce qui permet de tenir compte des enfants à charge). Dans les jugements de divorce où il n'y a pas de prestation compensatoire, l'écart de niveau de vie à la suite de la séparation est de 32 %. Dans les dossiers où une prestation compensatoire a été fixée, l'écart de niveaux de vie dans le couple après la séparation, mais sans compter la prestation compensatoire, était de 52 %. La prestation compensatoire fixée en capital et rapportée sur huit années (96 mensualités) ne fait descendre cet écart qu'à 40 %.

Ces chiffres sont peu connus. Ils font rarement l'objet de discussions politiques. La société française contemporaine s'accommode du fait que les femmes paient le coût, parfois redoutable, des séparations conjugales. Les outils du droit paraissent bien faibles pour remédier à cette situation. Quel est le rôle qu'y jouent les acteurs et les actrices du monde judiciaire ? Pour en rendre compte, il faut entrer dans le détail des mécanismes d'attribution et de fixation d'une prestation compensatoire.

## Au commencement était la richesse disponible de l'époux

En 2013, dans deux tiers des cas, la demande de prestation compensatoire a été formulée dans le cadre d'une requête conjointe, qu'il s'agisse d'une procédure par consentement mutuel ou d'une procédure contentieuse dans laquelle les conjoint·es se sont opposé·es sur d'autres points[17]. Dans cette configuration, ce sont les avocat·es avec leurs client·es qui dans le secret de leur cabinet réalisent les calculs et négociations pour aboutir à un montant de prestation compensatoire consensuel entre les deux parties. D'après nos observations conduites dans les tribunaux de grande instance, ce montant est presque toujours entériné par le ou la juge aux affaires familiales qui est tenu·e par les demandes des parties et, pressé par le temps, rechigne à bousculer les accords trouvés entre elles[18].

Dans un tiers des cas, ce sont les JAF qui fixent le montant de la prestation compensatoire, parce que les deux parties ne s'entendent pas sur son principe ou sur son montant. Or les juges déplorent l'incertitude des règles juridiques en la matière.

C'est le cas de Jean Brunetti, un juge pourtant très expérimenté, qui nous a accueillies dans la chambre aux affaires familiales du TGI d'une grande métropole qu'il préside. Au cours d'un entretien réalisé avec lui, il commente l'article 270 du code civil à l'attention de notre collègue Hélène Steinmetz : « "Autant qu'il est possible", "si l'équité le commande" : comment déterminer une règle à partir de là ? Si le législateur s'est lavé les mains de cette question, on ne peut pas trouver de règle mathématique ! »

Il se plaint aussi de ne pas toujours comprendre les décisions de la cour d'appel : « Il faut dire que la loi permet au juge de faire ce qu'il veut, on peut tenir compte de certaines choses sans le dire. » De ce fait, Jean Brunetti, comme la plupart des juges rencontrés, manque de repères stabilisés pour fixer les montants de prestations compensatoires. Une dizaine de méthodes de calcul pondérant les différents critères énoncés dans le code civil circulent dans les juridictions[19]. Finalement, la pression du nombre de dossiers à traiter, combinée à l'incertitude sur les modalités de calcul des prestations compensatoires, n'encourage pas les juges à entrer dans le détail des arrangements économiques des couples.

Pour fixer une prestation compensatoire, les JAF appliquent aussi des *comptabilités inversées*. Celles-ci ne sont pas toujours en concordance avec le droit, mais se présentent comme pragmatiques. Continuons à écouter le magistrat Jean Brunetti. Dans l'extrait d'entretien ci-dessous, il décrit le décalage entre les nombreux critères prévus par le code civil à l'article 271 et la pratique qui consiste à partir d'un élément simple : de quel capital l'époux – puisque c'est généralement lui le débiteur de la prestation – peut-il disposer sans avoir à liquider ses biens familiaux ?

> « On prend l'offre, on prend la demande, on va voir s'il y a de l'argent. Dans les situations où il n'y a pas d'argent, il peut y avoir des disparités, mais on ne va rien faire ! Si l'homme gagne 1 500 euros par mois et qu'il a des dettes, on tombe sur le montant qu'il est possible de payer. Si on oblige quelqu'un à vendre un bien hérité de sa mère, c'est un problème aussi. Il faut du pragmatisme : est-ce qu'il y a de l'argent disponible ? »

Pour ce juge, le préalable à la fixation de toute prestation compensatoire est donc la richesse disponible de l'époux. Les critères juridiques de calcul de la prestation compensatoire sont annulés par cette logique de comptabilité inversée. Quel que soit le besoin dans lequel puisse se retrouver une partie ; quelle que soit la disparité de richesse entre mari et femme ; mais aussi quel que soit le travail gratuit (domestique ou professionnel) réalisé par la conjointe, ce qui prime *avant tout* est la capacité de paiement de l'époux. Or cette richesse disponible de l'époux est pensée sous la forme d'un *capital disponible en numéraire* : la compensation ne doit pas mettre en danger la propriété des biens de l'époux structurant son patrimoine familial. La compensation de l'inégalité économique entre époux et épouse passe donc après l'accumulation et la transmission de la richesse en lignée masculine.

### **Primat de la richesse de l'époux *versus* non-reconnaissance du travail de l'épouse**

La perspective explicitée par Jean Brunetti constitue une norme implicite dans les tribunaux. Le primat de la richesse disponible des hommes dans le calcul des prestations compensatoires est particulièrement saillant dans le cas des couples d'indépendants. Ces dossiers sont en effet emblématiques de l'absence de reconnaissance par le droit, du travail gratuit réalisé par les femmes dans les entreprises dirigées par leur conjoint[20].

Fabienne et Éric Callies, tous deux quadragénaires, entament une procédure de divorce en 2006, après quinze ans de mariage. Ils sont horticulteurs et exploitent ensemble 1 600 mètres carrés de serres qui appartiennent à Éric et à sa mère, dans l'est de la France. Durant les sept premières années de son mariage, Fabienne Callies a travaillé dans l'entreprise familiale sans aucun statut légal. En 1999, elle est devenue conjointe-collaboratrice et cotise depuis lors à la retraite et au chômage, sans toutefois être rémunérée. Dans l'assignation en divorce, elle réclame une prestation compensatoire de 50 000 euros destinée à compenser la perte de niveau de vie liée à la rupture, qui la laisse sans emploi, mais aussi sans logement. Cependant, tout au long de la procédure, la situation matérielle de son ex-conjoint se dégrade également. Alors qu'en novembre 2006 il évalue son revenu mensuel à 2 500 euros par mois, dès février 2007 son avocat envoie un courrier au JAF : les revenus d'Éric Callies ont diminué et il ne peut plus payer les pensions alimentaires fixées (350 euros par mois pour son fils de quatorze ans qui vit avec sa mère, 200 euros par mois pour son épouse au titre du devoir de secours). Un an plus tard, pour le divorce sur le fond, l'avocat précise : « Dans la mesure où Monsieur Callies est en entreprise individuelle, les revenus précités constituent en fait les revenus que Monsieur et son épouse parvenaient à dégager sur leur exploitation en tenant compte qu'ils étaient deux. Depuis le départ de Madame Callies, le chiffre d'affaires et dans les mêmes proportions les résultats dégagés ont largement chuté. »

Lors du jugement de mars 2009, le juge considère que les conditions ne sont pas réunies pour que Fabienne Callies reçoive une prestation compensatoire au titre de sa contribution gratuite à l'entreprise, au motif que le divorce a provoqué un appauvrissement des deux époux et n'a donc pas créé de disparité entre eux.

Les dossiers impliquant des chefs d'entreprise ou des indépendants présentent fréquemment ce type d'issue : « retournement de la conjoncture », « difficultés du secteur », « dégradation du chiffre d'affaires », autant d'arguments pour justifier avec plus ou moins de bonne foi une difficulté, voire une incapacité à payer une prestation compensatoire. Certaines épouses, lorsqu'elles ont les moyens financiers et l'envie de poursuivre la procédure, dénoncent l'« organisation de l'insolvabilité de leur conjoint ».

Les JAF ont peu de moyens pour contrôler ces affirmations. Les juges hésitent toujours à ordonner des expertises comptables, car elles coûtent cher aux parties (plusieurs milliers d'euros) ou, pire, en cas d'aide juridictionnelle, à l'État. Ces investigations font état de situations qui sont rapidement périmées et qui peuvent donc être contestées par les parties sitôt qu'elles sont produites. Comme nous l'avons vu, les justiciables les plus fortuné·es peuvent mobiliser de leur propre chef expertise contre expertise pour discuter de l'estimation de leurs revenus et patrimoines. Mais quand la fortune des justiciables est moins importante, voire fragilisée, et que les deux parties n'ont pas les moyens d'assumer les frais de ces expertises, les JAF y renoncent souvent. Si c'est bien la richesse disponible de l'époux qui détermine largement le montant de la prestation compensatoire, il s'agit généralement de la richesse qu'il accepte de déclarer devant le tribunal.

### Le travail domestique : un travail gratuit pour convenance personnelle ?

Si, en matière de prestation compensatoire, la comptabilité inversée des juges se limite bien souvent à estimer la richesse disponible de l'époux, elle n'est mise en œuvre qu'une fois qu'il est établi que l'épouse a bien le droit d'en bénéficier. Car, malgré le caractère massif de l'inégalité des revenus et des carrières comme du partage des tâches domestiques entre hommes et femmes, le bien-fondé de la demande d'une prestation compensatoire ne va jamais de soi dans les dossiers de divorce. Il est ainsi frappant de retrouver régulièrement dans les conclusions d'avocat·e de la partie masculine une rhétorique du « choix personnel » pour interpréter une cessation d'activité ou une mise à temps partiel que la partie adverse (féminine) présente comme une décision de couple, pour la famille.

En 2007, dans le TGI d'une grande métropole du sud-est de la France, un dossier de divorce oppose, après plus de trente ans de mariage, le PDG de plusieurs sociétés de transport et une enseignante à mi-temps, autour de la prestation compensatoire. Tandis que, dans les conclusions de l'avocate de l'épouse, on peut lire que cette dernière « a sacrifié sa carrière professionnelle pour sa famille », en cessant d'abord son activité pour élever les trois enfants du couple, en suivant ensuite son époux dans ses déplacements professionnels (cinq mutations en vingt ans), et en se mettant enfin à temps partiel, les conclusions de l'avocate de l'homme indiquent quant à elles : « Madame n'a pas renoncé à sa profession durant le mariage, elle a néanmoins, *pour convenance personnelle*, choisi d'exercer à mi-temps. Une telle affirmation n'est nullement un affront fait à l'épouse : il est constant que la profession d'enseignant n'est pas aisée d'une part et qu'il est parfaitement légitime d'autre part pour une mère de vouloir privilégier le temps passé avec ses trois enfants, ce d'autant plus si le revenu du mari le permet [...]. Par ailleurs, il lui a toujours été possible dans le cadre des déplacements générés par la profession de son époux de solliciter sa mutation sur un établissement proche du domicile de la famille. C'est une facilité dont les enseignants bénéficient. Si Madame a voulu le faire, en parfait accord, au demeurant avec son époux, il n'en demeure pas moins qu'il s'agissait d'un *choix personnel* (encore une fois légitime) non d'une obligation comme Madame le prétend aujourd'hui. »

En requalifiant en « choix personnel » les décisions de couple concernant la division du travail domestique, parental et professionnel, les écrits des avocat·es orientés par une fin (ici, faire en sorte que la prestation compensatoire due par leur client soit la plus faible possible) entretiennent une lecture sexiste du monde. La rhétorique du « choix » dont font usage les avocat·es, et qui est parfois reprise telle quelle par les juges dans leurs décisions, est très asymétrique du point de vue du genre. En effet, 39 % des mères ont modifié leur activité professionnelle après la naissance des enfants, contre 6 % des pères[21]. Ainsi, non seulement les mères ne tirent aucun profit symbolique à s'occuper des enfants, mais la rhétorique du « choix » implique qu'elles doivent en payer seules les conséquences matérielles au moment de la rupture.

### « Il a beaucoup de sous, le monsieur. D'ailleurs, je pense que c'était ce qui l'intéressait, elle ! »

Cette vision du monde est particulièrement saillante dans la bourgeoisie à capital économique, où se joue désormais l'essentiel des discussions judiciaires sur les prestations compensatoires. Dans ces milieux favorisés, le capital disponible rend possible la compensation. Pourtant, les demandes féminines de prestation compensatoire sont souvent disqualifiées par les juges, qui marquent ainsi leurs distances par rapport à la figure d'une femme « entretenue », qui chercherait à tirer profit du divorce pour s'enrichir aux dépens de son ex-mari.

Céline et deux collègues, Abigail Bourguignon et Romain Pikett assistent en janvier 2014 à une audience de divorce très conflictuelle dans une cour d'appel de l'ouest de la France. Un chef d'entreprise dans le secteur de la téléphonie s'oppose à sa seconde épouse, qui est aussi son ancienne assistante administrative. Le conflit judiciaire se cristallise autour de la prestation compensatoire, puisque Blandine Landreau réclame 300 000 euros, tandis que Jacques Landreau ne veut rien verser du tout. En première instance, le JAF a fixé la prestation compensatoire à 150 000 euros et prononcé un divorce pour faute aux torts partagés. L'épouse a fait appel de la décision.

Lors de l'audience d'appel, l'avocate de Blandine Landreau met en avant la fragilité économique de sa cliente. Cette dernière a cessé de toucher un salaire depuis la naissance de leur fils, aujourd'hui âgé de dix-sept ans, tout en continuant de travailler, gratuitement, comme secrétaire et comptable dans l'entreprise. L'avocate rappelle aussi qu'il est difficile de retrouver un emploi à cinquante ans passés, et que les droits de retraite de sa cliente seront très faibles. Elle dresse à l'inverse le portrait de Jacques Landreau comme celui d'un « nanti », qui a « la belle vie » : des revenus qui s'élèvent à plus de 20 000 euros par mois, un patrimoine qui avoisine 1 million d'euros, composé de biens immobiliers, financiers et parts sociales d'entreprise. L'homme roule en Porsche, résume-t-elle. La situation patrimoniale de sa cliente est nettement moins favorable : un appartement d'une valeur de 80 000 euros, des parts de SCI détenues avec son époux (non chiffrées), mais pas d'actifs financiers. L'avocate reproche à Jacques Landreau d'avoir monté une « usine à gaz », soit plusieurs sociétés dans le cadre d'un « montage fiscal », « pour que son ex-épouse, qui n'est pas spécialiste du droit des affaires, tout comme son conseil d'ailleurs, ne sache pas exactement combien il possède ». Elle précise que l'homme a « senti le vent tourner » et a réalisé plusieurs donations récentes à ses trois enfants (dont deux issus d'une précédente union).

L'avocat de Jacques Landreau commence sa plaidoirie de façon spectaculaire : « Je n'ai pas interrompu mon contradicteur, mais tout ce qui vient d'être dit est faux ou inexact. » L'avocat insiste surtout sur « l'alcoolisme et les multiples liaisons » de l'épouse, donnant de nombreux détails consignés dans des pièces du dossier. Sa plaidoirie se termine toutefois par un argument patrimonial choc : s'il y a un « déséquilibre de la situation économique », c'est au détriment du mari et non de la femme. L'avocat avance plusieurs raisons. D'abord, « la difficulté de la conjoncture dans le secteur de la téléphonie » : « Si sa situation jusque-là était confortable, pour l'avenir c'est une incertitude totale ! » Mais, surtout, le fait que son client ait donné tous ses biens en nue-propriété à ses enfants, tandis que Blandine va devenir propriétaire de son appartement : « Madame aura donc un patrimoine immobilier supérieur à celui de Monsieur ! » Il demande l'annulation de toute prestation compensatoire. Il réclame également le prononcé du divorce aux torts exclusifs de l'épouse.

Ce que fait la conseillère de cour d'appel Dominique Bernay-Chatel, qui fixe néanmoins une prestation compensatoire de 85 000 euros, soit nettement moins qu'en première instance. Au cours d'un long entretien enregistré un mois après cette audience, la magistrate revient dans le détail sur ce qui a motivé sa décision. D'abord, elle a effectivement considéré qu'il n'y avait pas de disparité dans les situations économiques des époux. La stratégie masculine qui consiste à faire des donations à ses enfants au moment de son divorce pour réduire une éventuelle prestation compensatoire due à l'épouse (« classique » selon les avocat·es que nous avons rencontré·es) fonctionne donc bien. Ensuite, la condamnation morale de l'épouse a pris le pas sur tout calcul économique. Alors que Blandine Landreau est une ancienne salariée de l'entreprise qui est devenue conjointe collaboratrice non rémunérée après son mariage, elle est catégorisée par la magistrate comme une « femme entretenue » et se voit dénier la valeur de son travail : « Et elle a foutu le bazar dans l'entreprise ! Il paraît qu'elle ne foutait rien ! » Dominique Bernay-Chatel reprend ici à son compte les propos des employées de la société de Jacques Landreau consignés dans les pièces du dossier de l'époux, sans jamais remarquer que des attestations fournies par des salariées à la demande de leur employeur ne sont peut-être pas neutres.

La décision de la magistrate est enfin influencée par le fait que, quelques années plus tôt, Jacques Landreau avait déjà entamé une procédure de divorce dont il s'était désisté. À la suite de cet épisode, le couple avait changé de régime matrimonial, passant de la communauté à une séparation des biens. Ce changement, défavorable à l'épouse, puisque ses revenus sont inférieurs à ceux de son mari et qu'elle accumulera désormais moins que lui, avait cependant abouti à une première liquidation de la communauté matrimoniale. La magistrate commente : « Elle s'était alors retrouvée bénéficiaire d'un actif net de 169 700 euros. Donc, elle avait déjà bien rempli sa besace ! Elle lui fait une belle lettre d'amour, et c'est reparti ! » Finalement, la juge estime que c'est la cupidité de l'épouse qui résume le mieux le dossier : « Il a beaucoup de sous, le monsieur. D'ailleurs, je pense que c'était ce qui l'intéressait, elle ! On en voit beaucoup comme ça. Les femmes, c'est pas brillant, hein, à ce niveau-là ! [Elle martèle cette phrase à deux reprises, en riant.] J'ai eu un paquet de dossiers en trois ans, des dossiers où il y a beaucoup d'argent et où les femmes sont, dans l'ensemble… elles sont quand même assez minables. Vous n'avez rien entendu ! [Elle rit à nouveau.] […] Quand ils vont entendre ça, ils vont se dire : "Elle est misogyne celle-là, elle est misogyne !" C'est pas vrai en plus ! »

A-t-on affaire ici à une juge particulièrement misogyne ou fortement hostile au versement de prestation compensatoire ? Dominique Bernay-Chatel nous explique qu'elle a considéré un moment dans ce dossier ne pas fixer de prestation du tout. C'est après la discussion informelle avec un de ses confrères (qui lui aurait dit : « Alors là, tu pousses un peu quand même ! ») qu'elle a révisé son jugement. Il y a donc bien des variations individuelles dans la manière dont les juges appréhendent les situations économiques des couples qui se séparent. Toutefois, la posture de Dominique Bernay-Chatel est loin d'être isolée.

### Des magistrates réticentes à la fixation d'une prestation compensatoire

Nous avions déjà remarqué au cours de notre enquête dans les TGI que les JAF étaient réticent·es à fixer des prestations compensatoires, dispositif que certain·es considéraient comme « hors d'âge » à l'ère de l'égalité professionnelle entre les hommes et les femmes et qui constituerait une incitation au maintien des femmes au foyer[22]. Cet argument, que l'on retrouve aussi parfois dans les écrits d'économistes[23], est surprenant, car il pourrait être renversé. Des prestations compensatoires élevées pourraient inciter les hommes à valoriser la carrière de leurs épouses et à favoriser leur progression professionnelle. Cet argument symétrique n'est jamais mobilisé.

En poursuivant notre enquête dans les cours d'appel, où se concentrent les conflits concernant les prestations compensatoires à montant élevé de la bourgeoisie, voire de la grande bourgeoisie, nous avons mieux saisi les enjeux du règlement judiciaire de ces conflits. Il constitue un moment de confrontation sociale entre les femmes juges et les justiciables situées au pôle économique des classes supérieures. En commentant pour nous la sévérité de leurs décisions, les magistrates de cour d'appel mettent à distance le modèle conjugal de la bourgeoisie traditionnelle et expriment un certain mépris envers les femmes de leur génération qui n'ont pas fait carrière comme elles. Elles peuvent supposer qu'en tant que femmes actives très diplômées nous partageons ce point de vue. En tant que juges femmes, qui pourraient être soupçonnées de favoriser d'autres femmes dans leurs décisions (comme les accusent régulièrement publiquement les groupes de défense des droits des pères), elles peuvent aussi avoir tendance à surjouer une neutralité de genre face aux sociologues[24].

Écoutons ce qu'en dit la présidente de la chambre de la famille dans une cour d'appel, lorsqu'elle s'entretient avec notre collègue Julie Minoc. Âgée d'une soixantaine d'années, elle est au sommet de sa carrière. Son père était énarque et sa mère institutrice. Elle a épousé un ingénieur de l'armée de l'air qui, au moment où elle s'exprime, est à la retraite.

> « Ici, on est peu généreux en prestation compensatoire [...]. Le mariage, ce n'est pas une rente ! On n'est plus au XIXe siècle ! Les femmes qui n'ont jamais travaillé pour s'occuper de leurs enfants et ont sacrifié leur carrière pour que leur mari fasse la leur, ça ne nous attendrit pas, ça ne nous convainc pas. Nous sommes de gros travailleurs ici ! »

Ces propos font spontanément le lien entre la posture de la cour d'appel en matière de prestation compensatoire, qualifiée explicitement de peu généreuse, et une éthique du travail du juge, exprimée au genre masculin. La chambre de la famille qu'elle dirige comprend pourtant une majorité de femmes (seulement deux hommes parmi les neuf juges, et un seul greffier). La justice aux affaires familiales est parmi les secteurs les plus féminisés de la magistrature. Aujourd'hui, dans environ huit cas sur dix, dans les chambres de la famille des tribunaux de grande instance, le juge est une femme[25]. Dans les cours d'appel, les femmes sont toujours majoritaires, mais leur proportion est moindre. Du fait de la carrière à l'ancienneté, les juges y sont issu·es de cohortes moins féminisées. Il y a aussi des effets de plafond de verre, les femmes accédant moins vite aux postes de premier grade (conseiller de cour d'appel) et moins souvent aux postes hors hiérarchie (président de chambre de cour d'appel)[26].

Les magistrates en fin de carrière que l'on rencontre dans les cours d'appel sont nées entre 1950 et 1965. Elles sont caractérisées par un recrutement social élevé, avec des parents de professions libérales, cadres du privé, membres de la haute fonction publique ou enseignant·es. Ces magistrates sont en couple avec des conjoints en activité, cadres et de professions intellectuelles supérieures salariées (des magistrats, des cadres supérieurs, des ingénieurs, pilotes de ligne, universitaires...). Si elles gagnent très bien leur vie, elles sont relativement éloignées du pôle économique de la bourgeoisie, à la fois par leur origine sociale et par leurs alliances. Cette appartenance à la fraction intellectuelle des classes supérieures explique leur relative indifférence à la situation des femmes aisées inactives de la bourgeoisie à capital économique. Elle explique aussi leur réticence à attribuer des prestations compensatoires élevées. Considérant leur propre carrière comme représentative du destin social des femmes de leur génération, elles ont le sentiment que les femmes peuvent (et doivent) assurer leur indépendance financière. En cela, elles ont une vision très déformée de la réalité sociale en France aujourd'hui.

Examinons de plus près la trajectoire familiale et professionnelle de Dominique Bernay-Chatel, la magistrate qui a diminué la prestation compensatoire de près de moitié en appel, dans le dossier du couple Landreau. Au moment où nous la rencontrons, elle est à la veille de prendre sa retraite. L'entretien enregistré est l'occasion d'un bilan tant personnel que professionnel. La conseillère de cour d'appel est originaire de Saint-Étienne, où son père était journaliste et sa mère au foyer. Elle a rencontré son futur mari à la fin des années 1960 au lycée. Ensemble, ils ont fait des études de droit et ont réussi le concours de la magistrature. Le récit de sa carrière, qui s'est déroulée aux quatre coins de la France, est rythmé par les mutations de son mari, qui a toujours obtenu des postes plus prestigieux qu'elle et réalisé une brillante carrière au parquet. Poste après poste, elle parvient à le suivre, mais au prix de petites renonciations sur les fonctions occupées.

Sa carrière est aussi interrompue par deux grossesses pour lesquelles elle a pris, à chaque fois, un an de disponibilité. Ce sujet occupe une place importante dans son récit, parce que Céline est enceinte de six mois au moment de l'entretien et que la magistrate fait de nombreuses allusions à ses propres grossesses, à ses enfants, et aux effets que cela a eus sur sa carrière. Elle raconte ainsi dans le détail ce qu'elle appelle son « organisation » pour s'occuper de ses jeunes enfants et de ses dossiers, souvent le soir et le week-end. Elle mentionne l'embauche d'une aide à domicile à plein temps, qui s'occupait des enfants, des courses, des repas et du ménage au quotidien, comme une victoire qui lui « a donné un confort terrible ». Elle reconnaît qu'elle « ne pouvait pas trop compter » sur son mari pour toutes les charges domestiques. Dominique Bernay-Chatel valorise ainsi fortement le modèle du couple biactif, même si en pratique sa carrière professionnelle est restée subordonnée à celle de son conjoint et que la responsabilité du travail domestique et parental lui a toujours incombé. Les arrangements trouvés au sein de son couple – par l'externalisation du travail domestique – la conduisent à dénigrer l'inactivité des épouses de chefs d'entreprise qu'elle qualifie de « femmes entretenues », alors qu'elle-même s'est battue pour pouvoir se consacrer à son travail « comme un homme », sans tout à fait y parvenir.

La norme de l'indépendance financière féminine, très prégnante dans les classes moyennes et supérieures diplômées, et que nous retrouvons chez les juges, pèse principalement sur les femmes[27]. Elles se sentent obligées de subvenir aux besoins financiers du ménage au même titre que leur conjoint, malgré des rémunérations inférieures et leur prise en charge des tâches domestiques. Elles supportent seules la conciliation entre carrière professionnelle et tâches domestiques, tout en mettant beaucoup moins d'argent de côté que leur partenaire. De façon paradoxale, cette norme de l'indépendance financière féminine contribue donc à l'inégalité de richesse entre les hommes et les femmes, qui n'éclate au grand jour qu'au moment des séparations conjugales. Mais cette norme pèse aussi de tout son poids sur la manière dont les femmes diplômées et actives des classes supérieures peuvent juger d'autres femmes qui n'accèdent pas à cette indépendance financière.

Le dénigrement de la division sexuelle du travail dans la bourgeoisie à capital économique est très présent dans nos entretiens avec les magistrates. Comme le résume Florence Simonin au moment de nous ouvrir les portes de la cour d'appel où elle exerce en tant que secrétaire générale de la première présidence : « Ça arrive encore relativement souvent en province : monsieur a une profession libérale, la cinquantaine, il quitte son épouse pour une jolie Julie, et la première maman, qui n'a rien fait de ses dix doigts pendant des années, demande une prestation compensatoire. Et là, ces messieurs, ils deviennent mesquins ! » N'épargnant ni les hommes ni les femmes, Florence Simonin exprime devant nous un franc mépris pour la « bourgeoisie de province » qui se déchire au tribunal au moment du divorce autour d'enjeux patrimoniaux. Bien sûr les magistrates ne tiennent jamais de tels propos devant les justiciables eux-mêmes. Ces expressions de distance, voire de mépris de genre et de classe, sont rendues possibles par la connivence établie entre la magistrate et les sociologues – perçues comme parisiennes, diplômées et actives – et renforcée par la situation d'enquête : cherchant à comprendre leur point de vue, nous affichons de l'empathie pour nos interlocutrices. Mais ce sont d'autres femmes, en posture de demandeuses de prestation compensatoire, qui ont à y perdre.

Au travers de leur forte réticence à fixer des prestations compensatoires, les magistrates aux affaires familiales contribuent ainsi à l'appauvrissement des femmes au moment du divorce, y compris dans les classes supérieures possédantes. Les hommes appartenant à ces milieux sociaux, au contraire, continuent à accumuler du patrimoine tout au long de leur vie, et notamment de leurs vies conjugales successives.

### Le champ de vision limité des juges sur les arrangements patrimoniaux

Les juges ont un champ d'intervention limité en matière d'arrangements patrimoniaux entre ex-conjoints. Nous avons déjà vu un certain nombre de restrictions à ceux-ci : les outils juridiques de compensation des inégalités économiques entre hommes et femmes ne s'appliquent qu'aux couples mariés et ont une portée réduite par la richesse masculine disponible, sans compter la réticence des juges à les mettre en œuvre. Mais il est une limite à l'intervention des juges plus dissimulée, inscrite dans l'organisation et la temporalité mêmes des procédures de divorce.

L'usage de plus en plus fréquent du divorce par consentement mutuel conduit à ce que l'essentiel des négociations autour des arrangements économiques postconjugaux se déroule dans le huis clos des cabinets d'avocat·es et de notaires. Dans ce type de procédure, les parties s'entendent sur le *principe* du divorce mais aussi sur toutes ses conséquences (notamment économiques : attribution du domicile conjugal, prestation compensatoire, pension alimentaire, partage du patrimoine conjugal). Le divorce par consentement mutuel concerne aujourd'hui plus de la moitié des couples mariés qui se séparent. Jusqu'à récemment, ce type de divorce donnait lieu à une courte et unique audience devant un ou une JAF, qui se contentait le plus souvent de valider la convention qui lui était soumise. Parmi les 857 conventions de divorce par consentement mutuel datées de 2013 que notre équipe a consultées, 18 seulement n'ont pas été homologuées (dans la majeure partie des cas parce qu'une des parties a renoncé à divorcer)[28].

Depuis 2017, cette validation par le juge n'existe même plus : il suffit de deux avocat·es et d'un notaire pour divorcer. Difficile de dire, en l'état actuel des connaissances, si cela a beaucoup changé les choses. Ce qui est sûr, c'est que le dépôt des conventions de divorce aux minutes des notaires va rendre bien plus difficile l'étude des divorces par consentement mutuel, l'État n'assurant plus la centralisation des informations et des archives concernant ces divorces. Or le passage devant le JAF ne constitue plus, désormais, un horizon permettant aux avocat·es et aux notaires de faire entendre à leurs client·es les droits de l'autre conjoint·e ou de tempérer leurs demandes. En consentement mutuel, l'issue des négociations – sur le montant de la prestation compensatoire et les modalités de liquidation du régime matrimonial notamment – dépend désormais exclusivement des rapports de forces entre époux, des rapports de forces entre les avocat·es qui les assistent (sachant que l'ex-mari et l'ex-épouse n'ont pas les mêmes moyens financiers de les rémunérer) et des habitudes professionnelles du notaire qui s'occupe de la liquidation. Une part croissante des arrangements économiques entre ex-conjoints échappe ainsi à l'intervention judiciaire et se discute loin des regards des juges.

Dans les divorces contentieux, en revanche, c'est-à-dire quand les époux ne s'entendent pas sur le principe du divorce lui-même ou, plus souvent, sur ses conséquences, notamment économiques, la fixation d'une prestation compensatoire relève bien des prérogatives du JAF. Cependant, dans les trois quarts des cas, le jugement de divorce sur le fond a lieu *avant* la liquidation du régime matrimonial, qui se joue non pas au tribunal, mais dans le bureau du notaire[29]. Cela limite grandement l'information dont disposent les juges. Comme nous l'avons déjà vu, les liquidations, c'est-à-dire les partages concrets du patrimoine conjugal (répartition des biens, établissement des compensations...) ne sont quasiment jamais judiciarisées. La prestation compensatoire décidée par le JAF est censée tenir compte du « patrimoine estimé ou prévisible des époux, tant en capital qu'en revenu, après la liquidation du régime matrimonial » (article 271 du code civil). Mais, dans les faits, les décisions des juges en matière de prestation compensatoire s'effectuent bien souvent dans l'ignorance de la liquidation effective du régime matrimonial et donc de qui détient quoi effectivement.

En novembre 2014, Céline et une collègue, Vanessa Codaccioni, assistent à une matinée d'audience à la cour d'appel de Paris. Une affaire très contentieuse y oppose un chef d'entreprise dans le secteur du bâtiment, Guy Rosio, à son épouse Martine Petit, qui a été secrétaire dans l'entreprise pendant plus de vingt ans. C'est elle qui a fait appel. Entre autres choses, elle conteste la prestation compensatoire de 60 000 euros fixée en première instance, alors qu'elle réclamait 500 000 euros (et que son mari ne proposait rien). Elle demande aussi la mise en place d'une expertise pour « dresser un inventaire estimatif et faire des propositions quant au règlement des intérêts pécuniaires des époux », ce qui a été refusé en première instance.

C'est sur ces questions de prestation compensatoire et d'inventaire des actifs que l'avocate de l'épouse, Catherine Bulle, une ancienne notaire chevronnée en matière patrimoniale et familiale, se penche longuement dans sa plaidoirie comme dans ses conclusions, qui font près de 90 pages. En effet, la situation patrimoniale du couple, qui est marié sous le régime légal de la communauté réduite aux acquêts, est complexe. Guy Rosio a créé son entreprise avant le mariage, mais la communauté conjugale a peut-être contribué à l'accroissement du capital de l'entreprise. Il l'a revendue pour 1 730 000 euros en 2010, soit deux ans après avoir quitté son épouse. Depuis, cet argent a été investi dans un commerce de tatouage dans le Var, qui semble ne rapporter aucun revenu. Par ailleurs, le couple a créé une SCI en 1991, juste après le mariage, qui détient aujourd'hui quatre biens immobiliers mis en location, d'une valeur totale de 745 000 euros. Le domicile conjugal, toujours occupé par Martine Petit en vertu de la décision de l'ordonnance de non-conciliation, est un bien propre de l'époux hérité de sa mère. Pour en devenir propriétaire, Guy Rosio a dû racheter les parts de ses trois sœurs, peut-être grâce à de l'argent de la communauté. Le couple possède également une résidence secondaire sur la Côte d'Azur, acquise pendant le mariage, mais rénovée grâce à des fonds apportés par Guy Rosio, dont l'origine reste imprécise. L'évaluation de cette maison est également incertaine : entre 650 000 euros d'après Guy Rosio et 1 480 000 euros selon l'avis d'un agent immobilier local consulté par Martine Petit.

Dans la discussion autour de la prestation compensatoire, Guy Rosio met en avant une importante baisse de ses revenus : 13 000 euros par mois lorsqu'il était chef d'entreprise, 6 000 euros lorsqu'il est devenu directeur salarié après la vente de ses parts de société, puis 4 000 euros d'aide au retour à l'emploi depuis qu'il a été déclaré inapte à son poste et licencié en raison d'importants problèmes de santé. Martine Petit, fille d'ouvrier, titulaire d'un BEP de secrétariat, met en avant qu'elle a toujours travaillé pour son mari pour un salaire modeste, voire sans être rémunérée du tout, puisque pour chacune de leurs trois filles elle a pris trois ans de congé parental d'éducation. Pour elle, la séparation a été synonyme de licenciement. En 2012, après une période de chômage, elle a retrouvé un emploi pour un salaire de 1 800 euros par mois. S'il semble manifeste qu'il existe une disparité de revenus et de patrimoine entre les ex-époux, son amplitude est incertaine.

L'avocate Catherine Bulle considère deux options. Soit on considère que l'essentiel du patrimoine appartient à Guy Rosio, et cette disparité doit être compensée par l'attribution d'une prestation compensatoire élevée ; soit on considère que l'homme doit d'importantes « récompenses » à la communauté (Catherine Bulle compte trente-quatre dettes de l'époux vis-à-vis de la communauté), la liquidation du régime matrimonial est alors davantage en faveur de l'épouse, et celle-ci peut toucher une prestation plus faible. En audience, Catherine Bulle s'exprime clairement en faveur de la seconde option : « Pour la PC [prestation compensatoire], ma cliente avait demandé 500 000 euros en première instance. Je l'ai baissée à 300 000 euros car je suis certaine que je vais faire rentrer des biens dans la communauté. Le match deux, ce sera la liquidation ! »

Dans un entretien réalisé par Sibylle et Camille Phé peu après l'audience, l'avocate explicite sa stratégie : « J'ai fait quelque chose de surprenant, j'ai baissé la demande de PC. Si j'étais le juge, je dirais que monsieur ne contredit pas l'existence de récompenses, donc je mets une petite PC, mais j'interdis à monsieur de nier les récompenses au moment de la liquidation. » Néanmoins, elle est inquiète de l'incertitude liée à cette stratégie : elle sait que les juges se contentent souvent d'ordonner la liquidation, sans trancher, dans le détail, sur les différents points qui la composent.

Finalement, l'arrêt rendu par la cour d'appel de Paris confirme ces inquiétudes. Certes, la prestation compensatoire a été doublée par rapport à la première instance, passant de 60 000 euros à 120 000 euros, auxquels s'ajoutent 10 000 euros de dommages et intérêts. Mais l'arrêt constate simplement que « les parties ne s'accordent nullement sur l'évaluation des parts revenant à chacun des époux dans la liquidation de la communauté », sans indiquer si Guy Rosio doit des récompenses à la communauté, ni lesquelles, encore moins pour quel montant. Au contraire, pour motiver la prestation compensatoire fixée, l'arrêt précise que « le partage de la communauté sera très vraisemblablement inégalitaire, compte tenu des apports personnels effectués par Monsieur Rosio ». Autrement dit, la décision en matière de prestation compensatoire est prise avec une connaissance très approximative des inégalités de richesse qui vont résulter de la séparation, sans apporter aucune garantie sur les modalités du partage de ces richesses.

Ainsi, non seulement une partie non négligeable des couples se sépare sans intervention de la justice, mais la justice n'intervient que sur une partie restreinte des enjeux économiques des séparations. Les juges mettent alors en œuvre les outils juridiques existants – notamment les prestations compensatoires – avec une vision tronquée de la situation économique des ex-conjoints.

### Attribution du domicile conjugal, *tempo* de la liquidation et rapports de pouvoir

Le cadre procédural a ainsi des effets concrets de fragilisation économique des femmes, par la dynamique chronologique qu'il imprime aux arrangements économiques postconjugaux. La temporalité des procédures est en effet loin d'être neutre. Plus une procédure s'éternise, plus elle favorise celui (plus rarement celle) qui a les liquidités nécessaires pour tenir sa position dans la négociation. C'est particulièrement le cas en matière d'attribution du domicile conjugal et de liquidation du régime matrimonial.

24 février 2016. Céline et Gabrielle Schütz passent la journée au cabinet de Michèle Abitbol, une avocate réputée en matière familiale dans son barreau des Pays de la Loire, que nous avons déjà suivie à plusieurs reprises. En fin de matinée, Stéphanie Berland a pris rendez-vous avec son avocate afin de se faire expliquer les dispositions de son ordonnance de non-conciliation, la première étape de son divorce, qu'elle vient de recevoir par la poste. C'est une quadragénaire assez corpulente qui porte une doudoune qu'elle ne retire pas pendant le rendez-vous, signe manifeste de son inconfort dans ce cabinet cossu pourtant bien chauffé. Elle est d'ailleurs venue avec son père, ancien employé de banque, qui prend scrupuleusement des notes pendant tout l'entretien et intervient ponctuellement.

Stéphanie Berland est toiletteuse pour chiens à domicile, une activité menée à son compte qui lui procure de faibles revenus qu'elle estime à 500 euros par mois, un montant dont elle reconnaît à demi-mot devant son avocate qu'il est sous-estimé, mais qui lui permet de toucher le RSA. Son mari, dont elle est en train de se séparer, gagne mieux sa vie qu'elle : 1 800 euros par mois en tant qu'opérateur de chantier salarié. Le couple a deux filles, âgées de quinze et onze ans, qui vivent avec leur mère. Depuis la séparation, il y a bien quelques couacs dans l'organisation des week-ends et des vacances avec le père, mais ce n'est pas le problème principal qui préoccupe fortement Stéphanie. L'essentiel de son inquiétude est de joindre les deux bouts financièrement chaque mois, depuis qu'elle a quitté précipitamment le domicile conjugal. Stéphanie raconte à son avocate qu'au cours d'une énième violente dispute elle a pris peur, appelé la gendarmerie, qui lui a conseillé de partir au plus vite étant donné que son mari, chasseur, possède des armes. Elle s'est alors rendue chez ses parents avec ses filles, puis a cherché un logement en location, qu'elle a trouvé quelques semaines plus tard. Les fins de mois sont difficiles, alors que son ex-conjoint n'a pas commencé à payer la pension alimentaire fixée par le juge le mois précédent (320 euros par mois en tout pour les deux enfants).

L'essentiel de la discussion avec l'avocate porte sur le devenir de cette maison, que l'ordonnance de non-conciliation a attribuée à l'époux, qui continue à y habiter et souhaite y rester. C'est une vaste bâtisse en pleine campagne, avec des dépendances (remise, établi, grange...), dont la valeur est estimée à 100 000 euros et sur laquelle il y a toujours un emprunt à rembourser. Stéphanie Berland a renoncé au domicile conjugal, mais espère que son ex-conjoint lui rachète rapidement sa part du bien, pour cesser de rembourser le crédit et obtenir quelques liquidités. Son avocate lui explique alors qu'elle n'est pas au bout de ses peines et que l'issue de ces opérations est très incertaine.

Ceci tient à la temporalité du règlement économique d'un divorce. Dès lors qu'une des deux parties a déposé une requête en divorce, une audience de conciliation est programmée quelques mois plus tard qui, à moins que les époux ne se réconcilient, aboutit au prononcé d'une ordonnance de non-conciliation. Cette ordonnance détermine notamment l'attribution du domicile conjugal à l'un·e des conjoint·es pour la durée de la procédure, à titre onéreux ou gratuit. Dans le cas de Stéphanie Berland, son mari vient ainsi d'obtenir la jouissance du domicile conjugal, mais à titre onéreux, ce qui signifie qu'il lui doit une indemnité d'occupation pour compenser l'usage exclusif d'un bien dont ils sont tous deux propriétaires.

Michèle Abitbol explique à sa cliente ce que cela signifie concrètement. Son époux lui doit une sorte de « loyer ». L'avocate propose deux manières de calculer cette indemnité, l'une comme un pourcentage du prix de la maison (qui aboutit au montant de 118 euros par mois) ; l'autre à partir de sa valeur locative, nettement plus avantageuse pour sa cliente, puisqu'elle aboutit au double. Mais, quelle que soit la méthode de calcul retenue, cette indemnité n'est pas perçue immédiatement sous la forme d'un versement mensuel. Elle ne sera déduite de la part du conjoint resté dans le domicile conjugal qu'au moment de la liquidation du régime matrimonial chez le notaire. Or, comme nous venons de le voir, cette opération n'a lieu la plupart du temps qu'après le jugement de divorce, qui l'ordonne. La liquidation, réalisée par le notaire sur la base de la production plus ou moins difficile d'un consensus, peut prendre beaucoup de temps – de l'ordre de plusieurs années –, temps pendant lequel Stéphanie Berland ne touchera aucune compensation de la part de son ex-conjoint, tandis qu'elle devra continuer à rembourser sa part d'emprunt immobilier (246 euros par mois) et payer son loyer pour se loger avec ses filles (126 euros par mois en tenant compte des APL).

La capacité financière de chaque conjoint·e à attendre pour obtenir un règlement patrimonial satisfaisant de la séparation est donc primordiale. Relativement indolore pour des personnes qui disposent d'une épargne confortable, le *tempo* de la liquidation d'un patrimoine conjugal a des répercussions matérielles fortes pour celles et ceux qui ne disposent que de revenus modestes, *a fortiori* quand ces revenus sont irréguliers. Stéphanie Berland comprend ainsi, au fur et à mesure des explications de son avocate, qu'elle est suspendue à la diligence et aux capacités de paiement de la soulte par son ex-mari qui, lui, vit sous un toit.

> Stéphanie Berland récapitule : « Il doit verser ce loyer, et ce sera inclus dans la soulde [elle veut dire soulte] quand il me rachètera mes parts. »
> L'avocate acquiesce sans relever l'erreur de vocabulaire.
> Stéphanie Berland : « Mais s'il ne peut pas suivre ? [...] Ou s'il n'arrive pas à avoir d'emprunt ? »
> Le père : « Ça peut durer éternellement... »
> L'avocate : « Exactement. C'est pour ça que, si on reste dans le domicile conjugal, on s'en fout du temps ; là le problème, c'est que ça peut durer. »
> Le père : « Elle ne pouvait pas rester... »
> L'avocate : « Mais s'il est casse-pieds, ça peut être long ! [En s'adressant au père :] Je ne jette pas la pierre à votre fille parce qu'elle est partie de chez elle, hein ! On va essayer de s'en sortir quand même. On a intérêt à négocier. Mais s'il ne veut pas négocier ça peut être long, la liquidation. [...] Moi, je voulais dire à votre fille de rester [au

> domicile conjugal] et que c'était à lui de partir, mais elle n'a pas voulu, c'est votre fille, c'est sa vie, et elle n'a pas voulu ! Je conseille toujours au client de ne jamais partir [...]. Parce que la maison, c'est un moyen de force, de pouvoir par rapport à l'autre. Si vous restez dans la maison, il est coincé sur un plan économique. Madame [sur un ton solennel], j'espère qu'il va être d'accord pour aller chez le notaire. Je le dis devant votre père, s'il ne veut pas aller devant le notaire, vous êtes coincée, et votre argent vous ne l'aurez pas avant deux ou trois ans. »

Comme le résume l'avocate Michèle Abitbol, « quitter le domicile conjugal, c'est comme perdre sa tour aux échecs » : celui qui reste au domicile conjugal – et c'est souvent l'homme qui en a *a priori* les capacités financières – se trouve en position de force pour négocier l'évaluation de la maison et de la soulte. C'est selon sa capacité financière, son bon vouloir et son rythme que se déroule la liquidation. Au contraire, l'autre partie cumule les dépenses courantes et peut à tout moment se trouver acculée à accepter une estimation basse du bien immobilier dont la valeur doit être partagée. Comment expliquer que Stéphanie Berland, comme de nombreuses femmes, ait si rapidement renoncé à racheter le domicile conjugal ?

### Conserver le domicile conjugal : une partie d'échecs inégalitaire

Si les femmes ne sont généralement pas en bonne position pour conserver le domicile conjugal après une séparation, c'est d'abord parce qu'elles sont moins riches que leur conjoint. Premièrement, du point de vue des revenus : pour rappel, l'écart est en moyenne de 42 % en faveur des hommes dans les couples hétérosexuels en 2011, la femme ayant des revenus supérieurs à ceux de l'homme dans seulement un quart des couples[30]. Deuxièmement, nous avons vu qu'elles ont aussi fréquemment un patrimoine inférieur : elles ont moins souvent une position d'héritière privilégiée dans leur famille d'origine, sont en moyenne plus jeunes que leurs conjoints, ont accumulé moins de biens propres par elles-mêmes, et leur position professionnelle ne leur permet pas d'accumuler autant que leur conjoint grâce à leur travail.

Vis-à-vis de la banque, la plupart des femmes sont en position nettement moins favorable pour reprendre le crédit immobilier et racheter les parts de leur conjoint. Comme le souligne le notaire Bernard Lecart, qui exerce dans une commune résidentielle du Sud-Ouest : « Parce que c'est bien beau de divorcer, mais on ne divorce pas d'avec son banquier, hein ! Donc qui pourra reprendre la maison, qui pourra reprendre le prêt, histoire de pas le renégocier pour allonger la durée, parce que y aura plus les mêmes revenus donc, tout ça, ça ne va pas se faire en trois jours, ça prendra beaucoup de temps, mais souvent quand même on arrive à des solutions. »

Les solutions trouvées ont toutes les chances de passer par la conservation masculine de la résidence conjugale, laquelle, à partir du moment où elle est consensuelle, n'est pas questionnée par le JAF, qui, en tant que juge civil raisonnant à partir des demandes des parties, valide ces situations existantes plutôt qu'il ne les renverse, tant qu'une partie n'exprime pas une forte opposition au *statu quo*[31]. L'attribution du domicile conjugal peut ainsi entériner les inégalités économiques plutôt que les compenser.

Dans les divorces négociés dans les cabinets d'avocat·es et les études notariales, l'ancien domicile conjugal est parfois considéré comme un espace de production domestique dédié à l'éducation des enfants, qui peut être formellement attribué à l'ex-épouse au titre de la prestation compensatoire, soldant ainsi les comptes des sacrifices qu'elle a faits pour la carrière de son ex-conjoint. Dans les procédures contentieuses, de tels arrangements sont plus rarement envisagés, ne serait-ce que parce que la fixation de la prestation compensatoire précède la liquidation du régime matrimonial. La prestation compensatoire est d'abord discutée en l'absence d'un état des lieux clair du patrimoine des ex-conjoints, puis le partage du patrimoine conjugal est négocié chez le notaire (en particulier le devenir du domicile conjugal, si les ex-conjoints en sont propriétaires). Cet étalement dans la durée des arrangements patrimoniaux s'avère défavorable aux femmes : se trouvant fréquemment dans des situations économiques plus précaires, elles acceptent plus facilement une solution négociée qui évalue à la baisse leur part du patrimoine conjugal, pour en bénéficier plus vite.

Celui qui reste au domicile conjugal contrôle le *cadrage* de la liquidation du patrimoine conjugal, mais aussi son *tempo*. La question n'est plus celle de la valeur de la maison sur le marché, mais celle de la somme qu'est prêt à verser son occupant à son ex-épouse. Et quand ? Dans le cas de Stéphanie Berland, le niveau de compensation qu'elle peut espérer obtenir pour sa maison dépend tout autant de la capacité et de la diligence de son ex-époux à payer, que de sa propre capacité à attendre et à négocier. Nous avons vu, dans le chapitre 4, un cas similaire où l'épouse, Sophie Pourquerie, une universitaire, juriste qui plus est, avait eu les moyens d'attendre et de résister aux sous-estimations de son conjoint entrepreneur en bâtiment, qui restait au domicile conjugal. Cela avait abouti, après sept années de procédure, à la vente de la maison, dont le montant avait alors pu être équitablement réparti entre les deux ex-conjoints. Stéphanie Berland est en bien moins bonne posture. Ayant de faibles revenus, elle est pressée de ne plus rembourser le crédit immobilier d'une maison où elle n'habite plus et qui grève son budget de près de 250 euros chaque mois. Elle n'a pas les moyens d'attendre. Stéphanie Berland n'était pourtant pas sans atouts économiques, puisqu'elle avait un apport initial plus important que celui de son mari et détenait 59 % des parts du domicile conjugal. Mais, même dans cette situation, elle n'avait pas les moyens de conserver le domicile conjugal : ni les moyens physiques et psychologiques, dans un contexte de violences conjugales, ni les moyens financiers, étant donné la faiblesse de ses revenus et de son épargne. « Elle ne pouvait vraiment pas rester ! » se lamente son père.

La nécessité de fuir des violences conjugales et d'éviter la confrontation avec l'ex-conjoint, qui s'ajoute parfois aux contraintes économiques, constitue une réalité majoritairement féminine. Différentes études montrent qu'environ trois quarts des victimes de violence conjugale sont des femmes[32]. Comme le résume la sociologue Catherine Cavalin : « En somme, les relations entre genre, domicile – le fait d'en avoir ou pas, le fait de pouvoir le perdre à cause des violences que l'on a subies – et violences indiquent des inégalités majeures entre les deux sexes[33]. »

La temporalité des procédures judiciaires de divorce apporte sa contribution à ces inégalités, en transformant le départ du domicile conjugal à un moment de crise en handicap définitif dans la négociation des arrangements patrimoniaux entre ex-conjoints. Certes, l'instauration de l'ordonnance de protection par la loi du 9 juillet 2010 vise à renverser cette logique en permettant aux JAF, en référé, d'éloigner le conjoint violent du domicile conjugal. Mais, en pratique, la mise en œuvre d'une telle mesure d'urgence est fort limitée : les ordonnances de protection bousculent les catégories d'entendement des JAF qui sont avant tout des juges de la conciliation et craignent que les violences ne soient instrumentalisées par une partie au sein de procédures de séparation conflictuelles[34].

Finalement, l'intervention judiciaire pour compenser les inégalités économiques de genre qui éclatent au moment des séparations conjugales paraît très limitée. Dans tous les milieux sociaux, certes selon des modalités différentes et avec des conséquences plus ou moins dramatiques, la mise en œuvre du droit de la famille dans les tribunaux ne parvient pas à contrecarrer le processus d'appauvrissement des femmes.

Au tribunal aussi, les professionnel·les du droit réalisent des *comptabilités inversées*, implicitement sexistes, qui viennent considérablement réduire la portée des instruments de compensation des inégalités économiques entre ex-conjoints prévus par le droit. La fixation d'une prestation compensatoire dépend en premier lieu de la richesse disponible de l'époux. Depuis qu'elle est versée en capital, elle est réservée aux seuls couples à la fortune suffisamment importante et diversifiée ; elle dépend moins des besoins d'une épouse que de la capacité à payer de son ex-mari, estimée à l'exclusion des biens structurants de son patrimoine. L'attribution du domicile conjugal, décidée au tribunal et favorable aux hommes, leur donne également un avantage dans les opérations de liquidation du patrimoine conjugal : ce sont eux qui décident du montant de la compensation financière à leur ex-conjointe, tout comme du moment où ils sont prêts à la verser. Le temps et l'argent sont de leur côté.

De même que dans les partages chez le notaire on ne remet pas en cause le fait qu'un héritier masculin reçoive les « choses qu'il faut garder », dans les calculs au tribunal, on part d'abord d'une donnée non discutée : les femmes ont assumé et vont continuer à assumer principalement la charge des tâches domestiques, en particulier parentales. Ni les juges ni les avocat·es n'estiment jamais la valeur globale de la prise en charge des tâches domestiques et parentales assurées au sein du couple. Comme dans les successions et les liquidations de régime matrimonial, c'est la capacité (et la bonne volonté) de paiement du débiteur – l'héritier qui doit une compensation à ses frères et sœurs, l'époux resté dans le domicile conjugal, le conjoint qui assume la plus faible part de la prise en charge des enfants – qui constitue la donnée de départ des calculs.

Les deux dispositifs du droit de la famille que nous avons examinés ici, la fixation d'une prestation compensatoire et la liquidation du patrimoine conjugal, présupposent l'existence d'un patrimoine. Mais que fait l'institution judiciaire lorsque les couples qui se séparent ne sont pas propriétaires de leur logement et, de façon plus générale, n'ont pas de patrimoine ?

Lorsque survient une séparation conjugale, que deviennent les femmes de classes populaires dont le conjoint perçoit un revenu certes faible, mais qui ont des revenus encore plus faibles parce qu'elles sont sans emploi, au chômage, à la retraite ou à temps partiel ? Que deviennent les femmes qu'une union hétérosexuelle maintenait dans les classes moyennes mais que les séparations laissent avec un revenu restreint et la charge des enfants ? Que prévoit le droit de la famille au moment des séparations conjugales pour compenser les inégalités de niveaux de vie entre les ex-conjoints, lorsqu'il n'y a pas de capital disponible ? Dans quelle mesure les administrations sociales (caisse d'allocations familiales – CAF –, bailleurs sociaux, caisse d'assurance vieillesse…) prennent-elles le relais de la justice privée pour opérer une redistribution publique des richesses en faveur des femmes les plus pauvres ?

# 7

## Esclave entre tous est l'ex-femme du prolétaire

C'est un matin ordinaire en 2009, dans la chambre de la famille d'un TGI de la région parisienne. Deux membres de l'équipe de recherche, Hélène Steinmetz et Marion Azuelos, ont rendez-vous avec la juge Anna de Mattéi pour assister à sa matinée d'audiences. Dans ce tribunal inauguré dix ans plus tôt, les audiences des JAF ont lieu directement dans leurs bureaux, qui sont confortables et modernes, tout de verre et de bois. Au menu, une grosse pile de dossiers aux chemises de différentes couleurs : vert pour les divorces, jaune pour les mesures hors divorce ou après-divorce, et rose pour les demandes d'entretien d'un enfant majeur.

Anna de Mattéi est une juge atypique : originaire d'Argentine où elle était magistrate, elle a repris des études de droit en France, est devenue d'abord avocate, avant de passer le concours de la magistrature. Très expérimentée en matière pénale, cela fait seulement six mois qu'elle traite des affaires familiales. Âgée d'une cinquantaine d'années, elle porte une élégante robe noire et rouge cintrée, avec lunettes et bijoux assortis. Dans l'équipe de recherche, nous la désignons sous le surnom de « Fanny Ardant ». Sa diction soignée laisse entendre que le français n'est pas sa langue maternelle, mais elle le maîtrise néanmoins parfaitement. La greffière Nadia Asloum arrive et s'installe rapidement derrière son ordinateur, situé dans un coin du bureau. Sa tenue est nettement plus décontractée que celle de la juge : un jean et un pull à col roulé.

Il est 9 h 15, Anna de Mattéi a quinze dossiers à traiter ce matin-là, et autant de couples à entendre, elle s'impatiente. Le premier sur la pile est jaune. Il s'agit d'un couple non marié qui se présente à l'audience sans avocat, pour régler les modalités de prise en charge de leur enfant commun. La juge demande à sa greffière : « On peut commencer ? » Nadia Asloum acquiesce et se lève pour aller chercher dans le couloir les premiers justiciables. Au moment de franchir la porte du bureau, elle dit : « Je crois que c'est un couple de re-nois [Noirs, en verlan]. »

Peu après, Moussa Dembélé s'assoit sur l'une des chaises en face du bureau de la juge. Il est habillé de façon classique avec une chemise blanche, une veste en cuir et des lunettes. Il attend que Fatimata Diakité s'installe à côté de lui, ce qui prend de longues minutes. La jeune femme est en effet accompagnée d'un bébé, que Nadia Asloum ne laisse pas entrer dans le bureau. Devant la porte, la greffière lance en souriant qu'elle lui « confisque sa fille », pour la confier au bureau d'accueil des affaires familiales. Fatimata Diakité est habillée simplement d'une robe en jean et porte des sandales qu'elle ôte quasi immédiatement sous sa chaise. Une fois la greffière revenue dans le bureau, l'audience peut enfin commencer.

Originaires du Mali tous les deux, Moussa Dembélé et Fatimata Diakité ont la trentaine. Ils n'ont vécu qu'à peine deux ans ensemble et se sont séparés en 2006, juste après la naissance de leur fils, Madiaba, âgé désormais de trois ans. Depuis sa naissance, Madiaba est à la charge de sa mère. Cependant, en raison des difficultés de Fatimata à se loger, il a été un temps placé par le juge des enfants en famille d'accueil. Depuis quelques mois, il vit à nouveau avec sa mère et sa (demi-)sœur cadette, le bébé qui attend à l'accueil. C'est à la demande de la CAF que Fatimata a dû saisir le juge aux affaires familiales. Dans la mesure où le père de Madiaba ne verse pas de pension alimentaire, elle perçoit l'allocation de soutien familial (ASF ; en 2009, 90 euros par mois et par enfant), qui sera prolongée uniquement si une décision de justice prononce l'impécuniosité de Moussa Dembelé.

Même si la condition de Fatimata Diakité s'est améliorée depuis qu'elle est hébergée gratuitement et de façon stable par un membre de sa famille, sa situation budgétaire reste difficile. Au chômage, sans conjoint, Fatimata dispose pour elle-même et ses deux enfants d'un budget de 780 euros par mois de prestations sociales versées par la CAF, composé d'allocations familiales, d'une allocation de parent isolé et d'une allocation de soutien familial (ASF). Elle ajoute qu'elle fait de temps en temps « des remplacements », mais la nature comme la fréquence de cette activité ne sont pas claires. Aucune pièce n'en atteste.

Par contraste avec Fatimata Diakité, qui s'exprime mal en français et répond souvent à côté des questions de la juge, Moussa Dembélé montre beaucoup plus d'assurance à l'oral. En tant que chauffeur de bus en CDI, il a des feuilles de paie et une déclaration d'imposition de l'année précédente qui atteste d'un revenu stable de 1 300 euros par mois. Mais Moussa souligne qu'il a, par ailleurs, quatre autres enfants à charge, un loyer avec un plan d'apurement de dette locative en cours (705 euros par mois), ainsi que des crédits à la consommation qu'il a du mal à rembourser. Sa nouvelle conjointe est aide-cuisinière à temps partiel dans un restaurant et touche 700 euros par mois.

L'audience est censée porter sur trois points : la résidence de Madiaba, le droit de visite et d'hébergement du père, et le montant de la pension alimentaire. Les deux premiers points sont réglés en quelques secondes : il est évident pour le père comme pour la mère que c'est cette dernière qui doit avoir la charge de l'enfant. Il est également évident que le droit de visite et d'hébergement « un week-end sur deux à l'amiable » ne changera rien à leur pratique actuelle : Moussa Dembélé prend son fils quand il peut le week-end, notamment quand il ne travaille pas. En revanche, le dernier point, la pension alimentaire, est plus litigieux.

« Chez nous, on n'appelle pas ça une pension alimentaire, explique Moussa Dembelé. Je leur envoie ce qu'il faut pour l'école et pour manger, ça dépend des mois. » La juge

Anna de Mattéi insiste néanmoins pour qu'il détermine un montant fixe chaque mois. L'homme finit par proposer une pension alimentaire de 100 euros par mois. La juge se tourne vers Fatimata Diakité : « Est-ce que ça vous semble correct ? Vous aviez demandé 225 euros. » Cette dernière fait état de la faiblesse de ses ressources qui ne lui permettent pas pour l'instant de trouver un toit pour elle et ses enfants. Elle proteste : « Si je travaille, j'accepte les 100 euros, mais là je ne travaille pas ! » La juge Anna de Mattéi clôt l'audience par cette réponse lapidaire et explicite : « Il travaille, il a cinq enfants. La pension alimentaire est adaptée par rapport à ses revenus, peut-être pas par rapport à vos besoins. Je pense que ce qu'il propose est correct. »

### La pauvreté des familles monoparentales

Les mères séparées de classes populaires qui sont seules en charge de leurs enfants sont les principales victimes économiques des ruptures conjugales. À la suite d'Olivier Schwartz, nous définissons les classes populaires par leurs positions dominées dans la société, caractérisées par la subalternité dans le travail, une étroitesse des ressources économiques et un éloignement par rapport au capital culturel légitime[1]. Les classes populaires recouvrent en fait des positions sociales très différentes, depuis des personnes sans emploi vivant des minima sociaux (comme Fatimata Diakité), jusqu'à des ouvrier·es et employé·es en fin de carrière ou des petit·es fonctionnaires (comme Moussa Dembélé) qui en représentent les fractions les plus stables et établies. Malgré ces différences importantes, dans les classes populaires, une séparation conjugale constitue toujours une épreuve biographique particulièrement déstabilisante sur le plan économique. Cette épreuve accroît la pauvreté des personnes les plus démunies ; elle a aussi pour conséquence de faire basculer dans la précarité des personnes qui jusque-là s'en sortaient matériellement. Cette fragilisation économique concerne surtout les femmes.

Dans les classes populaires aussi, les femmes ont des ressources plus faibles que leur conjoint. C'est même dans les couples les moins fortunés de la société française que les écarts de revenus entre partenaires conjugaux sont les plus importants. En 2011, selon une enquête de l'INSEE sur les revenus fiscaux des ménages[2], les écarts de revenus entre hommes et femmes sont les plus prononcés dans les trois premiers déciles de la distribution des revenus, c'est-à-dire parmi les 30 % de couples hétérosexuels dont les revenus sont les plus modestes (moins de 30 000 euros par an pour le ménage). C'est parmi les 10 % des couples qui touchent moins de 17 000 euros par an que l'on trouve la plus forte proportion de femmes inactives qui ne perçoivent aucun revenu, de femmes qui sont au chômage ou à temps partiel. Dans cette tranche de la population, seulement 11 % des femmes ont un emploi à temps complet[3].

Les ruptures conjugales ont en conséquence un effet dévastateur sur le niveau de vie des femmes de classes populaires, surtout lorsqu'elles sont mères. La catégorie administrative des « familles monoparentales » est composée dans plus de huit cas sur dix d'une mère élevant seule ses enfants, à la suite d'une séparation. Aujourd'hui en France, comme ailleurs en Europe[4], ces familles sont parmi les plus exposées au risque de pauvreté et de précarité.

En France, on considère qu'une famille monoparentale composée d'un adulte et d'un enfant de moins de quatorze ans est pauvre si ses revenus mensuels (après impôts et prestations sociales) sont inférieurs à 1 128 euros (en 2017). On utilise ici le seuil de pauvreté relatif le plus consensuel en Europe, défini à 50 % du niveau de vie médian[a]. Or, selon

a. Source : INSEE, 2017. En Europe, le seuil de pauvreté est fixé de façon relative. On considère comme pauvre une personne dont les revenus sont inférieurs à un certain pourcentage du niveau de vie dit « médian ». Le niveau de vie médian est celui qui partage la population en deux, autant gagne moins, autant gagne davantage. Le seuil de pauvreté tient compte du nombre de personnes qui vivent dans le même logement. L'INSEE utilise pour cela un système de parts. Le premier adulte vaut une part entière, toutes les personnes

ce critère, une famille monoparentale sur cinq est en dessous du seuil de pauvreté, contre seulement 7 % des personnes vivant en couple et 13 % des personnes seules[5].

Cette pauvreté monétaire a des conséquences matérielles bien concrètes, particulièrement en matière de logement. Comme Fatimata Diakité et ses deux enfants qui sont hébergés gratuitement par un membre de leur famille élargie, probablement dans des conditions peu confortables, les familles monoparentales ont le plus grand mal à se loger. Ce sont ces familles, plus que tous les autres types de ménages (couples avec ou sans enfants, personnes seules), qui ont le plus de difficultés à payer leur loyer, à honorer à temps leurs factures d'électricité, d'eau, de gaz, de téléphone, ou encore à vivre dans un logement adapté (taille suffisante, bien chauffé, salubre…)[6].

Conscients de ce problème, les bailleurs sociaux jouent en France un rôle de compensation des inégalités économiques entre hommes et femmes après une séparation. En 2015, à la suite d'une séparation conjugale, parmi les couples locataires du parc social, 48 % des femmes conservent le domicile conjugal, contre 37 % des hommes. Ceci est sans commune mesure avec la situation des locataires du parc privé (écart de 10 points en faveur des hommes) ou des propriétaires (écart de 16 points toujours en faveur des hommes)[7]. Les familles monoparentales sont ainsi surreprésentées dans le parc de logement social : en 2006, elles représentent un peu moins de 7 % des ménages en France, mais 16 % des ménages logés en HLM et 12 % des ménages logés dans le parc social non-HLM[8].

Malgré cette politique volontariste en matière de logement, les familles monoparentales doivent se serrer la ceinture au quotidien. L'INSEE enregistre annuellement les restrictions

---

de plus de quatorze ans comptent pour une demi-part et les moins de quatorze ans pour 0,3 part. *Cf.* Observatoire des inégalités, « Les seuils de pauvreté en France », 10 septembre 2019 (https://www.inegalites.fr/Les-seuils-de-pauvrete-en-France?id_theme=15) [page consultée le 20 septembre 2019].

de consommation des différents types de ménages[9]. En 2016, 42 % des familles monoparentales n'ont pas les moyens de se payer une semaine de vacances en dehors de chez elles (y compris dans la famille ou chez des amis) ; 47 % n'ont pas les moyens de remplacer leurs meubles hors d'usage ; 25 % n'ont pas les moyens d'acheter des vêtements neufs ; 18 % n'ont pas les moyens de manger de la viande ou du poisson tous les deux jours ; 21 % n'ont pas les moyens de recevoir leurs parents ou leurs amis ; 18 % n'ont pas les moyens de faire des cadeaux à leurs proches au moins une fois par an ; 16 % n'ont pas les moyens de posséder deux « bonnes » paires de chaussure ; 9 % déclarent ne pas avoir fait un repas complet pendant au moins une journée entière dans les deux semaines précédentes, par manque d'argent. Sur l'ensemble des questions portant sur la consommation, les familles monoparentales sont celles qui déclarent se restreindre le plus.

### La mendiante et le bon prince

En France, la pauvreté des familles monoparentales est considérée comme un problème social qui justifie la mise en œuvre de solidarités publiques qui relèvent de la politique familiale et sociale[10]. Fatimata Diakité, pour élever seule ses deux enfants, touche ainsi 780 euros par mois de prestations diverses versées par la CAF. Vue depuis l'Amérique du Nord où un tel filet de sécurité sociale pour accompagner les mères pauvres et isolées n'existe pas, sa situation peut paraître enviable[11]. Toutefois, le soutien par l'État-providence des mères de classes populaires qui élèvent seules leurs enfants n'est pas sans contrepartie. En France, la justice familiale et les administrations sociales fonctionnent sur un inconscient sexiste : ces institutions attendent des hommes qu'ils soient de *bons princes* et transforment dans le même temps les femmes en *mendiantes*.

Remarquons d'abord que les femmes sont deux fois plus nombreuses que les hommes à faire une requête au TGI en matière de séparation conjugale[b]. Parce qu'elles sont moins riches que leur conjoint et ont plus souvent à leur charge les enfants, la rupture engendre pour elles des problèmes concrets et immédiats de budget et de logement. Les femmes ont donc besoin, notamment, que soit fixée rapidement une pension alimentaire.

Revenons sur la situation de Fatimata Diakité, à qui la CAF a demandé de saisir le juge afin que les 90 euros par mois d'ASF continuent à lui être versés, à condition que le père de Madiaba soit déclaré impécunieux. Ça ne sera finalement pas le cas. À l'issue de l'audience observée, le père est censé prendre immédiatement le relais à hauteur de 100 euros par mois au titre de la contribution à l'entretien et à l'éducation de son enfant. L'histoire ne dit pas si Fatimata Diakité a bien perçu cette pension alimentaire ni si elle continue à la percevoir aujourd'hui. Cette question n'est pas anecdotique. Selon un rapport officiel récent, entre 20 % et 40 % des pensions alimentaires prévues par la justice française ne sont pas versées[12].

Au moment d'une rupture conjugale, les mères de classes populaires sont enfermées durablement dans une posture de *mendiantes* : c'est à elles de faire les démarches auprès de la CAF pour toucher les prestations sociales auxquelles elles ont droit, c'est à elles de saisir le tribunal pour obtenir une décision d'impécuniosité de leur conjoint ou une pension alimentaire, c'est à elles encore de réclamer la revalorisation annuelle de ladite pension à leur ex-conjoint, ou de réclamer son simple paiement mois après mois.

Au contraire, les hommes ont la possibilité de se montrer généreux au cours de ces procédures judiciaires de séparation. Ils peuvent « offrir » une pension alimentaire, « faire

---

b. Base « 4 000 Affaires familiales », 2 129 dossiers de divorces contentieux et hors divorce archivés en 2013. Si l'on exclut les divorces par consentement mutuel qui sont par construction l'objet d'une requête conjointe, les deux conjoints ont fait une requête dans 6 % des cas (conjointement ou séparément), seule la femme a fait une requête dans 62 % des cas et seul l'homme dans 32 % des dossiers.

un geste » pour prendre en charge des frais exceptionnels ayant trait à leurs enfants (frais de scolarité, orthodontie, activités extrascolaires...), ils « laissent » parfois le domicile conjugal ou même « accordent » l'usage de leur nom à leur ex-épouse. Moussa Dembélé, par exemple, même s'il ne verse pas de pension alimentaire régulière en bonne et due forme, se présente de cette façon : « Je leur envoie ce qu'il faut pour l'école et pour manger, ça dépend des mois. »

Bien sûr, plus les pères sont à l'aise financièrement, plus cette posture de générosité leur est accessible. Les pères de classes populaires peinent à incarner la figure idéale-typique du « bon prince », qui paie chaque mois rubis sur l'ongle une pension gagnée à la sueur de son front. L'audience du JAF est souvent une épreuve, pleine de violence symbolique pour eux. Lors d'une audience observée par Céline et Sabrina Nouiri-Mangold dans un tribunal de la région parisienne, un père cantonnier en CDD, qui gagne à peine 1 000 euros par mois, vit très mal le fait d'être déclaré « impécunieux » par la JAF. Ce qui devrait être plutôt une bonne nouvelle pour lui – il est dispensé de payer une pension alimentaire – est vécu comme une humiliation. Il lance à la juge, à la greffière et aux observatrices médusées : « J'ai l'impression de passer au tribunal, là ! » Lorsqu'ils sont dans l'impossibilité d'endosser le rôle de pourvoyeur de ressources que leur impose le système judiciaire, certains hommes de classes populaires ressentent la procédure de séparation conjugale comme une mise en cause morale de leurs qualités de père[13].

Un certain nombre d'entre eux ne viennent tout simplement pas à l'audience. L'absentéisme des pères de classes populaires est sensible dans les affaires hors divorce ou post-divorce, qui ont la particularité de concerner exclusivement des parents (il s'agit de fixer ou modifier la résidence d'un enfant, un droit de visite et d'hébergement ou une pension alimentaire) et de pouvoir se poursuivre en l'absence d'une partie. En 2013, les femmes se retrouvent seules à l'audience dans 14,4 % de ces affaires (alors que la situation inverse est deux fois moins fréquente : l'homme est seul dans 6,5 % des cas)[14]. Alors que, dans les couples de cadres, l'absentéisme masculin est très rare (3,7 % des cas), il est beaucoup plus fréquent dans les couples à dominante ouvrière ou employée (16 % des cas).

L'absentéisme n'est pas le seul signe de la distance des pères de classes populaires vis-à-vis de la justice familiale. Contrairement à Moussa Dembélé, certains viennent « les mains dans les poches », sans les documents attestant de leur situation professionnelle ou faisant ostensiblement preuve d'un certain « je-m'en-fichisme »[15]. Plusieurs raisons expliquent cette attitude. Dans la plupart des couples, c'est la conjointe qui s'occupait déjà, avant la rupture, des enfants et de l'économie domestique : les affaires familiales peuvent apparaître aux hommes comme « des affaires de femmes ». De plus, les femmes de classes populaires, surtout quand elles sont stabilisées professionnellement, ont souvent davantage d'aisance que les hommes dans les relations avec les institutions[16] : elles viennent à l'audience avec un dossier bien rangé et sont fortement investies dans la procédure qui est parfois préparée en amont avec les agent·es de la CAF qu'elles rencontrent régulièrement. Cette aisance est toutefois circonscrite socialement : Fatimata Diakité, par exemple, qui est arrivée à l'âge adulte en France, ne maîtrise suffisamment ni la langue française ni les codes adéquats à adopter vis-à-vis des institutions (elle est pieds nus pendant l'audience) pour bénéficier de cette ressource féminine propre aux classes populaires établies.

Si les hommes des classes populaires sont plus disposés à se montrer contestataires de cette « justice de femmes » ou à s'y dérober par leur absentéisme, c'est aussi et surtout qu'ils risquent moins que leur ex-compagne de voir décroître significativement leur niveau de vie après la rupture. En effet, la justice familiale cherche à préserver coûte que coûte l'autonomie financière des hommes de classes populaires ainsi que leur position de travailleur et de gagne-pain (*bread-winner*) au sein de leur éventuelle nouvelle famille, même si c'est parfois au détriment du niveau de vie de leur ex-conjointe et de leurs enfants. C'est ce que résume la réplique de la juge Anna de Mattéi : « Il travaille, il a cinq enfants. La pension alimentaire est adaptée par rapport à ses revenus, peut-être pas par rapport à vos besoins. Je pense que ce qu'il propose est correct. »

### Une pension alimentaire adaptée aux revenus du père

Rappelons-le : dans 97 % des dossiers de séparation, le parent qui doit payer la contribution à l'entretien et l'éducation de l'enfant est le père[17]. On peut donc parler de *pères débiteurs* et de *mères créancières* de pension alimentaire. D'un point de vue juridique, la pension alimentaire versée par le père dépend de trois paramètres : les ressources du père, celles de la mère et les besoins estimés de l'enfant, sans hiérarchie entre les trois. Selon l'article 371-2 du code civil, en effet, « chacun des parents contribue à l'entretien et à l'éducation des enfants à proportion de ses ressources, de celles de l'autre parent, ainsi que des besoins de l'enfant ». La pratique de fixation des pensions alimentaires dans les tribunaux est pourtant fort différente. Une analyse économétrique des décisions prises par les JAF en matière de pension alimentaire montre que les montants fixés dépendent *avant tout* du revenu du père débiteur[18]. Ce constat statistique au niveau national coïncide avec les observations ethnographiques[19].

D'abord, les juges entérinent les accords préalables entre parents, y compris si ces accords leur paraissent injustes ou intenables sur le long terme. Or c'est le revenu disponible du père, ou plutôt ce qu'il est prêt effectivement à payer, qui est l'élément déterminant de ces calculs profanes légitimés par le tribunal. Les juges cherchent également à produire des accords entre les parties durant les audiences, surtout lorsque le différentiel entre la demande et la proposition de contribution est faible.

Lorsqu'il n'y a pas d'accord entre les parties sur le montant de la pension alimentaire – ce qui représente près de la moitié des affaires de séparation et les trois quarts des procédures contentieuses –, les JAF vont d'abord examiner la solvabilité du père en détaillant ses revenus et ses charges dites incompressibles : frais de logement (loyers ou remboursement de crédit immobilier, charges, EDF, gaz, téléphone…), frais de voiture et parfois crédits à la consommation en cours. Un facteur est notablement absent des critères retenus par le tribunal : les ressources et conditions de vie des mères en charge des enfants. Comme le dit sans détour la juge Anna de Mattéi à Fatimata Diakité : « La pension alimentaire est adaptée par rapport à ses revenus, peut-être pas par rapport à vos besoins. »

Dans un tiers des cas, le ou la JAF considère le père impécunieux et le dispense de contribution alimentaire[20]. Cette forte proportion de pères exemptés de payer une pension alimentaire est liée à l'existence de l'ASF, qui se substitue, sous certaines conditions, au parent qui ne peut assumer son obligation d'entretien. Au moment de l'enquête du Collectif Onze dans les tribunaux (de 2008 à 2012), le montant de l'ASF était d'environ 90 euros par mois et par enfant, créant de fait un plancher dans la fixation des pensions alimentaires, la plupart des JAF considérant qu'il valait mieux pour les mères percevoir de façon régulière cette allocation qu'une pension alimentaire bien plus incertaine. Finalement, l'obligation alimentaire ne s'imposait qu'aux pères dont le revenu était supérieur au SMIC.

Depuis 2013, l'ASF a été revalorisée (jusqu'à 115 euros par mois et par enfant aujourd'hui), et, depuis avril 2016, il est possible de percevoir une partie de l'ASF, dite complémentaire, lorsque la pension alimentaire fixée par le juge est d'un montant inférieur à ce seuil. Cette mesure est officiellement destinée à encourager les juges à fixer de petites pensions afin de renforcer l'engagement des pères de classes populaires dans l'entretien et l'éducation de leurs enfants[21].

### Des pères qui travaillent, des mères disponibles

L'existence de l'ASF n'est pas le seul élément expliquant la relative rareté des pensions alimentaires imposées aux pères de classes populaires et leur faible montant. Les JAF considèrent que la reprise d'activité d'un père chômeur, qui le fait passer de bénéficiaire d'allocations de chômage ou de minima sociaux au statut de salarié, ne doit pas engendrer une augmentation de pension qui le prive des fruits de son travail. Les revenus masculins sont préservés, parce que le travail masculin est doté d'une valeur morale particulière. Il s'agit, au nom de l'intérêt de l'enfant, de préserver l'image d'un père qui travaille et gagne sa vie, double condition d'une dignité masculine.

Deux heures après le passage de Moussa Dembélé et Fatimata Diakité devant la juge Anna de Mattéi, un autre couple entre dans le bureau de cette dernière. Ariane Boulin et Fernando Martinez sont les parents divorcés de deux enfants âgés de neuf et onze ans. Ariane Boulin a fait une requête pour remettre en cause la résidence alternée qui était prévue dans la convention de divorce, datée d'à peine quelques mois : « Dans la réalité, les enfants sont plus souvent chez moi. Quand ils sont avec lui, il part tôt et rentre tard, ils sont livrés à eux-mêmes. » Elle souhaite que la résidence des enfants soit officiellement fixée chez elle et qu'en conséquence une pension alimentaire soit mise en place. Fonctionnaire municipale en charge de l'urbanisme et du planning scolaire, Ariane gagne davantage (2 180 euros par mois) que son ex-conjoint qui est électricien qualifié (1 300 euros par mois). Fernando vient de retrouver un emploi salarié, qui l'oblige à partir dès 7 heures du matin et à rentrer vers 19 heures, du fait du temps de transport entre son domicile et les chantiers où il intervient.

Mais l'audience ne se déroule pas exactement comme Ariane Boulin l'aurait souhaité. La juge Anna de Mattéi est d'abord très rétive à mettre fin à la résidence alternée : elle demande à plusieurs reprises à la mère si elle ne peut pas prendre en charge les enfants une heure le matin avant l'école et une heure le soir après l'étude et avant le retour du père, les semaines où les enfants sont chez lui ; ce à quoi la femme répond fermement non. Ariane Boulin ne comprend pas non plus pourquoi sa demande de pension alimentaire (500 euros par mois pour les deux enfants) est rejetée, ni pourquoi Fernando Martinez est déclaré impécunieux, alors qu'il a désormais du travail et des revenus : « S'il n'est pas en mesure de payer la moitié des frais, c'est à moi de le faire ? », proteste-t-elle. « L'intérêt des enfants c'est aussi de voir le père qui a réussi à s'en sortir alors qu'il était RMIste [le RMI est l'ancien RSA]. Il s'en est sorti, Monsieur n'a pas démérité », déclare la juge Anna de Mattéi.

Ainsi, lorsque la volonté des pères de retrouver un emploi et de contribuer s'ils le peuvent à l'entretien de leurs enfants n'est pas mise en doute, les juges tendent à protéger les revenus de leur travail de ponctions trop importantes, en particulier si celles-ci seraient susceptibles de déstabiliser une situation fragile. Le pendant de cette valorisation morale du travail des pères est la disponibilité toujours présupposée des mères pour s'occuper de leurs enfants.

Le caractère évident du rôle maternel des femmes et de son corollaire, l'adaptation inconditionnelle de leur carrière aux besoins de leurs enfants, apparaît crûment dans des cas exceptionnels, lorsqu'une mère fait valoir ses contraintes professionnelles pour demander que le père s'occupe davantage des enfants. Une telle demande, qui est plutôt rare, trouble beaucoup la juge Sandrine Cabernet. Âgée d'une trentaine d'années, elle exerce la fonction de juge aux affaires familiales dans le TGI d'une grande métropole régionale depuis deux mois au moment où nous la rencontrons, après une première expérience en tant que juge pour enfants. Mariée avec un cadre commercial qu'elle présente comme très accaparé par son travail, elle est mère de deux enfants en bas âge et exerce son activité à 80 %. Ces éléments biographiques sont importants pour comprendre son appréciation des dossiers aux affaires familiales, exprimée dans un entretien avec Élodie Hennequin et Alina Surubaru, membres de l'équipe de recherche.

> Sandrine Cabernet : « Moi, je suis surprise par les papas, dans un sens ils se débrouillent quand même vachement pour prendre leur enfant, y compris quand ils ont des métiers [prenants]. Alors des fois, ce n'est pas tous les mercredis, c'est un mercredi par mois, mais bon, moi, je trouve que c'est déjà un bel effort, parce que bon, on fait pas toujours comme on veut, et je pense que ça conduit à des sacrifices au niveau financier pour eux aussi [...]. »
> Alina Surubaru : « Et ce matin, la dame qui explique : "il faut que je travaille, il faut qu'il le prenne plus souvent", est-ce que vous avez déjà entendu ça ? »
> Sandrine Cabernet : « Celle-là, elle m'a bien surprise ! J'avais l'impression que son gamin, c'était une patate chaude, et qu'il fallait qu'elle s'en débarrasse pour aller travailler. Ça m'a un peu... j'étais à deux doigts de lui dire, mais je me suis dit, bon, elle est énervée, on ne va pas non plus en rajouter... Mais ça m'a choquée, moi, personnellement. Parce que, bon, je comprends bien que ça lui pose des difficultés, mais voilà, il y en a d'autres, des mamans célibataires, faut se débrouiller, quoi, les modes de garde... [...] Elle m'a choquée, je vous dis, ça m'a [soupir]... ç'aurait été le père, j'aurais été plus... C'est sexiste de ma part, mais bon, c'est vrai qu'on comprendrait plus. »

Alors même que depuis le début des années 2000 la « coparentalité » est un principe structurant de la justice des affaires familiales[22], les attentes des juges pesant sur les pères et les mères sont pourtant toujours bien distinctes : tandis que le travail et les revenus des pères sont protégés et que leur prise en charge des enfants est valorisée (« un bel effort »), les mères sont censées être toujours disponibles pour leurs enfants, et remédier aux absences des pères[23].

On se souvient de la juge en fin de carrière Dominique Bernay-Chatel, rencontrée au chapitre précédent, qui « ne pouvait pas trop compter » sur son mari magistrat au parquet pour la prise en charge des tâches domestiques, et qui présente l'embauche d'une aide à domicile à plein temps comme une victoire personnelle. Il en va de même pour les avocates spécialisées en droit de la famille. Une telle trajectoire les incite à valoriser la conciliation d'une activité professionnelle avec l'investissement dans l'éducation des enfants, sans forcément prendre la mesure des coûts qui y sont associés chez les femmes moins nanties, pour qui les services professionnels de prise en charge des enfants sont moins accessibles. Ces magistrates et ces avocates en oublient parfois que les capacités féminines de « conciliation » sont fortement dépendantes de leurs ressources économiques, culturelles et sociales, ainsi que des soutiens qu'elles peuvent mobiliser au sein de l'entourage. Plus ou moins consciemment, ces professionnelles du droit légitiment l'idée qu'il est normal que l'activité rémunérée des femmes soit subordonnée, quel que soit leur milieu social, à leur rôle premier : l'éducation des enfants.

Cet enjeu apparaît dans une affaire observée par Céline et Aurélie Fillod-Chabaud dans un petit tribunal situé dans un département rural de l'est de la France. Ahmed Bensaïd, un Algérien âgé de quarante-sept ans, et Khadidja Hattoub, une Marocaine âgée de trente-neuf ans, se présentent à l'audience de conciliation du juge Étienne Paletot, accompagné·es de deux jeunes avocates. Le couple a une fille âgée de trois ans et vit séparément depuis dix mois, à la suite d'une condamnation pénale de l'homme pour violence conjugale. Ahmed est depuis logé chez sa mère, tandis que Khadidja et l'enfant sont restées au domicile conjugal. L'homme est à l'origine de la requête en divorce. Malgré le contexte de violences, l'épouse dit qu'elle n'est pas « prête » à divorcer, parce que la séparation la place de fait dans une situation matérielle difficile, alors que l'essentiel des ressources du foyer vient du salaire de chauffeur-routier de l'homme (1 700 euros par mois). L'avocate de l'homme lance la discussion : « Il y a au moins un point d'accord au sujet de l'enfant, c'est l'autorité parentale conjointe, la résidence chez la mère, DVH [droit de visite et d'hébergement] à l'amiable, semaines une, trois, cinq, samedi 11 heures, dimanche 19 heures, à condition que monsieur jouisse du véhicule commun. »

« Je travaille, moi, je me lève à 3 heures du matin du lundi au samedi, j'ai besoin d'un véhicule ! », ajoute l'homme. La femme l'interrompt sèchement : « Donc, si lui travaille, moi, je ne peux pas travailler ! » Elle explique que, sans voiture, elle ne pourra jamais retrouver du travail. Son avocate raconte qu'elle a eu un CDD de quinze mois d'agent de production qui n'a pas été reconduit, qu'au chômage elle a fait des ménages pour s'en sortir financièrement et suivi une coûteuse formation d'agent de sécurité pour retrouver un emploi. L'avocate de la femme rebondit aussi sur la question du droit de visite et d'hébergement : « Monsieur renonce au DVH le vendredi soir. Madame propose au contraire le calendrier habituel du vendredi soir au dimanche soir. C'est sympa pour un père d'avoir sa fille un soir de plus ! » L'homme proteste qu'il travaille le samedi matin : « Comment je fais, moi ? Pour le moment ça va parce que je suis chez ma mère, mais comment je fais quand j'aurai mon logement ? » Réponse du tac-au-tac de l'avocate : « Vous pourrez faire appel à une nounou ! » La mère fulmine dans son coin : « Il n'est pas responsable… Comment je fais, moi, tous les jours, pour trouver du travail ? »

Ici, le décalage manifeste entre l'univers social de référence de l'avocate de la femme, pour qui la conciliation entre travail et profession peut être assurée par la délégation à un personnel salarié (« Vous pourrez faire appel à une nounou ! »), et celle des justiciables aux revenus modestes, pour qui cette possibilité est tout simplement hors de portée. Mais il y a aussi une évidence exprimée par l'avocate de l'homme, qui consiste à considérer que la mère est par défaut disponible pour s'occuper de l'enfant tous les débuts de week-end pour remédier aux contraintes professionnelles de son ex-conjoint. À nouveau, le travail professionnel rémunéré des hommes est valorisé et protégé tandis que l'exploitation du travail domestique gratuit des femmes est légitimée.

Un père peut voir son droit de visite et d'hébergement réduit s'il travaille le samedi et n'est pas disponible pour s'occuper de ses enfants l'ensemble du week-end, alors que les femmes sont censées organiser leur emploi du temps professionnel, en premier lieu, en fonction de leurs enfants et n'apparaissent pas légitimes à demander des compensations financières pour cela. En pratique, de tels biais ont des implications économiques majeures. Cela signifie que les frais de garde d'enfants supportés par les mères (chez qui les enfants résident) ne sont pas pris en compte dans les calculs, et encore moins la compensation des pertes de revenus liées aux réductions d'activité pour s'occuper des enfants.

### Un barème qui ne tient pas compte des sacrifices des mères

Les modes concrets de calcul de la pension alimentaire reviennent à ignorer pour les mères le *coût d'opportunité* de la prise en charge quotidienne des enfants. Dans le langage des économistes, le coût d'opportunité désigne un manque à gagner ; ici, le manque à gagner des mères, lié à la nécessité de réduire leur temps de travail professionnel pour s'occuper seules des enfants. L'indexation de la pension alimentaire sur le seul revenu du père conduit les juges à ignorer ce coût de la spécialisation des rôles parentaux après la séparation, qui se traduit pourtant par une diminution du revenu des mères en charge des enfants.

Cette pratique est même devenue une règle explicite, depuis la mise en place en 2010 de lignes directrices en matière de pension alimentaire, diffusées désormais sous la forme d'un « simulateur » sur le site du ministère de la Justice[24]. Alors que le code civil, dans l'article 371-2, mentionne sans hiérarchie trois facteurs pour fixer la contribution à l'entretien et l'éducation des enfants (le revenu de chacun des parents et les besoins de l'enfant), seuls les revenus du parent débiteur sont retenus. La pension alimentaire est simplement calculée comme un pourcentage de ce revenu (auquel est soustrait un « minimum vital ») et pondérée par deux autres critères : l'ampleur du droit de visite et d'hébergement (la pension alimentaire est majorée pour un DVH réduit, minorée dans le cadre d'une résidence alternée) et le nombre d'enfants dans la fratrie. Dans le cadre d'un DVH classique (un week-end sur deux et la moitié des vacances scolaires), la pension alimentaire correspond pour un enfant à 13,5 % du revenu du père débiteur, à deux fois 11,5 % pour deux enfants, et à trois fois 10 % pour trois enfants. La question de la capacité à payer des pères est donc première dans les calculs de pension alimentaire. Les ressources et conditions de vie des mères sont hors sujet pour ce simulateur.

Comment ce choix est-il justifié ? D'abord par la cohérence relative du barème avec la jurisprudence. Plutôt que de corriger les impensés sexistes des pratiques des juges, les conceptrices et concepteurs du barème les ont pris comme référence. Ensuite, parce que ses auteur·es partent de l'hypothèse que le coût des enfants peut être approché comme une proportion du revenu des parents[25]. Cette mesure du coût de l'enfant s'appuie sur une tradition économétrique initiée aux lendemains de la Seconde Guerre mondiale avec la mise en œuvre de politiques publiques visant à lutter contre la pauvreté. Dans cette tradition, le coût de l'enfant est assimilé au revenu supplémentaire dont doit disposer une famille avec enfant pour avoir le même niveau de vie qu'une famille sans enfant. Depuis la fin des années 1990, l'INSEE a adopté l'échelle dite « OCDE modifiée », qui s'appuie sur les enquêtes sur la consommation des ménages pour établir à partir de quel niveau de revenu supplémentaire la structure de consommation des ménages avec enfant rejoint celle des ménages sans enfant[26].

C'est sur ces conventions que s'appuie le barème proposé par le ministère de la Justice français, pour établir la part des revenus parentaux consacrée aux enfants. Le coût de l'enfant est considéré comme la somme d'une proportion donnée du revenu de la mère et de la même proportion du revenu du père. C'est cette dernière part du revenu du père qui lui sera réclamée au travers de la pension alimentaire.

*Modélisation du coût de l'enfant selon les auteur·es de la table de référence du ministère de la Justice pour la contribution à l'éducation et à l'entretien de l'enfant*

Soit $C_e$ le coût de l'enfant, $Y_f$ le revenu de la mère et $Y_h$ le revenu du père :

$$C_e = \alpha (Y_f + Y_h) = \alpha Y_f + \alpha Y_h$$

Ce mode de calcul de la pension pose deux principaux problèmes. Tout d'abord, il repose sur une évaluation éminemment discutée et discutable du coût de l'enfant. En juillet 2015, le Haut Conseil de la famille publie un rapport qui insiste sur les difficultés à saisir les variations du coût de l'enfant selon la richesse globale des familles[27]. À l'appui de ce rapport, des études ethnographiques montrent que, dans les ménages populaires, les parents se sacrifient pour leurs enfants sur des postes budgétaires identifiés comme collectifs dans les enquêtes statistiques, en particulier l'alimentation[28]. Ce sera par exemple un parent qui se prive de gâteau pour que son enfant en ait. Le montant total des besoins de la famille étant sous-estimé, le coût de l'enfant l'est aussi. Alors que ce coût statistiquement « invisible » est potentiellement supporté par les deux parents lors de la vie de couple, il est exclusivement supporté par le parent gardien après la séparation, la mère la plupart du temps.

Le mode de calcul de la pension sous-tendu par le barème du ministère de la Justice pose un second problème : l'absence de prise en compte du *coût d'opportunité* pour les femmes, en termes de carrière professionnelle et de revenus du travail, de la prise en charge des enfants. Pour le dire autrement, la garde des enfants a un effet sur les revenus respectifs des parents. Quand les parents vivent en couple, ce coût d'opportunité est en quelque sorte partagé : c'est le revenu global du ménage qui en est affecté. Mais, après la séparation, c'est la mère gardienne qui le supporte exclusivement. Ainsi, la question de la valeur du travail des femmes, professionnel comme domestique, reste largement absente des discussions judiciaires sur les fixations de pension alimentaire. Le travail domestique fourni par les femmes n'est pas considéré comme une contribution à l'éducation et à l'entretien des enfants : il va de soi. Quant au coût d'opportunité de ce travail domestique en termes professionnels, il n'est pas intégré dans l'estimation du coût de l'enfant : les juges, comme le barème de pensions alimentaires, prennent très peu en compte les carrières et les revenus professionnels des mères gardiennes.

C'est donc *doublement* que le barème de pensions alimentaires néglige les sacrifices économiques réalisés par les mères seules qui élèvent leurs enfants : il ne tient pas compte des sacrifices de consommation de ces dernières en faveur de leurs enfants, ni des sacrifices en termes de carrière et de revenus pour pouvoir les prendre en charge au quotidien.

Légitimée par une modélisation économétrique simplificatrice qui désormais rend sa contestation difficile, la fixation des pensions alimentaires en France aujourd'hui relève, encore une fois, d'une *comptabilité inversée*. Les textes de loi devraient inciter à discuter le coût global des enfants, puis dans un second temps une clé de répartition de ce coût entre les parents. En pratique, c'est le revenu disponible du père et lui seul qui détermine tous les calculs. L'apparente symétrie des dossiers versés par les deux parties au tribunal – pères et mères doivent produire des justificatifs de leurs ressources et de leurs charges – vient masquer la hiérarchie des enjeux qui préside aux calculs de pension alimentaire. Au tribunal, la seule question qui importe est : combien le père peut-il payer ?

## Quand des pères ne paient pas leur pension alimentaire

Si les pensions alimentaires sont essentiellement fixées sur la base du revenu du père débiteur, ce n'est pas pour autant que ce revenu fait l'objet d'investigations intensives. Les

JAF peuvent certes avoir recours à une expertise comptable. En pratique cependant, les juges y renoncent la plupart du temps, en s'appuyant sur la conviction pratique que pousser l'investigation serait trop coûteux pour les justiciables, *a fortiori* de classes populaires ou moyennes, et rallongerait trop la procédure.

Prenons le cas d'une audience observée en mars 2009 dans un TGI de la région parisienne par Céline et Jérémy Mandin, où, chose rare, un justiciable reconnaît tacitement qu'il ne déclare pas l'ensemble de ses revenus. Artisan à son compte dans le secteur du BTP, Jacques Dubois a déposé une requête devant le JAF pour diminuer la pension alimentaire qu'il verse à son ex-compagne, Myriam Abbadi, pour leurs deux enfants (275 euros par mois et par enfant). Dans sa requête écrite, on peut lire le texte manuscrit suivant : « Sans revenus depuis juillet 2007, du fait de la cessation de mon activité (radiation du répertoire des métiers pour insuffisance d'actifs) et ne trouvant pas d'emploi fixe, je suis inscrit dans différentes agences d'intérim et j'ai quelques missions qui ne me permettent pas d'appliquer l'ordonnance du jugement rendu le 14 mai 2007. C'est pourquoi je demande la suppression des pensions alimentaires et l'annulation des sommes dues antérieurement. »

À l'audience, Jacques Dubois affiche une posture distanciée que nous avons souvent observée parmi les justiciables hommes de classes populaires : engoncé dans sa parka verte, il est affalé sur sa chaise et répond avec réticence aux questions du juge Yves Defert. Contrairement à Jacques, Myriam Abbadi se tient bien droite sur sa chaise et s'exprime d'une voix assurée, avec son dossier sous les yeux qu'elle consulte régulièrement. On apprend qu'elle est attachée commerciale chez un grossiste de fruits et légumes et gagne environ 1 200 euros par mois. Elle est indignée par la requête de son ex-conjoint, qu'elle désigne de façon solennelle par son nom de famille : « Il était ébéniste. Il consomme, il prend l'avion pour aller travailler sur la Côte d'Azur où il construit une maison. Monsieur Dubois a rendu sa carte d'artisan pour ne plus payer de charges, il ne travaille que pour 2 000 euros, sinon il préfère rester chez lui » ; « Depuis décembre Monsieur Dubois ne peut pas prendre les enfants parce qu'il travaille trop, par contre il ne déclare pas grand-chose. Moi, par contre, je suis honnête, je déclare tout et je suis dans la précarité. » Myriam Abbadi accuse son ex-conjoint d'organiser son insolvabilité, dans le but d'échapper au paiement de la pension. L'homme ne nie pas. Il se définit lui-même comme un « antisocial qui n'accepte pas le système ». Ces propos font bondir la femme : « Monsieur Dubois roule en Jeep. Sa consommation d'essence, c'est l'équivalent de mon salaire mensuel. » Elle finit par dire au magistrat qu'elle pense faire appel à un commissaire aux comptes. Le juge Yves Defert rétorque : « Pour quoi faire ? » Myriam Abbadi est désarçonnée. Elle bafouille un instant : « Un inspecteur pour surveiller ses comptes », puis elle s'adresse directement à l'homme : « Je ne vis pas aux crochets des gens, moi ! Et je suis honnête surtout ! »

Interviewé peu après cette audience, Yves Defert commente sa difficulté à prendre une décision dans cette affaire : « La limite, c'est qu'il ne cédera pas, lui. Il ne cédera pas du tout [...]. C'est-à-dire que faire une mesure d'investigation avec ce type-là qui de toute façon n'en fera qu'à sa tête... Il dissimule tous ses revenus. Alors je ne sais pas. Vous voyez, quand les gens dissimulent leurs revenus comme ça, on ne peut pas forcer le passage. Et condamner. Mais, de toute façon, ils ne paieront pas ou ils vont se mettre dans des situations pour ne pas payer qui sont complètement... parce que lui, quand elle dit qu'il roule en 4 x 4, et cætera, et cætera, je suis sûr que c'est vrai ! Je suis sûr qu'il a de l'argent. Le truc c'est que... dans ce dossier, c'est pas compliqué, des pièces, il n'y en a pas. »

> Jérémy Mandin : « Mais ça ne vous embête pas quand même de mettre... enfin, ça pose quand même des problèmes quand on veut décider d'une pension alimentaire... »
> Yves Defert : « Oui, mais le truc, c'est que de décider avec ce qu'on pense et pas avec les éléments qu'on a,

> ça ne marche jamais. Voilà. On sent à l'audience, il y a des gens qui organisent leur insolvabilité par exemple. Au début je faisais ça. J'entamais des bras de fer avec les types qui organisaient leur insolvabilité. Tout le monde est perdant, c'est vraiment… de toute façon le type il ne paie pas, c'est des procédures d'exécution qui ne marchent pas. Ensuite, on se retrouve devant la cour d'appel, enfin ça met les gens dans des situations absolument épouvantables. […] Parce que je ne sais pas si vous savez comment ça se passe, mais si elle porte plainte ensuite [s'il ne paye pas sa pension alimentaire], le parquet peut poursuivre et il peut se retrouver devant un tribunal correctionnel pour abandon d'enfant. C'est embêtant, surtout d'aller devant le juge correctionnel. »

Dans sa décision rendue dix jours plus tard, le juge constate que Jacques Dubois est « hors d'état de payer la contribution à l'entretien et à l'éducation de ses enfants » et supprime la pension alimentaire à sa charge. Comme le souligne Florence Weber, la condamnation morale du travail au noir est surtout « horizontale », c'est-à-dire entre personnes de statuts comparables, et non entre le haut et le bas de l'échelle sociale[29]. Les JAF, depuis leur position sociale élevée, sont indifférent·es à ce type de pratique, et n'ont ni le temps ni l'envie d'investiguer davantage. Très rares sont les dossiers qui donnent lieu à des poursuites pénales.

L'*abandon de famille* est pourtant un délit. Selon l'article 227-3 du code pénal, l'infraction est constituée lorsqu'une personne n'exécute pas pendant plus de deux mois son obligation alimentaire, ce qui fait encourir une peine de deux ans de prison et 15 000 euros d'amende. Pourtant, en pratique, le parquet n'est guère mobilisé sur cette question.

Céline et Muriel Mille ont participé en octobre 2014 à un colloque sur les pensions alimentaires organisé par le barreau de Toulouse. En fin d'après-midi, devant un parterre d'avocat·es spécialistes des affaires familiales, une procureure du parquet des mineurs réalise une présentation sur « L'infraction d'abandon de famille ». Son intervention, visiblement peu préparée, est très courte. Elle indique d'emblée que « le niveau de poursuite est peu élevé », et qu'à Toulouse comme dans la plupart des parquets « on cherche la réalisation du paiement plutôt que de constituer le délit ». Elle précise les conditions de classement sans suite, ainsi que le recours fréquent à la médiation pénale. À la fin de son intervention, l'avocate organisatrice du colloque s'inquiète du « taux important de non-paiement des pensions » et de l'« appauvrissement des familles monoparentales » ; elle demande « pourquoi il n'y a pas de politique pénale plus rigoureuse » en la matière. La procureure répond sans détour : il y a une réticence du parquet à considérer « ces mauvais payeurs comme des délinquants ordinaires ». Elle fait part de son expérience préalable de JAF pour estimer que le non-paiement relève « d'un contexte plus global » et notamment de conflits parentaux : les impayés de pension alimentaire sont, selon elle, la contrepartie des difficultés qu'auraient certains pères pour voir leurs enfants. Cet argument déclenche un tollé et un grand brouhaha dans la salle. Plusieurs avocates protestent bruyamment : « C'est trop facile ! Les plaintes ne sont même pas prises ! », « Les pensions ne sont pas payées et l'on soupçonne toujours les mères ! » Une autre avocate s'emporte : « Vous connaissez la détresse des femmes qui ne touchent pas de pension. Vous parlez de médiation, mais la médiation à ce stade on a tout essayé, il ne reste que la République pour récupérer les sommes ! » Mais la procureure n'est pas convaincue : « Ça ne donnera rien, les poursuites ! » Une avocate témoigne qu'elle a déposé plainte à quelques reprises, mais qu'elle a fini par laisser tomber : « Le parquet se fait défenseur de l'intérêt du père qui est mauvais payeur », estime-t-elle. Un JAF demande si on dispose d'un chiffre, au niveau national, sur le nombre de plaintes et de poursuites. La procureure reconnaît qu'elle ne connaît pas les statistiques, et botte en touche : « Je trouve compliqué que vous n'entendiez pas le fait que ce n'est pas la poursuite qui règle ce problème ! »

Une enquête récente du ministère de la Justice, auprès d'une population de divorcé·es deux années auparavant, montre que, parmi le quart des personnes qui déclarent avoir connu des impayés de pension alimentaire, 38 % affirment qu'elles ont engagé une action en paiement, c'est-à-dire qu'elles ont saisi à leurs frais un huissier de justice pour demander une saisie sur salaire ou sur compte bancaire ; 12 % seulement ont porté plainte pour abandon de famille[30].

En novembre 2013, Céline a assisté aux audiences d'une chambre correctionnelle d'un grand tribunal de la région parisienne, qui traite de ce délit, parmi bien d'autres affaires (surtout de violences familiales). En entretien, le juge qui préside cette audience, Benoît Artigues, explique que la comparution en correctionnelle pour abandon de famille est le tout dernier recours : « C'est logique dans des cadres familiaux comme ça, on met en place des médiations, il y a des médiateurs pénaux qui interviennent. On essaie de réconcilier les gens. Quelqu'un qui paie pas ou qui n'a pas payé la pension, parce qu'il y a un conflit ou parce qu'il ne peut pas payer, on ne va pas l'envoyer tout de suite à l'audience, on doit vérifier des choses, y a des appels aussi, y a des demandes de révision de la pension alimentaire… donc ça prend du temps. On essaye de ne pas envoyer à l'audience un père de famille parce qu'il n'a pas les moyens. »

Les audiences en correctionnelle sont réservées aux pères qui ne paient pas les pensions alors qu'ils ont manifestement les moyens de le faire. Du fait de la longueur de la procédure et des différents recours, les impayés courent sur plusieurs années et donnent lieu à une bataille de dates et de chiffres. Une affaire observée implique ainsi un père, dont on ne connaît pas l'emploi (il gagne 2 050 euros par mois sur treize mois, sans compter les primes) qui a refusé de payer la pension alimentaire pour sa fille majeure (220 euros par mois), malgré plusieurs décisions de justice confirmant que l'enfant était toujours à la charge de sa mère, sans emploi. L'avocat de la mère estime le préjudice subi depuis 2005 à 17 056 euros (la mère n'a touché que 2 394 euros au lieu de 19 450 euros). Le juge Benoît Artigues précise que le tribunal n'a été saisi que pour la période du 1er octobre 2006 au 1er janvier 2011, et estime qu'il n'a pas à statuer sur le recouvrement de l'ensemble des pensions alimentaires.

On comprend alors que l'enjeu principal de ces audiences n'est pas économique. Le procureur demande trois mois de prison avec sursis. Au moment du délibéré, Benoît Artigues est très solennel : « Monsieur, vous êtes donc reconnu coupable, vous avez fait preuve de mauvaise foi dans la prise en charge de votre fille. Je vous rappelle que dans le code civil c'est une obligation naturelle de prendre en charge ses enfants, lorsqu'ils ne sont pas autonomes […] Vous êtes condamné à un mois de prison avec sursis. Est-ce que votre fille est autonome aujourd'hui ? Vous ne savez même pas, c'est révélateur de votre intérêt pour votre fille. Et, si ça continue, vous aurez une nouvelle plainte contre vous, et cette fois-ci, ce sera de la prison ferme. Madame s'est constituée comme partie civile, ce qui est recevable. Vous êtes condamné à lui verser 1 000 euros au titre du préjudice moral en plus de 800 euros au titre de l'article 475-1. Par ailleurs, le tribunal n'est pas exécutoire pour ce qui est de la récupération des pensions alimentaires et arriérés, cela se fera devant le juge aux affaires familiales. »

La procédure pénale a donc principalement pour enjeu de faire un rappel solennel à la loi, faire peur au père mauvais payeur (qui risque une peine de prison pour cela) et établir le préjudice moral. D'un point de vue économique, le jugement pénal apporte une pièce en plus à la créancière de pensions alimentaires impayées pour engager des saisies sur les rémunérations de son conjoint. Mais son parcours de combattante pour recouvrer les pensions alimentaires impayées n'est pas terminé.

### Recouvrer les pensions alimentaires impayées : une nouvelle mission pour la CAF ?

En septembre 2019, la création d'un service public de versement des pensions alimentaires est annoncée à grand renfort de publicité par la ministre de la Justice Nicole Belloubet, ainsi que les secrétaires d'État à la solidarité Christelle Dubos et à l'égalité hommes-femmes Marlène Schiappa[31]. Cette réforme est présentée comme une réponse aux revendications économiques des femmes élevant seules leurs enfants présentes sur les ronds-points, au moment du mouvement des Gilets jaunes. À partir de juin 2020, à la demande des parents, et dès le jugement de divorce ou la convention de séparation, la CAF ou la MSA pourront jouer le rôle d'intermédiaire en prélevant la somme sur le compte du parent débiteur pour la remettre au parent bénéficiaire, ce qui permet d'éviter le contact entre les deux parents, notamment en cas de violences conjugales, et de prévenir les impayés. En cas d'impayés déclarés, et à la demande de la créancière, la CAF peut entreprendre les procédures de recouvrement (jusqu'à vingt-quatre mois) auprès du débiteur. Dans l'attente de la régularisation de la situation, la CAF peut verser une ASF de 115 euros par mois et par enfant si le parent est isolé, autrement dit si la mère ne s'est pas remise en couple. Ce système pourra être étendu à partir de 2021 à l'ensemble des parents qui en font la demande, y compris des couples séparés depuis longtemps.

Présenté comme une « révolution », ce dispositif existait en réalité déjà en grande partie. Depuis 2014, l'expérimentation de la garantie contre les impayés de pension alimentaire (GIPA) dans vingt caisses d'allocations familiales a renforcé le rôle de ces dernières dans le recouvrement des pensions alimentaires. Ce rôle a été conforté en janvier 2017 par la création, à l'échelle nationale, de l'Agence de recouvrement des impayés de pensions (ARIPA) au sein de la CAF et de la MSA. La seule nouveauté en 2019 réside dans la publicité faite à ce dispositif jusqu'ici méconnu, et le fait que l'intermédiation de la CAF ou de la MSA puisse être enclenchée dès la séparation (et non plus seulement en cas d'impayé avéré).

La sociologue Émilie Biland a étudié en temps réel la mise en place de cette agence de recouvrement au sein de la CAF depuis les annonces des politiques de tous bords (de Nicolas Sarkozy en 2012 à Emmanuel Macron en 2019, en passant par Najat Vallaud-Belkacem et Laurence Rossignol en 2014), jusqu'à l'avancée du dossier dans les différentes instances de l'État. Elle a consulté l'ensemble des rapports portant sur cette réforme, interviewé les hauts fonctionnaires qui l'ont promue ainsi que des militantes féministes qui se sont ou non prononcées publiquement sur le sujet. Émilie Biland qualifie de « relance en trompe l'œil » ces récentes initiatives en matière de pensions alimentaires impayées[32].

En 2017, selon l'Union des caisses nationales de la Sécurité sociale, seulement 10 % des victimes d'impayés de pension alimentaire ont effectivement fait appel à la CAF[33]. Une étude menée par la CAF elle-même auprès de ses allocataires reconnaît que les démarches concernant l'ASF sont complexes et les exigences administratives élevées, décourageant fortement les créancières de pensions alimentaires impayées[34]. Émilie Biland montre aussi que la plupart des associations féministes sont peu mobilisées sur cette question : soit elles se concentrent sur les violences faites aux femmes, soit elles n'ont tout simplement pas participé au débat concernant la mise en place de l'agence de recouvrement des pensions alimentaires au sein de la CAF.

Seul le collectif « Abandon de famille-Tolérance zéro », créé en 2012, a pris publiquement position contre les « violences économiques faites aux femmes et aux enfants » au cours des séparations conjugales. Sa cofondatrice, Stéphanie Lamy, regrette les insuffisances de l'Agence de recouvrement des impayés, ancienne comme nouvelle formule. Elle dénonce d'abord le fait que l'ASF – qui est versée par la CAF en substitution de la pension alimentaire impayée – n'est versée que si la mère séparée ne vit pas de nouveau en couple : « Cela signifie donc que ces femmes sont soit sous la tutelle d'une administration d'État, soit sous celle d'un compagnon[35]. » Elle regrette ensuite les délais de traitement de l'ASF par la CAF qui prennent plusieurs mois et le fait que les procédures civiles soient mutuellement exclusives : « Si les ayants droit ont eu recours à d'autres procédures civiles de recouvrement – huissiers, Trésor public – ils n'ont pas le droit à l'ASF. À l'inverse, il n'est pas possible de saisir un huissier quand un dossier est en cours à la CAF », estime Stéphanie Lamy[36]. Enfin, le dispositif n'est pas automatique, il est mis en œuvre à la demande de la créancière uniquement, ce qui continue à enfermer les femmes dans une situation de « pleurnicheuses », responsables de tout le travail administratif : « Toutes les démarches devraient être faites par celui qui doit de l'argent et non les mères qui sont déjà seules et doivent en plus s'occuper des enfants[37]. »

D'autres choix politiques sont possibles. Le Québec, toujours cité en exemple, parce que pionnier dans la mise en place d'un système de recouvrement public des pensions alimentaires dès 1975, a confié cette tâche au fisc, une administration autrement plus dissuasive et contraignante vis-à-vis des pères qui ne paient pas leur pension alimentaire (en particulier dans les classes supérieures)[38]. En choisissant la CAF plutôt que le Trésor public, et en continuant à mettre en œuvre ces mesures de recouvrement à la demande des créancières, l'État français place toujours les femmes en première ligne du travail administratif et en position de demandeuses, tout en protégeant les revenus des hommes de classes populaires.

Enfin, on peut remarquer que le dispositif de recouvrement des pensions alimentaires par la CAF est en pratique réservé aux classes populaires. Parce que la CAF gère en grande partie les prestations sociales (RSA, allocation logement, etc.), elle a une bonne connaissance de l'ensemble du dossier des deux parents lorsqu'ils sont tous les deux allocataires. Ce sont ainsi les revenus officiels des pères de classes populaires qui commencent à être contrôlés. Il n'en est pas de même pour les pères de classes moyennes et supérieures, qui ont moins, voire pas du tout, affaire à la CAF et dont les revenus sont plus difficilement contrôlables[39]. Par ailleurs, le dispositif de recouvrement des pensions alimentaires par la CAF présente moins d'intérêt pour les femmes de classes moyennes et supérieures qui sont susceptibles de toucher des pensions alimentaires plus élevées que les 115 euros par mois et par enfant de l'ASF, le différentiel entre la pension alimentaire déterminée par le JAF et l'ASF n'étant pas compensé par l'Agence de recouvrement.

## Le contrôle du budget et de la sexualité des femmes

L'anthropologie, depuis *L'Essai sur le don* de Marcel Mauss[40], nous apprend que le don grandit celui qui donne et abaisse celui qui reçoit. À la suite d'une séparation conjugale, dans les classes populaires, nombre d'hommes n'ont pas les moyens d'accéder à la posture généreuse de donateur. Nombre de femmes, qui n'osent réclamer ce qui leur est dû, préfèrent vivre dans des conditions matérielles difficiles plutôt que de prolonger ce rapport de pouvoir avec leur ex-conjoint. Elles se tournent alors vers les administrations sociales pour subvenir aux besoins de leurs enfants et d'elles-mêmes – notamment la CAF qui propose des prestations sociales spécifiques aux familles monoparentales (ASF, allocation de parent isolé intégrée dans le RSA depuis 2009), ou non spécifiques (allocations familiales, aides au logement, etc.).

En France, dans les classes populaires, la redistribution publique compense une partie des inégalités économiques entre les sexes. Les mères appauvries après une séparation sont renvoyées à la prise en charge par l'État social. Au tournant des années 1980, la création d'allocations spécifiques pour les familles monoparentales apparaît comme une alternative à la mise en place d'un système de recouvrement des pensions alimentaires impayées et à une réflexion sur le montant de ces pensions, au moment où la faiblesse des pensions effectivement versées est attribuée aux difficultés économiques rencontrées par les hommes – chômage et précarité des salaires qui commencent à se développer avec la crise[41]. En 2010, la mise en place d'un barème en matière de pensions alimentaires s'inscrit dans la même perspective. Par rapport à la jurisprudence, il diminue encore les pensions alimentaires pour les pères pauvres – qui sont généralement celles destinées aux mères pauvres –, considérant que c'est l'aide sociale qui doit venir secourir les mères en difficulté.

La situation est bien différente en Amérique du Nord, où les femmes séparées de classes populaires pâtissent davantage qu'en France du tournant néolibéral des politiques sociales, sans non plus bénéficier de transferts économiques substantiels de leur ex-conjoint[42]. Vu des États-Unis, où les hommes de classes populaires, notamment lorsqu'ils sont noirs, sont criminalisés quand ils ne parviennent pas à payer leur pension alimentaire, la situation française peut paraître satisfaisante.

Pourtant, à y regarder de plus près, l'aide sociale et familiale à la française présente un coût pour les femmes : celui du contrôle de l'État sur leur vie intime – leur budget et leur sexualité. Au tribunal, ce sont le plus souvent les mères qui sont censées fournir des factures, des extraits de compte, des justificatifs de dépenses de santé, des certificats de scolarité ou encore d'inscription à des activités de loisirs, mais aussi de justifier du partage ou non de ces charges avec un nouveau compagnon[43]. Quand leur ex-conjoint est déclaré impécunieux, même s'il gagne parfois deux fois plus qu'elles sans la charge des enfants, elles doivent se tourner vers l'aide sociale. Or la CAF ne soutient pas des femmes séparées mais des mères *pauvres* (certaines prestations sont sous condition de ressources) et *isolées* : pour bénéficier des prestations sociales réservées aux familles monoparentales, il faut ainsi faire régulièrement la preuve de ne pas s'être remise en couple.

Quelles sont les conséquences de ce choix politique ? La première est celle qui consiste à maintenir les femmes en position de demandeuses. Tandis que les pères de leurs enfants sont exonérés – ou presque – du paiement d'une pension, les mères ont la charge exclusive des démarches à effectuer auprès de l'État social pour obtenir des allocations qui leur permettront de joindre les deux bouts. Elles assurent l'essentiel du travail de « gestionnaire de l'ingérable », qui consiste à tenir un équilibre budgétaire jusqu'à la fin du mois en privant le moins possible leurs enfants[44]. Alors même qu'elles apportent la principale contribution à l'entretien et à l'éducation des enfants en les prenant en charge quotidiennement, ce sont elles qui se retrouvent en position de demandeuses d'une pension, d'une allocation, et qui doivent justifier régulièrement de leur situation financière et conjugale.

À la fin du XIXe siècle, la militante féministe et anarchiste Louise Michel écrivait dans ses mémoires : « Esclave est le prolétaire, esclave entre tous est la femme du prolétaire[45]. » Au début du XXIe siècle, à l'heure où se généralisent les séparations conjugales, on peut affirmer qu'esclave entre tous est l'ex-femme du prolétaire, assignée au travail domestique gratuit et condamnée à être dépendante financièrement soit de l'État, soit d'un nouveau conjoint.

# Conclusion

Si Marx définissait les rapports de classes à partir de la propriété d'un capital productif opposée à la détention de la seule force de travail, les hiérarchies sociales et les rapports d'exploitation au XX^e siècle dans les pays occidentaux ont été transformés par la généralisation de la condition salariale et découlent largement des certifications scolaires. C'est ainsi entre le travail et l'école que les sociologues ont examiné la construction des rapports sociaux de classes. Mais, en ce début de XXI^e siècle, les différences de conditions de vie et de statut social sont de plus en plus liées à la transmission familiale d'un capital économique.

Le constat statistique est sans appel : dans le capitalisme contemporain, les inégalités de richesse s'accentuent. Des groupes sociaux s'approprient le capital économique et parviennent à le transmettre à leurs enfants, tandis que d'autres en sont durablement privés. S'intéresser à la place renouvelée du capital économique dans les mécanismes de reproduction nécessite une nouvelle approche, qui réinterroge les classes sociales à partir des rapports familiaux et des inégalités de genre.

## Du capital au XXI^e siècle au genre du capital

Jusqu'à présent, ce sont surtout des économistes, Thomas Piketty en tête, qui ont étudié l'accroissement des inégalités de richesse. Par rapport à l'ouvrage *Le Capital au XXI^e siècle*, nous opérons un double déplacement.

D'abord, notre perspective sociologique, prenant au sérieux l'existence des classes sociales, montre un rapport différencié des familles au droit, qui a des effets sur la mesure statistique des inégalités de richesse. Les classes possédantes qui cumulent capital économique et capital culturel ont la possibilité de ne pas déclarer tout ce qu'elles possèdent et transmettent à leurs enfants, et utilisent cette possibilité. Les classes possédantes les moins dotées en capital culturel, qui sont aussi moins fortunées, rencontrent davantage de difficultés pour protéger leurs richesses du contrôle de l'État. Quant aux familles essentiellement dotées en capital culturel, elles ont nettement moins de dispositions à sous-déclarer ce qu'elles possèdent. Enfin, les classes populaires dépourvues de capitaux culturels et économiques voient leurs économies particulièrement exposées et fragilisées dans le contact avec les administrations. Ainsi, les modalités socialement situées de confrontation avec le droit de la famille et de la propriété produisent des différences dans la maîtrise de l'officialisation des patrimoines. Les descriptions statistiques des inégalités de richesse entre les classes sociales sont donc en dessous de la réalité.

Ensuite, nous tenons compte de la dimension familiale du patrimoine. Les économistes qui s'intéressent aux inégalités de richesse saisissent le patrimoine au niveau du ménage, sans interroger la distribution entre les personnes qui le composent et les relations entre ces dernières. Au contraire, nous nous sommes demandé qui possède quoi dans le ménage et pourquoi. Malgré des données parcellaires, liées au mode de construction des enquêtes statistiques, nous avons montré l'intérêt de déconstruire l'unité d'observation qu'est le ménage, pour donner à voir une partie des inégalités patrimoniales entre hommes et femmes. Le travail ethnographique que nous avons mené auprès des familles révèle aussi qu'hommes et femmes ne détiennent pas le même pouvoir d'appropriation sur ce qu'ils et elles possèdent. Les professionnel·les du droit participent à la sous-évaluation des richesses masculines en légitimant un partage inégalitaire des biens familiaux. L'écart de patrimoine de 16 % entre hommes et femmes mesuré en 2015 à partir des données de l'enquête « Patrimoine » de l'INSEE ne constitue que la partie émergée de l'iceberg des inégalités de genre.

## Pour une sociologie féministe de la famille

Ces vingt dernières années, les études sur le genre ont gagné en visibilité et en légitimité dans les sciences sociales en France[1]. Comme les autres chercheuses de notre génération, nous nous sommes approprié « en même temps et avec le même enthousiasme[2] » des propositions théoriques diverses, ancrées dans des cultures scientifiques différentes, sans toujours percevoir les lignes de partage épistémologiques et politiques entre les différentes approches « matérialistes », « post-structuralistes », « queer »...[3]. Au tournant des années 2000, à un stade précoce de notre parcours académique, nous avons été formées aux *gender studies* anglophones (aux États-Unis et en France), en même temps que nous étudiions dans le désordre et de façon autodidacte des travaux féministes français. Ayant lu le texte fondateur de Joan Scott, « Genre : une catégorie utile d'analyse historique[4] », nous revendiquions collectivement de bousculer les champs de recherche dans lesquels nous étions en train de faire nos preuves (sociologie de la famille, sociologie économique, sociologie du travail indépendant...), en chaussant les lunettes du genre et en le pensant comme un rapport de pouvoir[5].

Une fois en poste au CNRS ou à l'Université, davantage que nos aînées, nous avons pu assumer une approche *féministe* dans nos recherches et nos enseignements[6], sans que nos qualités scientifiques ne soient disqualifiées comme « militantes », comme ce fut trop souvent le cas pour les générations précédentes[7]. Car c'est un apport essentiel des études sur le genre que de mettre au jour et de contester la perspective androcentrée des connaissances[8]. Comme tous les savoirs critiques qui s'attachent à décrire des rapports de pouvoir, les études sur le genre en sciences sociales proposent une vision de l'objectivité scientifique fondée non pas sur une feinte neutralité, mais sur un travail réflexif de prise en compte de la position sociale et politique de la chercheuse, en même temps que sur la mise en œuvre de critères d'objectivation (explicitation des hypothèses et des méthodes, critique des sources, cohérence de la démonstration...)[9].

Par son objet – l'étude des rapports économiques dans la famille –, ce livre est un retour aux thèmes privilégiés du féminisme matérialiste des années 1970, qui théorisait et dénonçait l'« économie politique du patriarcat », soit la domination du père de famille qui exploite le travail non rémunéré de son épouse et se l'approprie[10]. Les études sur le genre et le mouvement féministe ont toutefois délaissé en grande partie ces questions. Certes, les difficultés des militantes féministes à porter des revendications dans le cadre de la famille hétéronormée se retrouvent dans d'autres contextes nationaux, comme en témoigne Silvia Federici en rendant compte des discussions autour de la revendication d'un salaire ménager aux États-Unis[11], mais il y a aussi une spécificité française à cet abandon.

En France, dans les années 1980, les féministes matérialistes ont surtout investi le champ de la sociologie du travail, professionnellement plus légitime que celui de la famille et qui constituait un espace privilégié de discussion avec le marxisme[12]. Dans cette période, toute une génération de chercheuses se sont consacrées aux inégalités entre hommes et femmes dans le monde professionnel[13]. Même si ces chercheuses ont contribué à conceptualiser le travail au-delà de la dichotomie entre sphères professionnelle et privée, elles ont reconduit cette dichotomie au travers de leurs choix d'objets et de terrains, qui privilégiant le travail marchandisé.

Ce désintérêt pour la famille accompagne aussi les orientations du féminisme d'État en France. Du fait des relents conservateurs de la politique familiale menée depuis le XIX^e^ siècle dans une perspective nataliste[14] s'est imposée l'idée chez les féministes françaises que l'émancipation des femmes se joue d'abord dans la sphère professionnelle. Celles qui promeuvent la cause des femmes dans les institutions se sont ainsi emparées du thème de l'égalité professionnelle et ont délaissé celui de la réduction des inégalités économiques produites dans les rapports familiaux[15].

Dans la sphère militante radicale, en partie pour les mêmes raisons, les féministes ont aussi laissé de côté cette revendication, au bénéfice de la promotion de modèles familiaux alternatifs et de la question des droits des personnes LGBTQI+. Les études sur le genre qui ont incorporé la critique *queer* se concentrent ainsi, en France comme aux États-Unis, sur l'analyse du poids de la sexualité hétéronormée et du rapport au corps dans la construction du genre[16].

Les masculinistes ont été plus prompts que les féministes à se saisir de la thématique des rapports familiaux, notamment en politisant le moment des séparations conjugales qu'ils ont présenté comme une « justice de femmes, rendue par des femmes, en faveur des femmes[17] ». Dans les champs militant comme scientifique, la lutte contre les violences faites aux femmes a néanmoins relancé l'intérêt pour les rapports de domination physique inscrits dans les rapports familiaux, plusieurs travaux récents questionnant la prise en charge de ces violences par les pouvoirs publics[18]. Il n'est d'ailleurs pas anodin que les collectifs féministes usent avec succès du vocable de la « violence économique faite aux femmes et aux enfants » pour faire entendre leurs revendications sur les impayés de pensions alimentaires. Notre travail de recherche s'inscrit dans cet intérêt scientifique et militant renouvelé pour les rapports de domination dans la famille.

## Le genre pour revisiter les stratégies familiales de reproduction

Notre ouvrage invite à revisiter et à redéployer le concept bourdieusien de *stratégies familiales de reproduction* depuis un point de vue féministe.

En effet, la sociologie de Pierre Bourdieu occupe une place centrale et paradoxale dans notre réflexion. Nous trouvons dans les premiers travaux de Bourdieu sur les sociétés paysannes de la Kabylie et du Béarn une boîte à outils conceptuelle précieuse pour penser la reproduction par la transmission familiale du capital économique. Toutefois, une grande partie de la sociologie bourdieusienne a consisté à adapter ces concepts à la France de l'après-Seconde Guerre mondiale, caractérisée par le développement du salariat. Prolongeant cette perspective, plusieurs travaux ont mis en évidence des stratégies familiales éducatives, variables selon les milieux sociaux[19], et leurs conséquences sur les rapports des individus à leurs proches. Dans *La Misère du monde*, la famille est analysée comme un lieu de production de dilemmes moraux, de culpabilités et parfois de souffrances pour l'héritier, hérité par son héritage dans un monde qui n'est plus tout à fait le même que celui de la génération précédente. Pierre Bourdieu y rédige un texte très personnel sur l'héritage, lieu de contradictions entre les aspirations et les ambitions du père pour son fils, et l'appropriation par le fils de cet héritage[20].

L'emprunt du vocabulaire de l'héritage, des héritiers et du capital au registre économique pour désigner les transmissions familiales culturelles ne doit pas servir à occulter les transmissions économiques sonnantes et trébuchantes. Il est indispensable aujourd'hui d'articuler capital économique et capital culturel pour penser la reproduction. Par exemple, dans les quartiers gentrifiés autour de Paris, des hommes et des femmes qui cumulent suffisamment de capitaux culturels et économiques hérités parviennent à « rester bourgeois » en dépit de positions professionnelles parfois fragiles dans des carrières intellectuelles ou artistiques, grâce à des investissements immobiliers particulièrement rentables. Non seulement ces personnes investissent au bon endroit et au bon moment grâce à des aides familiales, mais leur présence même accroît la valeur de leur bien. Leur patrimoine immobilier se valorise d'autant plus qu'arrivent dans leur quartier des classes possédantes à capital économique qui rachètent leurs logements à prix fort[21]. L'accroissement des prix immobiliers dans les grands centres urbains rend difficile, par contraste, le maintien du statut social des familles dotées essentiellement de certifications scolaires, qu'elles peinent désormais à convertir en capital économique.

Peu de travaux analysent les rapports de domination à l'intérieur de ces familles, et les inégalités que les stratégies familiales de reproduction engendrent en leur sein, notamment selon le genre et le rang dans la fratrie[22]. Les femmes sont aujourd'hui plus diplômées que les hommes. Cette réussite leur a permis, dans certaines familles, de porter plus ou moins incidemment les espoirs d'ascension sociale de leurs parents. Mais cela n'a empêché ni l'augmentation des inégalités de richesse en leur défaveur ni leur maintien dans des positions professionnelles subalternes : alors qu'elles sont aujourd'hui majoritairement plus diplômées que leurs conjoints, elles gagnent toujours 42 % de moins et accèdent moins souvent à la position de cadre. Ce constat pose la question du genre du capital culturel : si les femmes disposent indéniablement de ressources culturelles et scolaires, parfois supérieures à celles des hommes, peuvent-elles les capitaliser de la même manière ? Il est nécessaire aujourd'hui d'articuler capitaux économiques et capitaux scolaires pour mieux saisir les stratégies familiales de reproduction et leurs effets sur les trajectoires sociales des hommes et des femmes, ancrées dans différents milieux sociaux.

Comme nous l'avons vu tout au long du livre, les inégalités entre hommes et femmes sur le marché du travail restent, de fait, très importantes. Elles sont liées à des processus discriminatoires spécifiques aux mondes professionnels (qu'on pense aux *men's clubs* ou à la difficile prise de parole des femmes dans les organisations syndicales), mais pas seulement. Elles découlent pour partie d'orientations scolaires genrées mises en œuvre par l'école, qui dirigent les filles vers des carrières moins rémunératrices financièrement et symboliquement, mais pas seulement. Le rapport différencié des hommes et des femmes au travail et aux rémunérations qu'on peut en attendre se construit d'abord – d'un point de vue chronologique – dans la famille.

C'est au plus jeune âge que s'apprennent, dans la sphère familiale, le goût des rétributions financières et symboliques, comme le désintéressement et le dévouement[23]. Ces apprentissages différenciés ne découlent pas mécaniquement du sexe, mais ils sont genrés. S'ils dépendent aussi du rang de naissance comme de la configuration sexuée des fratries, ils aboutissent à des inégalités manifestes entre hommes et femmes. Car, comme nous le montrons, ils s'articulent à des rôles féminins et masculins dans les stratégies familiales d'accumulation et de reproduction du capital économique, qui s'actualisent tout au long de la vie : porteurs privilégiés du statut social de la famille, les fils bénéficient plus tôt de transferts économiques, qui leur permettent d'accumuler ensuite plus rapidement et plus efficacement ; ils héritent plus souvent de biens que leurs sœurs, qui reçoivent plus fréquemment des compensations en liquide, à l'équité incertaine.

Ces transmissions différenciées et les dispositions genrées auxquelles elles s'articulent se combinent ensuite à la division sexuée des tâches dans les couples hétérosexuels. Encore aujourd'hui, les femmes se spécialisent dans le travail domestique gratuit, tandis que les hommes se concentrent sur leur carrière professionnelle. Ils portent de façon privilégiée le statut social de leur famille d'origine, mais aussi celui de leur couple et de leurs enfants.

Pendant ce temps, *les femmes travaillent, mais n'accumulent pas*. En cas de séparation conjugale, cet appauvrissement devient manifeste. La boucle est bouclée : la fragilité économique des femmes, accentuée par la montée des ruptures et l'individualisation des patrimoines au nom de leur « autonomie », renforce leur illégitimité d'héritières dans leurs familles d'origine. Si le genre du capital culturel interroge à l'heure du bilan de la seconde démocratisation scolaire[24], le genre du capital économique s'avère résolument masculin. Et ce constat n'a rien d'anodin alors que les inégalités de richesse structurent de plus en plus les inégalités de condition et de position.

## Un droit formellement égalitaire qui légitime l'inégalité

Les processus d'enrichissement des hommes et de dépossession des femmes tout au long de la vie ne se jouent pas seulement dans l'intimité des relations familiales. Malgré un droit de la famille et de la propriété formellement égalitaire, nous avons montré combien sa mise en œuvre contribuait à légitimer et invisibiliser l'inégalité de richesse entre les hommes et les femmes.

Les professions libérales du droit (notaires et avocat·es) participent à la production de comptabilités officielles qui, sous couvert de préserver les intérêts des familles (notamment grâce à l'optimisation fiscale), s'avèrent sexistes. En matière d'héritage, au lieu de faire l'inventaire et l'évaluation de l'ensemble d'une succession puis de la diviser en parts égales, les notaires entérinent l'attribution des biens les plus significatifs aux héritiers masculins puis ajustent l'inventaire et l'évaluation des autres biens pour construire *a posteriori* un partage officiellement égalitaire. Ils mettent en œuvre le même type de *comptabilités inversées* lors de la liquidation des patrimoines conjugaux, en collaboration avec les avocat·es. Ces mécanismes sont d'autant plus manifestes dans les familles les plus riches, au sein desquelles les hommes auraient les moyens de verser des compensations importantes à leurs sœurs et à leur ex-épouse. Grâce aux conseils de nombreux professionnel·les sensibles à leurs intérêts (avocat·es fiscalistes, comptables, banquiers, notaires, gestionnaires de fortune, etc.), ils négocient des compensations suffisamment faibles pour garder la propriété des biens qui garantissent le maintien de leur statut social.

L'intervention de l'institution judiciaire compense peu ces inégalités. D'abord, l'essentiel des successions et les liquidations de régime matrimonial se règle dans le huis clos des cabinets de notaires et d'avocat·es. Ensuite, de nombreuses magistrates, fières de concilier carrière professionnelle et charges familiales, accordent peu de légitimité aux outils juridiques (comme la prestation compensatoire) qui permettraient d'assurer un capital ou un revenu conséquent à une femme au foyer divorcée. Comme leurs collègues masculins, elles sont largement aveugles à la valeur du travail domestique, notamment à ce que le travail gratuit des femmes rapporte aux hommes qui ne sacrifient rien de leur carrière professionnelle. Surtout, ces outils de compensation sont réservés aux plus riches : il faut du capital pour les mettre en œuvre.

Dans les classes moyennes, l'accumulation et la transmission du capital culturel comme de la propriété reposent sur une mobilisation conjugale que les séparations fragilisent. Le droit et ses professionnel·les contribuent alors à faire payer aux femmes le prix des séparations conjugales, pour que les enfants puissent espérer hériter d'une maison, continuer à fréquenter une école privée ou encore reprendre la petite entreprise familiale.

Face à la situation des couples de classes populaires, qui sont pourtant très souvent inégalitaires, les juges aux affaires familiales s'avèrent particulièrement soucieux et soucieuses de ne pas décourager le travail masculin, pensé comme un modèle pour les enfants. Ils et elles sont prompt·es à déclarer les pères impécunieux ou à fixer des pensions alimentaires peu élevées, renvoyant les femmes aux prestations de la CAF pour boucler les fins de mois.

Ce livre montre que, dans tous les milieux sociaux, selon des modalités différentes, la mise en œuvre pratique du droit de la famille et de la propriété, formellement égalitaire légitime l'appauvrissement des femmes et l'enrichissement des hommes plutôt qu'elle ne les tempère. Nous contribuons ainsi à la littérature, relativement nouvelle en France, sur le genre du droit[25].

## Le genre au cœur de la société de classes contemporaine

La confrontation des hommes et des femmes, riches ou pauvres, diplômé·es ou non, au droit de la famille et de la propriété, est un des lieux d'observation de l'articulation complexe entre capital économique et capital culturel dans la mise en œuvre des stratégies familiales de reproduction. Le rapport des hommes et des femmes aux notaires, aux avocat·es et aux juges ne dépend pas seulement de leur niveau de richesse, mais aussi de la proximité ou de la distance sociale qui permet de nouer une relation de confiance ou de défiance, de complicité ou d'hostilité, d'identification ou d'étrangeté, d'aisance ou d'intimidation.

Les rapports sociaux de classes qui s'élaborent dans le rapport au droit, à ses professionnel·les, à l'État s'avèrent aussi éminemment genrés. Au bas de l'échelle sociale, les femmes gèrent la misère et l'essentiel des confrontations aux administrations. Quand elles sont séparées, on les renvoie aux guichets de l'État social plutôt que de faire payer leur ex-conjoint et de le confronter, lui, à l'humiliation d'une position de demandeur et d'assisté. Dans les classes moyennes et supérieures, selon l'existence ou non d'un patrimoine, selon sa composition et son importance, la socialisation au droit et les formes genrées de cette socialisation varient. Lorsque le patrimoine se limite à une résidence principale acquise par le couple, hommes et femmes se confrontent ensemble aux professionnel·les du droit. Lorsque sa valeur augmente et qu'il se diversifie, en particulier s'il comporte du patrimoine professionnel, les hommes tendent à établir un rapport privilégié avec les notaires et les avocat·es. Tout en haut de l'échelle sociale, les hommes s'arrogent le pouvoir sur l'argent et la domestication des administrations, notamment fiscales.

Du fait de ces rapports différenciés au droit et à ses professionnel·les, certaines familles s'approprient les richesses en même temps que, dans toutes les familles, les femmes s'appauvrissent au bénéfice des hommes. Ce n'est pas seulement que les inégalités de genre se déclinent dans tous les milieux sociaux : les rapports sociaux de classes et la domination masculine sont indissociables. La reproduction de l'ordre du genre se joue dans les processus de conservation et de transmission des richesses au sein des différentes classes sociales. Réciproquement, la reproduction de l'ordre de classe repose sur des processus d'enrichissement des hommes et d'appauvrissement des femmes. À l'heure où les richesses familiales déterminent de plus en plus le statut social des individus, on ne peut pas combattre les inégalités entre hommes et femmes sans s'attaquer aux inégalités de classes, et on ne pourra abolir la société de classes sans renverser l'ordre du genre.

# Liste des matériaux

## Sources statistiques

Sauf mention contraire dans les notes bibliographiques, les données statistiques issues de l'exploitation des enquêtes « Patrimoine » de l'INSEE de 2004 et 2015, ont été produites par Sibylle Gollac.

L'ouvrage s'appuie également sur l'exploitation d'une base de données, intitulée « Base 4 000 Affaires familiales », construite à partir d'un échantillon aléatoire de 3 000 décisions rendues dans sept TGI et de 1 000 décisions rendues dans deux cours d'appel en 2013, par des juges aux affaires familiales.

Entre 2015 et 2017, l'équipe Ruptures, désormais Justines (dont nous faisons partie), a plus précisément saisi 2 983 dossiers en matière familiale dont la dernière décision a été rendue en 2013 dans sept TGI relevant de deux cours d'appel. L'échantillonnage, à hauteur de 10 % des décisions rendues, a été effectué par tirage au sort à partir des numéros de dossiers du Répertoire général civil fournis par le ministère de la Justice.

Suivant les grands types de procédures, trois bases ont été constituées : divorce par consentement mutuel ; divorce contentieux (autre que par consentement mutuel) ; hors ou postdivorce (pour les parents jamais mariés ou déjà divorcés). Selon la base, entre 800 et 2 500 variables ont été saisies pour chaque affaire. Ces variables renseignent sur les caractéristiques sociodémographiques des justiciables et de leurs éventuels enfants (y compris activité professionnelle et situation résidentielle), les caractéristiques de leurs dossiers (présence ou non d'avocat·es, taille des conclusions, pièces versées, etc.), les demandes des justiciables et les différentes décisions rendues. Quand elles ont eu lieu, nous avons également renseigné les expertises, les auditions d'enfants, les procédures familiales antérieures ainsi que les autres procédures judiciaires dans lesquelles sont impliquées les parties. 10 % des dossiers saisis correspondent à des procédures interrompues avant que les demandes des parties aient été statuées sur le fond par un·e juge – ces dossiers sont exclus de cette analyse.

La catégorie socioprofessionnelle des justiciables a été codée à partir des différentes sources présentes dans les dossiers, en privilégiant la plus récente. 82 % des justiciables ont pu être classés selon la nomenclature agrégée des PCS (y compris les retraités dont on connaît la PCS antérieure). Sur les 18 % dont on ne connaît pas la PCS, 5 % sont des inactifs et inactives non retraité·es ; 8 % des personnes en emploi, chômeuses ou retraitées dont on ne connaît pas la dernière profession. Les justiciables dont on ne connaît ni la profession ni l'activité représentent 5 % de l'échantillon. Le genre des justiciables a toujours été saisi par leur sexe (masculin ou féminin) à l'état civil, systématiquement disponible dans les dossiers.

La lectrice et le lecteur trouveront les résultats statistiques originaux sur lesquels nous nous appuyons et les conditions précises de leur production en ligne : http://justines.cnrs.fr/les-actualites/le-genre-du-capital/.

## Matériaux ethnographiques

### *Chapitre 2*

Monographie Pilon, réalisée par Sibylle Gollac entre 2001 et 2003.

Entretien enregistré avec Roseline Pilon, réalisé par Sibylle Gollac en mars 2002.

Entretien avec Claire Coulemelle, réalisé par Sibylle Gollac en janvier 2002.

Entretien avec Sylvain Coulemelle, réalisé par Sibylle Gollac en octobre 2001.

Entretien enregistré avec Alain Coulemelle, réalisé par Sibylle Gollac en mai 2002.

Entretien enregistré avec Sabrina Legendre, réalisé par Sibylle Gollac en mai 2005.

Entretien enregistré avec Christine Saignole, réalisé par Sibylle Gollac en mai 2005.

Journal de terrain de Sibylle Gollac : 08/04/2005, 05/08/2006, 30/10/2006, 05/01/2007, 28/07/2007, 01/08/2007, 07/05/2008, 23/08/2008, 18/01/2009, 08/07/2009, 23/07/2009, 27/12/2010, 22/02/2012.

Entretien enregistré avec Jeanne Le Vennec, réalisé par Sibylle Gollac en janvier 2002.

Entretien enregistré avec Éric Le Vennec, réalisé par Sibylle Gollac en avril 2002.

*Chapitre 3*

Observation du rendez-vous de Ginette Durand au cabinet de Grâce Dupont-Bernard, barreau de l'Ouest, réalisée par Céline Bessière et Camille Phé, en février 2014.

Dossier du « PDG bien entouré » consulté par Céline Bessière et Émilie Biland dans un TGI du sud-est de la France en mars 2010.

Observation dans le bureau de la juge Brigitte Cigliano à la cour d'appel de Paris, réalisée par Céline Bessière en décembre 2014.

Entretien enregistré avec le notaire Sébastien Dargy dans le sud-ouest, réalisé par Céline Bessière et Sibylle Gollac en octobre 2015.

Entretien enregistré avec le notaire Jérôme Poly dans l'Ouest, réalisé par Céline Bessière et Sibylle Gollac en février 2016.

Entretien enregistré avec Marc Pouget dans le sud-ouest, réalisé par Céline Bessière et Sibylle Gollac en octobre 2015.

Entretien enregistré avec l'avocat Yves Le Floch, barreau de l'Ouest, réalisé par Camille Bertin et Gabrielle Schütz en février 2014.

Observation de quatre rendez-vous au cabinet de Grâce Dupont-Bernard, barreau de l'Ouest, réalisée par Céline Bessière et Camille Phé en février 2014.

Observation du rendez-vous de Nathalie Mougins avec Michèle Abitbol, barreau de l'Ouest, réalisée par Céline Bessière et Sibylle Gollac en février 2016.

Entretien enregistré avec l'avocate Cécile Martin-Dubois à Paris, réalisé par Céline Bessière, Aurore Koechlin et Camille Phé en novembre 2014.

Entretien avec Carole Jouve à Paris, réalisé par Anna Chamfrault et Sibylle Gollac en novembre 2014.

Entretien enregistré avec le notaire Jean-Pierre Chartrain à Paris, réalisé par Céline Bessière en janvier 2015.

Entretien enregistré avec le notaire Cédric Le Guen en Normandie, réalisé par Céline Bessière en janvier 2015.

Entretien enregistré avec Jeanne Le Vennec, réalisé par Sibylle Gollac en janvier 2002.

Observation à la maison des avocats d'un barreau de l'Ouest, réalisé par Camille Bertin, Sibylle Gollac et Gabrielle Schütz en février 2014.

Entretien enregistré avec l'avocat Arnaud Thiercelin, barreau de l'Ouest, réalisé par Anaïs Bonanno, Sibylle Gollac et Aurore Koechlin, en février 2014.

Échanges informels avec Grâce Dupont-Bernard en marge de rendez-vous clients, barreau de l'Ouest, réalisés par Céline Bessière en février 2014.

Entretien enregistré avec Clotilde Reymbaut-Dawkins à Paris, réalisé par Muriel Mille en décembre 2014.

Entretien enregistré avec la juge Brigitte Cigliano à la cour d'appel de Paris, réalisé par Catherine Achin et Émilie Biland en novembre 2014.

Observation de l'affaire Brahimi lors de l'audience du juge Jean Brunetti dans un TGI du sud-est de la France, réalisée par Hélène Steinmetz en mars 2010.

*Chapitre 4*

Entretien avec le notaire Pierre Delmas, réalisé par Sibylle Gollac en décembre 2014.

Entretien enregistré avec l'avocate Anne Prisot-Gallot réalisé par Aurore Koechlin et Gabrielle Schütz en février 2014 et document écrit envoyé par l'avocate à la suite de l'entretien.

Observation participante au sein du groupe de recherche sur les renonciations en matière successorale, réalisée par Céline Bessière et Sibylle Gollac en février 2016.

Affaire Ruffaut/Pourquerie, dossier de divorce, liquidation de l'individuation conjugale et acte de vente d'une maison consultés par Céline Bessière dans un TGI de l'Ouest en mars 2016.

Entretien enregistré avec le notaire Marc Pouget, réalisé par Céline Bessière et Sibylle Gollac en octobre 2015.

Entretien enregistré avec le notaire Bernard Lecart, réalisé par Céline Bessière et Sibylle Gollac en octobre 2015.

Entretien enregistré avec le notaire Jacques Bulond, réalisé par Céline Bessière et Sibylle Gollac en juin 2016.

Entretien enregistré avec le notaire Christophe Lebourg, réalisé par Céline Bessière et Sibylle Gollac en octobre 2015.

Observation d'une après-midi de rendez-vous de Michèle Abitbol, réalisée par Céline Bessière et Sibylle Gollac en février 2016.

Dossier de divorce par consentement mutuel du TGI de Paris clos en juin 2013, consulté par Lucile Piedfer.

Entretien avec Catherine Bulle, réalisé par Sibylle Gollac et Camille Phé en novembre 2014.

*Chapitre 5*

Entretien avec Antoine Dufournel réalisé par Sibylle Gollac en janvier 2008.

Lettre de Jean-Pierre Dufournel à ses frères et sœurs du 22 juin 2007, recueillie par Sibylle Gollac.

Lettre de l'avocat d'Antoine Dufournel à son client datée du 28 janvier 2008, recueillie par Sibylle Gollac.

Courrier recommandé d'Antoine Dufournel à la notaire en charge de la succession de son père du 18 mars 2008, intitulée « Réserves et contestations sur acte de clôture d'inventaire », recueillie par Sibylle Gollac.

Lettre de Roland Dufournel à son frère du 7 mai 2008, recueillie par Sibylle Gollac.

Lettre d'Antoine Dufournel à son frère Roland du 13 mai 2008, recueillie par Sibylle Gollac.

Jugement du juge unique du tribunal de grande instance du 17 décembre 2013, recueilli par Sibylle Gollac.

Observation à la maison du barreau de Paris de la session de formation « Enjeux patrimoniaux et fiscaux des négociations en droit de la famille », réalisée par Hélène Steinmetz et Gabrielle Schütz, en décembre 2014.

Entretien enregistré avec le notaire Jérôme Poly, réalisé par Céline Bessière et Sibylle Gollac en février 2016.

Entretien avec le secrétaire général de l'École de notariat de Paris lors des Rencontres notariales de la Porte Maillot réalisé par Sibylle Gollac en décembre 2004.

Observation du rendez-vous de Valérie Parienly au cabinet de Carole Jouve à Paris, réalisée par Anna Chamfrault et Sibylle Gollac en novembre 2014.

Observation d'un rendez-vous à quatre de droit collaboratif au cabinet d'Arnaud Thiercelin, avec l'avocate Grâce Dupont-Bernard, Marc et Isabelle Cousin, réalisée par Céline Bessière et Aurore Koechlin en février 2014.

Entretien enregistré avec l'avocate Sophie Carsalade à son cabinet, barreau de l'Est, réalisé par Sibylle Gollac et Raphaëlle Salem en février 2009.

Entretien avec l'avocate Michèle Abitbol à son cabinet, propos recueillis par Céline Bessière et Gabrielle Schütz, en février 2016.

Observation d'une audience dans un TGI de la région parisienne, réalisée par Benjamin Faure et Hélène Steinmetz en janvier 2010.

*Chapitre 6*

Entretien informel avec un juge aux affaires familiales du TGI de Paris, réalisé par Sibylle Gollac en janvier 2015.

Dossier de divorce archivé en 2007 dans un TGI de la région parisienne consulté par Wilfried Lignier en mai 2009.

Entretien enregistré avec le juge Jean Brunetti réalisé par Hélène Steinmetz en mars 2010.

Dossier de divorce des époux Callies dans un TGI de l'est de la France et consulté par Céline Bessière en février 2009.

Dossier de divorce archivé en 2007 dans le TGI d'une métropole du sud-est de la France et consulté par Céline Bessière et Alina Surubaru en mars 2010.

Observation de l'audience de la juge Dominique Bernay-Châtel dans une cour d'appel de l'ouest de la France et consultation du dossier de divorce des époux Landreau, réalisées par Céline Bessière, Abigail Bourguignon et Romain Piketty en janvier 2014.

Entretien enregistré avec la juge Dominique Bernay-Châtel réalisé par Céline Bessière, Abigail Bourguignon et Romain Piketty en février 2014.

Entretien enregistré avec la présidente de la chambre de la famille d'une cour d'appel, réalisé par Julie Minoc en janvier 2014.

Entretien avec la magistrate Florence Simonin, réalisé par Céline Bessière et Nicolas Rafin, en novembre 2013.

Observation d'une audience à la cour d'appel de Paris, réalisée par Céline Bessière et Vanessa Codaccioni en novembre 2014.

Consultation du dossier de divorce de Guy Rosio et Martine Petit à la cour d'appel de Paris, réalisée par Céline Bessière et Sibylle Gollac en décembre 2014.

Entretien avec l'avocate Catherine Bulle, réalisé en novembre 2014 par Sibylle Gollac et Camille Phé.

Observation du rendez-vous de Stéphanie Berland et son père au cabinet de Michèle Abitbol, réalisée par Céline Bessière et Gabrielle Schütz en février 2016.

Entretien enregistré avec le notaire Bernard Lecart, réalisé par Céline Bessière et Sibylle Gollac en octobre 2015.

*Chapitre 7*

Observation de l'audience de la juge Anna de Mattéi dans un TGI de la région parisienne, affaire Diakité-Dembélé, réalisée par Marion Azuelos et Hélène Steinmetz en mars 2009.

Observation de l'audience de la juge Catherine Blanchard dans un TGI de la région parisienne, réalisée par Céline Bessière et Sabrina Nouri-Mangold en décembre 2009.

Observation de l'audience de la juge Anna de Mattéi dans un TGI de la région parisienne, affaire Boulin-Martinez, réalisée par Marion Azuelos et Hélène Steinmetz en mars 2009.

Extrait d'entretien avec la juge Sandrine Cabernet, réalisé par Alina Surubaru et Élodie Hennequin en mars 2010.

Observation de l'audience du juge Étienne Paletot dans un TGI de l'est de la France, réalisée par Céline Bessière et Aurélie Fillod-Chabaud en février 2009.

Observation de l'audience du juge Yves Defert dans un TGI de la région parisienne, affaire Dubois-Abbadi et consultation du dossier, réalisée par Céline Bessière et Jérémy Mandin en mars 2009.

Entretien enregistré avec le juge Yves Defert, réalisé par Émilie Biland et Jérémy Mandin en mars 2009.

Observation d'un colloque sur les pensions alimentaires organisé par le barreau de Toulouse, réalisée par Céline Bessière et Muriel Mille en octobre 2014.

Observation de deux affaires d'abandon de famille lors d'une audience en chambre correctionnelle présidée par Benoît Artigues dans un grand tribunal de la région parisienne, réalisée par Céline Bessière en novembre 2013.

Entretien avec Benoît Artigues, secrétaire général d'un tribunal de la région parisienne, réalisé par Céline Bessière, Aurore Koechlin et Ariane Richardot en novembre 2013.

# Remerciements

Tout d'abord, ce livre n'existerait pas sans les personnes enquêtées qui ont accepté de livrer une part de leur vie familiale ou de leurs pratiques professionnelles aux sociologues. Nous les en remercions vivement.

Cet ouvrage est l'aboutissement d'un très long cheminement, près de vingt années de recherches menées parfois seules, mais très souvent entourées d'ami·es et de collègues.

Tout au long de ces années, nous avons profité du soutien matériel et des échanges intellectuels conduits dans nos laboratoires respectifs, d'abord le Centre Maurice-Halbwachs, puis l'IRISSO à l'université Paris-Dauphine (Céline) et le CRESSPPA-CSU (Sibylle). Nous avons aussi bénéficié d'importants financements : de l'Agence nationale de la recherche (projet jeunes chercheuses RUPTURES), de la Mission de recherche droit et justice, de la CNAF, du programme Émergences de la ville de Paris.

Nous souhaitons remercier tou·tes les membres des équipes RUPTURES et JUSTINES successives : nos aventures collectives depuis 2008, que ce soit en séminaire, sur le terrain, autour de textes à écrire, de communications à présenter, de bases de données à saisir, ont permis de faire plus vite et mieux que ce qu'aucun·e d'entre nous n'aurait pu faire seul·e. Une partie de la matière empirique de ce livre provient directement de cette entreprise collective de recherche, inscrite dans la longue durée.

Céline tient à remercier les membres du jury de son habilitation à diriger des recherches, *La Richesse des familles*, soutenue en 2017 à l'EHESS : Alexis Spire, Jérôme Bourdieu, Rose-Marie Lagrave, Philippe Steiner, Anne-Catherine Wagner et Florence Weber. Ce livre n'aurait pas vu le jour sans les conditions exceptionnelles de son séjour à l'Institute for Advanced Study de Princeton en 2016-2017. Elle tient à remercier Viviana Zelizer, Joan Scott, Didier Fassin, Karen Engle, Andrew Dilts, Sida Liu, Thomas Dodman et Peter Redfield pour leurs retours très stimulants sur différentes versions préliminaires de ce travail.

Sibylle tient à remercier Delphine Serre pour son intervention déterminante dans l'achèvement de ce travail, et Florence Weber pour l'avoir menée sur le terrain de la famille. Elle remercie cette dernière ainsi qu'Alain Chenu, Jean-Hugues Déchaux, Agnès Fine, Évelyne Serverin et Philippe Steiner, membres de son jury de thèse *La Pierre de discorde*, soutenue en 2011 à l'EHESS, pour leur lecture et leur discussion de ce travail doctoral, qui ont nourri la poursuite de ses recherches jusqu'à ce livre. Elle remercie également les économistes qui ont croisé sa route et lui ont permis de croire qu'une exploitation sociologique des données de l'enquête « Patrimoine » de l'INSEE valait aussi son heure de peine, notamment Nicolas Frémeaux, Anne Laferrère, Thomas Piketty et Muriel Roger.

Un immense merci à nos proches et collègues qui ont lu tout ou partie du manuscrit, pour leurs retours bienveillants et leurs encouragements : Paméla Beaufils, Laure Béréni, Émilie Biland, Isabelle Clair, Anne et Michel Gollac, Camille Herlin-Giret, Paul Hobeika, Frédérique Houseaux, Pascal Marichalar et Julie Minoc.

Merci enfin à Stéphane Beaud, Stéphanie Chevrier, Aurélie Michel, Paul Pasquali, Marie-Soline Royer, Rémy Toulouse et Fabien Truong, qui ont cru à ce manuscrit et ont fait en sorte qu'il devienne un livre.

# Notes

## Notes de l'Introduction (pages 5 à 22)

1 Portrait d'Ingrid Levavasseur réalisé à partir de plusieurs articles et interviews parus dans la presse. Notamment, Audrey CLIER, « Qui est Ingrid Levavasseur, figure nationale des Gilets jaunes originaire de Pont-de-l'Arche ? », *Paris-Normandie*, 12 janvier 2019 ; Virginie BALLET, « Ingrid Levavasseur, rond-point en suspension », *Libération*, 1er avril 2019 ; Ségolène FORGAR, « Ingrid Levavasseur : être une femme célibataire est une galère au quotidien », *Madame Figaro*, 11 avril 2019.

2 Marie-Amélie LOMBARD-LATUNE et Christine DUCROS, « Ces femmes Gilets jaunes qui ont investi les ronds-points », *Le Figaro*, 13 décembre 2018 ; Emmanuelle LUCAS, « Des mères isolées ont porté le gilet jaune », *La Croix*, 7 mars 2019.

3 « Des centaines de femmes Gilets jaunes manifestent dans plusieurs villes de France », *Le Monde*, 6 janvier 2019.

4 Ana PERRIN-HEREDIA, « La gestion du budget : un pouvoir paradoxal pour les femmes de classe populaire », *in* Anne LAMBERT, Pascale DIETRICH-RAGON et Catherine BONVALET, *Le Monde privé des femmes. Genre et habitat dans la société française*, INED Éditions, Paris, 2018, p. 93-212 ; Camille FRANÇOIS, « Faire payer les femmes : le sexe du recouvrement des dettes de loyer », *in ibid.*, p. 231-250 ; Matthew DESMOND, *Avis d'expulsion. Exploitation urbaine de la pauvreté*, Lux Éditeur, Québec, 2019 [2016].

5 Portrait de MacKenzie Bezos réalisé à partir de plusieurs articles et interviews parus dans la presse. Notamment, Rebecca JOHNSON, « MacKenzie Bezos : writer, mother of four, and high-profile wife », *Vogue*, 20 février 2013 ; Jonah Engel BROMWICH et Alexandra ALTER, « Who is MacKenzie Bezos ? » *New York Times*, 12 janvier 2019.

6 Laura M. HOLSON, « Jeff Bezos of Amazon and MacKenzie Bezos plan to divorce », *New York Times*, 9 janvier 2019 ; Lauren FEINER, « How the Bezos divorce could impact Amazon shareholders », CNBC, 9 janvier 2019 ; Alexandre PIQUARD, « Le divorce de Jeff Bezos crée de l'incertitude

sur Amazon et son empire », *Le Monde,* 10 janvier 2019 ; Elsa Conesa, « Le buzz des États-Unis : le divorce de Jeff Bezos suscite des interrogations pour Amazon », *Les Échos,* 10 janvier 2019.

7 Karen Weise, « Jeff Bezos, Amazon CEO, and MacKenzie Bezos finalize divorce details », *New York Times,* 4 avril 2019 ; Nicolas Rauline, « Amazon : MacKenzie et Jeff Bezos concluent un accord financier pour leur divorce », *Les Échos,* 4 avril 2019.

8 Camille Herlin-Giret, « Des affaires d'hommes », *in Rester riche, enquête sur les gestionnaires de fortune et leurs clients,* Le Bord de l'eau, Lormont, 2019, p. 69 et suivantes.

9 Thomas Piketty, *Le Capital au XXI<sup>e</sup> siècle,* Le Seuil, Paris, 2013.

10 https://cutt.ly/WeKrXIQ

11 Par exemple : Arnaud Parienty, *School Business. Comment l'argent dynamite le système éducatif,* La Découverte, Paris, 2015 ; Gabrielle Fack et Julien Grenet, « Sectorisation des collèges et prix des logements à Paris », *Actes de la recherche en sciences sociales,* n° 180, 2009, p. 44-62.

12 Bernard Lahire (dir.), *Enfances de classe. De l'inégalité parmi les enfants,* Paris, Le Seuil, 2019.

13 Christine Delphy, « L'ennemi principal » [1970], *in L'Ennemi principal : économie politique du patriarcat,* tome I, Syllepse, Paris, 1998.

14 Sylvie Schweitzer, *Les femmes ont toujours travaillé. Une histoire du travail des femmes, XIX<sup>e</sup> et XX<sup>e</sup> siècles,* Odile Jacob, Paris, 2002 ; Alice Kessler-Harris, *Women Have Always Worked : A Historical Review,* The Feminist Press, New York, 1981.

15 Françoise Battagliola, *Histoire du travail des femmes,* La Découverte, Paris, 2000.

16 Christine Delphy, « L'ennemi principal », *art. cit.* ; Mariarosa Dalla Costa et Selma James, *The Power of Women and the Subversion of the Community,* Falling Wall Press, Bristol, 1972 ; Sylvia Federici, *Point zéro : propagation de la révolution. Salaire ménager, reproduction sociale, combat féministe.* Éditions iXe, Donnemarie, 2016 [2012].

17 Florence Jany-Catrice et Dominique Méda, « Femmes et richesse : au-delà du PIB », *Travail, genre et sociétés,* vol. 26, n° 2, 2011, p. 147-171 ; Maylin Waring, *If Women Counted : a New Feminist Economics,* Harper & Row, San Francisco, 1988 ; Ann Chadeau et Annie Fouquet, « Peut-on mesurer le travail domestique ? », *Économie et Statistique,* n° 136, 1981, p. 29-42.

18 Benjamin Bridgman, « Accounting for Household Production in the National Accounts : An Update, 1965-2014 », *Survey of Current Business,* vol. 96, n° 2, 2016, p. 1-5 ; Aurélien Poissonnier et Delphine Roy, « Household satellite account for France. Methodological issues on the assessment of domestic production », *The Review of Income and Wealth,* vol. 63, n° 2, 2017, p. 353-377.

19 Source : enquête « Emploi du temps » de l'INSEE. Delphine Roy, « Le travail domestique : 60 milliards d'heures en 2010 », *INSEE Première,* n° 1423, 2012.

20 Ann Oakley, *The Sociology of Housework,* Basil Blackwell, Oxford, 1985 [1974] ; Danielle

CHABAUD-RYCHTER, Dominique FOUGEYROLLAS-SCHEWEBEL et Françoise SONTHONNAX, *Espace et temps du travail domestique*, Méridiens-Klincksieck, Paris, 1985.

21 François DE SINGLY, *Fortune et infortune de la femme mariée*, Presses universitaires de France, Paris, 2004 [1987].

22 Margaret MARUANI (dir.), *Travail et genre dans le monde*, La Découverte, Paris, 2013.

23 Marie BUSCATTO et Catherine MARRY, « Le plafond de verre dans tous ses éclats. La féminisation des professions supérieures au XXe siècle », *Sociologie du travail*, n° 51, 2009, p. 170-182 ; Catherine MARRY, Laure BÉRÉNI, Alban JACQUEMARD, Sophie POCHIC et Anne REVILLARD, *Le Plafond de verre et l'État. La construction des inégalités de genre dans la fonction publique*, Armand Colin, Paris, 2017.

24 Pour une comparaison entre pays européens, voir Eva SIERMINSKA, *Wealth and Gender in Europe, report for the European Commission*, Publication Office of the European Union, Luxembourg, 2017 ; pour une analyse de la situation étasunienne, voir Mariko L. CHANG, *Shortchanged : Why Women Have Less Wealth and What Can Be Done About It*, Oxford University Press, Oxford, 2010 ; pour une comparaison internationale incluant les pays en développement, voir Carmen Diana DEERE et Cheryl DOSS, « The gender asset gap : What do we know and why does it matter ? », *Feminist Economics*, vol. 12, n° 1-2, 2006, p. 1-50.

25 Source : enquête « Patrimoine » de l'INSEE, 2015 ; Nicolas FRÉMEAUX et Marion LETURCQ, *Inequalities and the Individualization of Wealth : Evidence from France*, 2019.

26 Jane HUMPHRIES, « Book review of *Capital in the Twenty-First Century* by T. Piketty », *Feminist Economics*, vol. 21, n° 1, 2015, p. 164-173.

27 Viviana ZELIZER, *The Purchase of Intimacy*, Princeton University Press, Princeton, 2005.

28 Cette méthode a été proposée par Florence Weber au début des années 2000. Voir notamment, Florence WEBER « Pour penser la parenté contemporaine », *in* Danielle DEBORDEAUX et Pierre STROBEL (dir.), *Les Solidarités familiales en questions. Entraide et transmission*, Paris, LGDJ, Coll. « Droit et Société », vol. 34, 2002, p. 73-106 ; Florence WEBER, *Penser la parenté aujourd'hui. La force du quotidien*, Éditions rue d'Ulm, Paris, 2013 [réactualisation augmentée de *Le Sang, le nom, le quotidien. Une sociologie de la parenté pratique*. Aux lieux d'être, La Courneuve, 2005].

29 Céline BESSIÈRE, *De génération en génération. Arrangements de famille dans les entreprises viticoles de Cognac*, Raisons d'agir, Paris, 2010.

30 Sibylle GOLLAC, *La Pierre de discorde. Stratégies immobilières familiales dans la France contemporaine*, thèse de doctorat en sociologie sous la direction de Florence Weber, EHESS, 2011.

31 Viviana ZELIZER, *The Purchase of Intimacy, op. cit.*

32 Florence WEBER, « Transactions marchandes, échanges rituels, relations personnelles. Une ethnographie économique après le Grand Partage », *Genèses*, n° 41, 2000, p. 85-107.

33 Cette enquête collective a déjà donné lieu à plusieurs publications, notamment celle de l'ouvrage du COLLECTIF ONZE, *Au tribunal des couples. Enquêtes sur des affaires familiales*, Odile Jacob, Paris, 2013. Pour une description actualisée de l'équipe et de ses activités, voir http://justines.cnrs.fr

34 Voir le dossier en ligne « Intersectionnalité », *in Mouvements*, 12 février 2019, (http://mouvements.info/intersectionnalite/).

35 Rachel SHERMAN, *Uneasy Street, The Anxieties of Affluence*, Princeton University Press, Princeton, 2017 ; Benoît COQUARD, « "Nos volets transparents". Les potes, le couple et les sociabilités populaires au foyer », *Actes de la recherche en sciences sociales*, n° 215, 2016, p. 90-101.

36 Pierre BOURDIEU, *Raisons pratiques. Sur la théorie de l'action*, Points, Paris, 1994.

## Notes du chapitre 1 (pages 23 à 51)

1 Estimation de Nielsen, sans compter le visionnage sur Facebook, Twitter ou YouTube (https://cutt.ly/SeLnyQa).

2 Retranscription du débat télévisé du 26 septembre 2016, réalisée par la National Public Radio, traduction de Céline Bessière (https://cutt.ly/KeLnpKf).

3 *Ibid.*

4 Peter GRANT et Peter NICHOLAS, « Trump's father helped GOP candidate with numerous loans ; although Donald Trump says he built his empire from a $1 million loan from his father, a court document shows frequent borrowing from Fred Trump and his companies », *Wall Street Journal*, 23 septembre 2016.

5 David BARSTOW, Susanne CRAIG et Russ BUETTNER, « Trump engaged in suspect tax schemes as he reaped riches from his father », *New York Times*, 2 octobre 2018.

6 Philippe STEINER, « L'héritage au XIXe siècle en France. Loi, intérêt de sentiment et intérêts économiques », *Revue économique*, vol. 59, n° 1, 2008, p. 75-97 ; Philippe STEINER, « L'héritage égalitaire comme dispositif social », *Archives européennes de sociologie*, XLVI, I, 2005, p. 127-149.

7 Alexis de TOCQUEVILLE, *De la démocratie en Amérique*, notamment le chapitre « Influences de la démocratie sur la famille », tome II, 1840.

8 Émile DURKHEIM, « La famille conjugale » [1892] *in Textes III. Fonctions sociales et institutions*, Éditions de Minuit, Paris, 1975, p. 44.

9 Thomas PIKETTY, *Le Capital au XXIe siècle*, *op. cit.*

10 Philippe ARIÈS, *L'Enfant et la vie familiale sous l'Ancien Régime*, Points, Paris, 2014 [1960].

11 Jean-Louis FLANDRIN *Famille, parenté, maison, sexualité dans l'ancienne société*, Le Seuil, Paris, 1984 [1976].

12 Lawrence STONE, *The Family, Sex and Marriage in England, 1500-1800*, Weidenfeld and Nicolson, Londres, 1977.

13 Edward SHORTER, *Naissance de la famille moderne XVIIIe-XX[e] siècles*, Points, Paris, 1981 [1975].

14 Alfred CHANDLER, *The Visible Hand : The Managerial Revolution in American Business*, Harvard University Press, Cambridge, 1977.

15 Pierre BOURDIEU, *Esquisse d'une théorie de la pratique. Précédé de « Trois Études d'ethnologie kabyle »*, Librairie Droz, Genève, 1972 ; *Le Sens pratique*, Éditions de Minuit, Paris, 1980 ; *Le Bal des célibataires*, Points, Paris, 2002.

16 Pierre BOURDIEU et Jean-Claude PASSERON, *Les Héritiers*, Éditions de Minuit, Paris, 1964, p. 36.

17 Pierre BOURDIEU et Jean-Claude PASSERON, *La Reproduction. Éléments pour une théorie du système d'enseignement*, Éditions de Minuit, Paris, 1970.

18 Pierre BOURDIEU, Luc BOLTANSKI et Monique DE SAINT-MARTIN, « Les stratégies de reconversion. Les classes sociales et le système d'enseignement », *Social Sciences Information*, vol. 12, n° 5, 1973, p. 88.

19 Pierre BOURDIEU, « Classement, déclassement, reclassement », *Actes de la recherche en sciences sociales*, n° 24, 1978, p. 2-22.

20 Pierre BOURDIEU, « Le mort saisit le vif. Les relations entre l'histoire réifiée et l'histoire incorporée », *Actes de la recherche en sciences sociales*, n° 32/33, p. 3-14, 1980.

21 François de SINGLY, *Sociologie de la famille contemporaine*, Nathan, Paris, 1993, p. 23.

22 Jean-Hugues DÉCHAUX, *Le Souvenir des morts. Essai sur le lien de filiation*, Presses universitaires de France, Paris, 1997.

23 Janet FINCH et Jennifer MASON, *Passing on : Kinship and Inheritance in England*, Routledge, Londres, 2000.

24 Anne GOTMAN, *Hériter*, Presses universitaires de France, Paris, 1988 ; Elsa RAMOS, « Des stratégies individuelles de composition avec les règles de transmission : de l'héritage à l'héritier », *Lien social et Politiques*, n° 53, 2005, p. 45-55.

25 Pour une critique de cette perspective, voir Tiphaine BARTHÉLEMY, « L'héritage contre la famille ? De l'anthropologie à l'économie, des approches plurielles », *Sociétés contemporaines*, n° 56, 2004, p. 5-18.

26 Robert CASTEL, *Les Métamorphoses de la question sociale. Une chronique du salariat*, Gallimard, coll. « Folio Essais », Paris, 1999 [1995].

27 Danielle DEBORDEAUX et Pierre STROBEL (dir.), *Les Solidarités familiales en questions. Entraide et transmission*, LGDJ, coll. « Droit et Société », vol. 34, Paris, 2002.

28 Jean-Hugues DÉCHAUX, *Sociologie de la famille*, La Découverte, coll. « Repères », Paris, 2009 [2007].

29 COLLECTIF ACIDES, *Arrêtons les frais ! Pour un enseignement supérieur gratuit et émancipateur*, Raisons d'agir, Paris, 2015.

30 Jean-Christophe FRANÇOIS et Franck POUPEAU, « Les déterminants sociaux-spatiaux du placement scolaire. Essai de modélisation statistique appliquée aux collèges parisiens », *Revue française de sociologie*, n° 49-1, 2008, p. 93-126 ; Gabrielle FACK et Julien GRENET, « Sectorisation des collèges et prix des logements à Paris », *art. cit.*

31 Arnaud PARIENTY, *School Business*, *op. cit.*

32 Luc ARRONDEL, Bertrand GARBINTI et André MASSON, « Inégalités de patrimoine entre générations : les donations aident-elles les jeunes à s'installer ? », *Économie et statistique*, n° 472-473, 2014, p. 65-100 ; Sibylle GOLLAC, « Travail indépendant et transmis-

sions patrimoniales : le poids des inégalités au sein des fratries », *Économie et statistique*, n° 417, 2008, p. 55-75 ; Anne LAFERRÈRE, « Devenir travailleur indépendant », *Économie et statistique*, n° 319-320, 1998, p. 13-28.

33 Richard ARUM et Walter MÜLLER (dir.), *The Re-Emergence of Self-Employment*, Princeton University Press, Princeton, 2004.

34 Source : enquête « Emploi » de l'INSEE, 2015. Laure OMALEK et Laurence RIOUX, « Emploi et revenus des indépendants », *INSEE Références*, 2015.

35 Sarah ABDELNOUR, *Moi, petite entreprise. Les autoentrepreneurs de l'utopie à la réalité*, Presses universitaires de France, Paris, 2017.

36 Julie LANDOUR, *Sociologie des Mompreneurs. Entreprendre pour mieux « concilier » travail et famille ?* Presses universitaires du Septentrion, Lille, 2019.

37 Fanny BUGEJA-BLOCH, *Logement, la spirale des inégalités. Une nouvelle dimension de la fracture sociale et générationnelle*, Presses universitaires de France, Paris, 2013.

38 Anne LAMBERT, *« Tous propriétaires ! » L'envers du décor pavillonnaire*, Le Seuil, Paris, 2015.

39 Lorraine BOZOULS, *« Pour vivre heureux, vivons cachés ». Pratiques résidentielles, styles de vie et rapports de genre chez les classes supérieures du pôle privé*, thèse de doctorat en sociologie, IEP de Paris, 2019.

40 Fanny BUGEJA, « Les inégalités d'accès à la propriété et leurs déterminants institutionnels. Étude comparative entre la France et le Royaume-Uni (1980-2005) », *Revue française de sociologie*, vol. 52, n° 1, 2011, p. 37-69.

41 Thomas PIKETTY, *Le Capital au XXI<sup>e</sup> siècle*, *op. cit.* ; Nicolas FRÉMEAUX, *Les Nouveaux Héritiers*, Le Seuil, Paris, 2018 ; Branco MILANOVIĆ, *Inégalités mondiales. Le destin des classes moyennes, les ultra-riches et l'égalité des chances*, La Découverte, Paris, 2019.

42 Bertrand GARBINTI, Jonathan GOUPILLE-LEBRET et Thomas PIKETTY, « Accounting for wealth inequality dynamics : Methods, estimates and simulations for France (1800-2014) », *WID Working Paper*, n° 5, 2016, p. 25.

43 Facundo ALVAREDO, Bertrand GARBINTI et Thomas PIKETTY, « On the share of inheritance in aggregate wealth : Europe and the USA, 1900-2010 », *Economica*, vol. 84, 2017, p. 237-260 ; Nicolas FRÉMEAUX, *Les Nouveaux Héritiers*, *op. cit.*, p. 11-24.

44 Jonathan GOUPILLE-LEBRET, Bertrand GARBINTI et Thomas PIKETTY, « Income inequality in France, 1900-2014 : Evidence form distributional national accounts (DINA) », *WID Working Paper*, n° 4, 2017.

45 Nicolas FRÉMEAUX, *Les Nouveaux Héritiers*, *op. cit.*, p. 24-25.

46 Maury GITTLEMAN et Edward N. WOLFF, « Racial differences in pattern of wealth accumulation », *The Journal of Human Resources*, vol. 39, n° 1, 2004, p. 193-227 ; Signe-Mary MCKERNAN, Caroline RATCLIFFE, Margaret SIMMS et Sisi ZHANG, « Do racial disparities in private transfers help explain the racial wealth gap ? New evidence from longitudinal data », *Demography*, vol. 51, n° 3, 2014, p. 949-974.

47 Thomas M. SHAPIRO, *The Hidden Cost of Being African American.*

*How Wealth Perpetuates Inequality*, Oxford University Press, Oxford, 2004.

48 Marie CARTIER, Isabelle COUTANT, Olivier MASCLET et Yasmine SIBLOT, *La France des petits moyens. Enquête sur la banlieue pavillonnaire*, La Découverte, Paris, 2008 ; Anne LAMBERT, *« Tous propriétaires ! »*, *op. cit.* ; Violaine GIRARD, *Le Vote FN au village. Trajectoires de ménages populaires du périurbain*, Éditions du Croquant, Vulaines-sur-Seine, 2017.

49 Margot DELON, « Des “Blancs honoraires” ? Les trajectoires sociales des Portugais et de leurs descendants en France », *Actes de la recherche en sciences sociales*, n° 228, 2019, p. 4-28.

50 *Ibid.* ; Jennifer BIDET, « Habiter “à la française” ou “à l'algérienne” ? Aménagement et appropriation de maisons construites en Algérie par des migrants et leurs enfants », *in* Susanna MAGRI, Fabrice RIPOLL et Sylvie TISSOT, *Explorer la ville contemporaine par les transferts. Catégories de l'action, formes urbaines, pratiques sociales*, Presses universitaires de Lyon, Lyon, 2016.

51 Source : enquête « Patrimoine » de l'INSEE, 2010. Bertrand GARBINTI, Pierre LAMARCHE et Laurianne SALEMBIER, « Héritages, donations et aides aux ascendants et descendants », *in Le Revenu et le patrimoine des ménages*, INSEE, 2012.

52 Le calcul réalisé est le suivant. L'observatoire de la philanthropie estime à 1 milliard d'euros les montants reçus dans l'année 2016 par les organismes sans but lucratif en France. La même année, on estime à 250 milliards d'euros le montant total du patrimoine transmis par héritage ou donation. *Cf.* Daniel BRUNEAU, Laurence de NERVAUX, Jean-François TCHERNIA et Alix PORNON, « Panorama national des générosités », *Les Études de l'Observatoire*, Observatoire de la philanthropie, avril 2018, p. 30 ; Clément DHERBÉCOURT, « Peut-on éviter une société d'héritiers ? », *France stratégie*, n° 51, janvier 2017, p. 3.

53 Source : *Survey of Consumer Finances*, entre 1989 et 2007. Edward WOLFF et Maury GITTLEMAN, « Inheritances and the distribution of wealth or whatever happened to the great inheritance boom ? » *The Journal of Economic Inequality*, vol. 12, n° 4, 2014, p. 446. 69 % des transferts patrimoniaux reçus par les ménages proviennent des parents, 19 % des transferts proviennent des grands-parents et 22 % d'autres personnes apparentées ; seulement 4 % des transferts proviennent d'un·e ami·e ou d'une autre personne en dehors du cercle familial.

54 Merlin SCHAEFFER, « The social meaning of inherited financial assets. Moral ambivalences of intergenerational transfers », *Historical Social Research/Historische Sozialforschung*, vol. 39, n° 3, 2014, p. 289-317.

55 Nicolas FRÉMEAUX, *Les Nouveaux Héritiers*, *op. cit.*, p. 27-29.

56 *Ibid.*, p. 29.

57 Jérôme BOURDIEU, Lionel KESZTENBAUM et Gilles POSTEL-VINAY, « L'enquête TRA, une matrice d'histoire », *Population*, vol. 69, n° 2, 2014, p. 232-237.

58 Source : enquête « Patrimoine » de l'INSEE, 2004. André MASSON, « Famille et héritage : quelle liberté de tester ? », *Revue*

*française d'économie*, vol° 21, n° 2, 2006, p. 90.

59 Nicolas Frémeaux, *Les Nouveaux Héritiers*, *op. cit.*, p. 30.

60 André Masson, « Famille et héritage : quelle liberté de tester ? », *art. cit.*, p. 90.

61 *Ibid.*

62 Nathalie Blanpain, « Les hommes cadres vivent toujours six ans de plus que les ouvriers », *INSEE Première*, n° 1584, 2016.

63 Nicolas Frémeaux, *Les Nouveaux Héritiers*, *op. cit.*, p. 35-37.

64 André Masson, « Famille et héritage », *art. cit.*, p. 91 ; Nicolas Herpin et Jean-Hugues Déchaux, « Entraide familiale, indépendance économique et sociabilité », *Économie et statistique*, n° 373, 2004, p. 3-32.

65 Jean-Hugues Déchaux, *Sociologie de la famille*, *op. cit.*, p. 101 et suivantes.

66 Sibylle Gollac, *La Pierre de discorde*, *op. cit.*, p. 405-420 ; Caitlin Zaloom, *Indebted : How Families Make College Work at Any Cost*, Princeton University Press, Princeton, 2019.

67 Thibaut de Saint Pol, Aurélie Deney et Olivier Monso, « Ménage et chef de ménage : deux notions bien ancrées », *Travail, genre et sociétés*, n° 11, 2004, p. 63-78.

68 Rémi Lenoir, *Généalogie de la morale familiale*, Le Seuil, Paris, 2003, p. 39.

69 Voir, par exemple, Thomas Piketty, *Le Capital au XXI^e^ siècle*, *op. cit.*, p. 390, sur l'inégalité totale des revenus et de la propriété du capital dans le temps et dans l'espace.

70 Bertrand Garbinti, Jonathan Goupille-Lebret et Thomas Piketty, « Accounting for wealth inequality dynamics... », *art. cit.*, p. 17.

71 Carmen Diana Deere et Cheryl Doss, « The gender asset gap : what do we know and why does it matter ? », *Feminist Economics*, vol. 12, n° 1-2, 2006, p. 1-50 ; Olivier Donni et Sophie Ponthieux, « Approches économiques du ménage : du modèle unitaire aux décisions collectives », *Travail, genre et sociétés*, vol. 26, n° 2, 2011, p. 67-83.

72 L'expression, employée au sujet de l'inégalité des revenus, est de Margaret Maruani, *Les Mécomptes du chômage*, Bayard, Paris, 2002 ; voir aussi Danièle Meulders et Sile O'Dorchai, « Le ménage, cache-sexe de la pauvreté des femmes », *Revue de la sécurité sociale belge*, 2009, p. 599-617.

73 Carole Bonnet, Alice Keogh et Benoît Rapoport, « Quels facteurs pour expliquer les écarts de patrimoine entre hommes et femmes en France ? » *Économie et statistique*, n° 472-473, 2014, p. 101-123.

74 Source : enquête « Patrimoine » de l'INSEE. Nicolas Frémeaux et Marion Leturcq, *Inequalities and the Individualization of Wealth : Evidence from France*, *op. cit.*

75 Éric Gautier et Cédric Houdré, « Estimation des inégalités dans l'enquête "Patrimoine" 2004 », *Économie et statistique*, n° 417-418, 2008, p. 135-152.

76 Nathalie Blanpain, « Le patrimoine des indépendants diminue fortement lors du passage à la retraite ». *INSEE Première*, n° 739, 2000.

77 Camille Herlin-Giret, *Rester riche*, *op. cit.*, p. 74 ; Seule l'enquête sur la richesse des

ménages en Allemagne interroge les deux membres du couple et permet de montrer qu'hommes et femmes ne répondent pas de la même manière au questionnaire. Markus GRABKA, Jan MARCUS et Eva SIERMINSKA, « Wealth distribution within couples », *Review of Economics of the Household*, n° 13, 2015, p. 459-486.

78 Thomas PIKETTY, *Le Capital au XXI<sup>e</sup> siècle*, *op. cit.* ; Nicolas FRÉMEAUX, *Les Nouveaux Héritiers*, *op. cit.*, p. 88 et suivantes.

79 COLLECTIF ONZE, *Au tribunal des couples. Enquête sur des affaires familiales*, Odile Jacob, Paris, 2013.

80 Voir l'étude pionnière menée aux États-Unis à partir du Panel Study of Income Dynamics, de Greg DUNCAN et Saul HOFFMAN, « A reconsideration of the economic consequences of marital dissolution », *Demography*, vol. 22, n° 4, 1985, p. 485-497 ; voir aussi Richard PETERSON, « A re-evaluation of the economic consequences of divorce », *American Sociological Review*, vol. 61, n° 3, 1996, p. 528-536.

81 Wilfred UUNK, « The economic consequences of divorce for women in the European Union : the impact of welfare state arrangements », *European Journal of Population*, n° 20, 2004, p. 251-284, pour une comparaison entre les pays de l'Union européenne menée à partir du European Community Household Panel (ECHP) entre 1994 et 2000.

82 Yves JAUNEAU et Émilie RAYNAUD, « Des disparités importantes d'évolutions de niveau de vie », in *Les Revenus et le patrimoine des ménages*, INSEE, 2009, p. 36, à partir des données du panel européen « Statistiques sur les ressources et les conditions de vie ».

83 Carole BONNET, Bertrand GARBINTI et Anne SOLAZ, « Gender inequality after divorce : the flip side of marital specialization. Evidence from a French administrative database », *Série des documents de travail de la direction des études et synthèses économiques*, INSEE, Paris, 2016. L'enquête porte sur 56 500 hommes et 64 600 femmes ; les prestations sociales sont absentes de la source fiscale mais reconstituées ménage par ménage.

84 COLLECTIF ONZE, « Le prix inégal de la rupture », *in Au tribunal des couples, op. cit.*, p. 205 et suivantes.

85 Christine DELPHY, *L'Ennemi principal, op. cit.*

86 Ann OAKLEY, *The Sociology of Housework*, Basil Blackwell, Oxford, 1985 [1974] ; Danielle CHABAUD-RYCHTER, Dominique FOUGEYROLLAS-SCHEWEBEL et Françoise SONTHONNAX, *Espace et temps du travail domestique*, Méridiens-Klincksieck, Paris, 1985.

87 Christine DELPHY, *L'Ennemi principal, op. cit.*, p. 50.

88 Christine DELPHY, « Mariage et divorce, l'impasse à double face » [1974], *in L'Ennemi principal, op. cit.* p. 121-135. Leonore J. WEITZMAN, *The Divorce Revolution. The Unexpected Social and Economic Consequences for Women and Children in America*, The Free Press, Londres et New York, 1985 ; Carol SMART, *The Ties that Bind : Law, Marriage and the Reproduction of Patriarchal Relations*, Routledge Revivals,

Abingdon et New York, 2012 [1984].

89 Monique WITTIG, *La Pensée straight*, Éditions Amsterdam, Paris, 2007 [1992] ; Elsa DORLIN, *Sexe, genre et sexualités, introduction à la théorie féministe*, PUF, Paris, 2008.

90 Rose-Marie LAGRAVE, « Recherches féministes ou recherches sur les femmes ? », *Actes de la recherche en sciences sociales*, vol. 83., 1990, p. 27-39.

91 François de SINGLY, *Sociologie de la famille contemporaine*, Nathan, Paris, 2014 [1993] ; Anthony GIDDENS, *La Transformation de l'intimité. Sexualité, amour et érotisme dans les sociétés modernes*, Éditions du Rouergue, Rodez, 2004 [1992] ; Anthony GIDDENS, « Family », *in Runaway World. How Globalization is Reshaping our Lives*, Routledge, New York, 2000 [1999] ; Ulrich BECK et Elisabeth BECK-GERNSHEIM, *The Normal Chaos of Love*, Polity Press, Cambridge, 1995 [1990].

92 François de SINGLY, *Séparée. Vivre l'expérience de la rupture*, Armand Colin, Paris, 2011.

93 François de SINGLY, *Libres ensemble*, Pocket, Paris, 2009 [2000] : « À défaut d'observer la totalité du ciel social, l'intérêt de décrire la constellation centrale est d'apercevoir les normes du système avec une visibilité plus grande. Les principes de construction de l'identité moderne naissent dans les fractions les plus diplômées de la population, notamment au sein du groupe des femmes ayant fait des études supérieures » (p. 17).

94 Beverly SKEGGS, *Class, Self, Culture*, Routledge. Londres & New York, 2004, p. 54.

95 Maurice GODELIER, *Horizon, trajets marxistes en anthropologie*, Maspero, Paris, 1973, p. 18.

96 Claude MEILLASSOUX, *Femmes, greniers et capitaux*, Maspero, Paris, 1975 ; Florence WEBER, *Brève Histoire de l'anthropologie*, Flammarion, coll. « Champs Essais », Paris, 2015, chapitre 8.

97 Gary BECKER, *A Treatise on the Family*, Harvard University Press, Cambridge, 1991 [1981] ; Theodore C. BERGSTROM, « A survey of theories of the family », *in* Mark ROSENZWEIG et Oded STARK, *Handbook of Population and Family Economics*, North-Holland, Amsterdam, vol. I, 1997, p. 21-79.

98 Julien TÉNÉDOS et Florence WEBER, *L'Économie domestique. Entretien avec Florence Weber. Ethnographie du quotidien*, Aux Lieux d'être, La Courneuve, tome I, 2006, p. 19 ; Caroline DUFY et Florence WEBER, *L'Ethnographie économique*. La Découverte, coll. « Repères », Paris, 2007.

99 Florence WEBER, Agnès GRAMAIN et Séverine GOJARD (dir.), *Charges de famille. Dépendance et parenté dans la France contemporaine*, La Découverte, Paris, 2003 ; Céline BESSIÈRE, *De génération en génération, op. cit.* ; Sibylle GOLLAC, *La Pierre de discorde, op. cit.*

100 Viviana ZELIZER, « Transactions intimes », *Genèses*, n° 42, 2001, p. 125.

101 Viviana ZELIZER, *The Purchase of Intimacy, op. cit.* ; Viviana ZELIZER, entretien avec Florence WEBER, « L'argent social », *Genèses*, n° 65, 2006, p. 126-137.

102 Robert O. BLOOD et Donald M. WOLFE, *Husbands and Wives : the Dynamics of Married Living*, The Free Press, New York,

1960 ; Gérald W. McDonald, « Family power : the assessment of a decade of theory and research, 1970-1979 », *Journal of Marriage and the Family,* vol. 42, n° 4, 1980, p. 841-854.

103 Nicolas Journet (dir.), « L'argent en famille », *Terrain,* n° 45, 2005 ; Hélène Belleau et Caroline Henchoz (dir.), *L'Usage de l'argent dans le couple : pratiques et perceptions des comptes amoureux. Perspective internationale,* L'Harmattan, Paris, 2008 ; Agnès Martial (dir.), *La Valeur des liens. Hommes, femmes et transactions familiales,* Presses universitaires du Mirail, Toulouse, 2009 ; Laurence Bachmann, *De l'argent à soi. Les préoccupations sociales des femmes à travers leur rapport à l'argent,* Presses universitaires de Rennes, Rennes, 2009 ; Hélène Belleau et Agnès Martial (dir.), *Aimer et compter ? Droits et pratiques des solidarités conjugales,* Presses universitaires de Québec, Québec, 2011.

104 Sandra Collavechia, « *Doing moneywork* : le travail domestique des femmes dans la gestion des finances familiales », *in* Hélène Belleau et Caroline Henchoz, *L'Usage de l'argent dans le couple, op. cit.,* p. 183-218.

105 Carolyn Vogler et Jan Pahl, « Money, power and inequality within marriage », *The Sociological Review,* vol. 42, n° 2, 1994, p. 263-288 ; Delphine Roy, « "Tout ce qui est à moi est à toi ?" Mise en commun des revenus et transferts d'argent dans le couple », *Terrain,* n° 45, 2005, p. 41-52 ; Sophie Ponthieux, « La mise en commun des revenus dans le couple », *INSEE Première,* n° 1409, 2012.

106 Pierre Bourdieu et Jean-Claude Passeron, *La Reproduction, op. cit.*

## Notes du chapitre 2 (pages 53 à 89)

1 N = 312. Base de données Europresse limitée à la France, recherche avancée avec les mots clés « Hallyday » et « héritage » du 12 au 18 février 2018.

2 Pierre Lamaison, « La diversité des modes de transmission : une géographie tenace », *Études rurales,* n° 110-111-112, 1988, p. 119-175 ; Georges Augustins, *Comment se perpétuer ? Devenir des lignées et destins des patrimoines dans les paysanneries européennes,* Société d'ethnologie, Nanterre, 1989.

3 Alexis de Tocqueville, *De la démocratie en Amérique,* notamment le tome II, chapitre « Influences de la démocratie sur la famille », 1840.

4 Anne Gotman, *Hériter, op. cit.,* p. 6.

5 https://cutt.ly/IeZbKyc (site consulté le 21 août 2019).

6 Pierre Bourdieu et Jean-Claude Passeron, *La Reproduction, op. cit.*

7 Pierre Bourdieu, « Les stratégies matrimoniales dans le système de reproduction », *Annales ESC,* n° 4-5, juillet-octobre 1972, p. 1105-1127 (texte reproduit dans *Le Bal des célibataires, Crise de la société paysanne en Béarn,* Points, Paris, 2002) ; *Le Sens pratique, op. cit.*

8 Sibylle Gollac, « Faire ses partages. Le règlement d'une succession et sa mise en récits dans un groupe de descendance », *Terrain,* n° 45, 2005, p. 113-124.

9 François HÉRAN, *Le Bourgeois de Séville. Terre et parenté en Andalousie*, Presses universitaires de France, Paris, 1990.

10 Daniel BERTAUX et Isabelle BERTAUX-WIAME, « Le patrimoine et sa lignée : transmissions et mobilité sociale sur cinq générations », *Life stories/Récits de vie*, n° 4, 1988, p. 8-25.

11 Source : enquête « Patrimoine » de l'INSEE, 2004. Sibylle GOLLAC, « Travail indépendant et transmissions patrimoniales : le poids des inégalités au sein des fratries », *Économie et statistique*, n° 417-418, 2008, p. 62.

12 Céline BESSIÈRE, « Trois transmissions pour une reprise », *in De génération en génération, op. cit.*, p. 51 et suivantes.

13 Charlotte DELABIE, « Les hommes héritent, les femmes méritent. La place des sexes au sein d'une entreprise de sous-traitance », *in* Dominique JACQUES-JOUVENOT et Yvan DROZ, *Faire et défaire des affaires en famille*, Presses universitaires de Franche-Comté, Besançon, 2015, p. 107-134.

14 Bernard ZARCA, « L'héritage de l'indépendance professionnelle selon les lignées, le sexe et le rang dans la fratrie », *Population*, n° 2, 1993, p. 284.

15 Céline BESSIÈRE, « Héritière, repreneuse, viticultrice ? », *in De génération en génération, op. cit.*, p. 93 et suivantes.

16 Sibylle GOLLAC, « Travail indépendant et transmissions patrimoniales : le poids des inégalités au sein des fratries », *art. cit.*, p. 66 ; Bernard ZARCA, « L'héritage de l'indépendance professionnelle selon les lignées, le sexe et le rang dans la fratrie », *Population*, n° 2, 1993, p. 275-306, et « L'héritage de l'indépendance professionnelle : un ou plusieurs élus au sein de la fratrie ? », *Population*, n° 4, 1993, p. 1015-1042.

17 Pierre BOURDIEU, Luc BOLTANSKI et Monique de SAINT-MARTIN, « Les stratégies de reconversion. Les classes sociales et le système d'enseignement », *Social Sciences Information*, vol. 12, n° 5, 1973, p. 61-113.

18 Lise BERNARD, *La Précarité en col blanc. Une enquête sur les agents immobiliers*, Presses universitaires de France, Paris, 2017.

19 Pierre BOURDIEU, « Les stratégies matrimoniales dans le système de reproduction », *art. cit.*

20 Maurice GODELIER, *L'Énigme du don*, Fayard, Paris, 1996, p. 7.

21 Annette WEINER, *Inalienable Possessions. The Paradox of Keeping-While-Giving*, University of California Press, Berkeley, 1992.

22 Vanessa BELLAMY, « En 2014, 818 565 bébés sont nés en France. Un nouveau-né sur dix porte le nom de ses deux parents », *INSEE Focus*, n° 9, 2015.

23 Marie-France VALETAS, « La subordination patronymique de la femme », *Travail, genre et sociétés*, 7, 2002, p. 180-184.

24 Wilfried RAULT, « Garder l'usage de son nom et le transmettre. Pratiques de la loi française de 2002 sur le double nom », *Clio, femmes, genre et histoire*, n° 45, 1, 2017, p. 129-149.

25 Virginie DESCOUTURES, « Le nom des femmes et sa transmission », *Mouvements*, n° 82, 2015, p. 43-48.

26 Fabienne DAGUET, « De plus en plus de couples dans lesquels l'homme est plus jeune que

la femme », *INSEE Première*, n° 1613, 2016.

27 Michel Bozon et François Héran, *La Formation du couple. Textes essentiels pour la sociologie de la famille*, La Découverte, Paris, 2006 ; Marie Bergström, *Les Nouvelles Lois de l'amour. Sexualité, couple et rencontres à l'heure du numérique*, La Découverte, Paris, 2019.

28 Margaret Maruani et Monique Méron, *Un siècle de travail des femmes en France. 1901-2011*, La Découverte, Paris, 2012.

29 Marie Buscatto et Catherine Marry, « Le plafond de verre dans tous ses éclats. La féminisation des professions supérieures au xxe siècle », *Sociologie du travail*, n° 51, 2009, p. 170-182 ; Catherine Marry, Laure Béréni, Alban Jacquemard, Sophie Pochic et Anne Revillard, *Le Plafond de verre et l'État. La construction des inégalités de genre dans la fonction publique*, Armand Colin, Paris, 2017.

30 Rachel Silvera, *Un quart en moins. Des femmes se battent et obtiennent l'égalité des salaires*, La Découverte, Paris, 2014.

31 Amine Chamkhi et Fabien Toutlemonde, « Ségrégation professionnelle et écarts de salaires femmes-hommes », *DARES Analyses*, n° 82, 2015.

32 Clara Champagne, Ariane Pailhé et Anne Solaz, « Le temps domestique et parental des hommes et des femmes : quels facteurs d'évolutions en vingt-cinq ans ? », *Économie et statistique*, n° 478-480, 2015, p. 209-242.

33 Thomas Morin, « Écarts de revenus au sein des couples. Trois femmes sur quatre gagnent moins que leur conjoint », *INSEE Première*, n° 1492, 2014.

34 Céline Bessière, « Ne pas avoir travaillé pour rien », *in De génération en génération*, *op. cit.*, p. 33 et suivantes.

35 *Ibid.*

36 Le couple craint de ne pas avoir les moyens d'assumer le crédit nécessaire. Les banques exigent par ailleurs souvent que les deux membres du couple soient coemprunteurs et puissent justifier de revenus qui s'avèrent autant de garanties du crédit. Voir Jeanne Lazarus, *L'Épreuve de l'argent. Banques, banquiers, clients*, Calmann-Lévy, Paris, 2012 ; Cédric Houdré, « Offre de travail et accession à la propriété : l'impact des contraintes d'emprunt sur l'activité des femmes en France », *Économie et statistique*, n° 417-419, 2009, p. 153-172.

37 Nicolas Frémeaux et Marion Leturcq, *Inequalities and the Individualization of Wealth : Evidence from France*, *op. cit.*

38 INSEE, « Mariages, Pacs, Divorces », *Tableaux de l'économie française*, 2018, consultable en ligne (https://cutt.ly/1eZOfn9).

39 La part des couples en séparation de biens est passée de 6,1 % des couples mariés en 1992 à 10 % en 2010. Parmi les couples formés depuis moins de six ans en 2010, 15 % optent pour ce type de contrat. *Cf.* Nicolas Frémeaux et Marion Leturcq, « Plus ou moins mariés, l'évolution du mariage et des régimes matrimoniaux en France », *Économie et statistique*, 462-463, 2013, p. 132.

40 Nicolas Frémeaux et Marion Leturcq, « Plus ou moins mariés », *art. cit.*, p. 137.

41 Sébastien Durier, « Après une rupture d'union, l'homme reste plus souvent dans le logement

conjugal », *INSEE Focus*, n° 91, 2017.

42 Giulia FERRARI, Carole BONNET et Anne SOLAZ, « "Will the one who keeps the children keep the house ?" Residential mobility after divorce by parenthood status and custody arrangements in France », *Demographic Research*, vol. 40, n° 14, 2019, p. 359-394.

43 Thomas DEROYON, « En 2018, l'espérance de vie sans incapacité est de 64,5 ans pour les femmes et de 63,4 ans pour les hommes », *Études et résultats*, n° 1127, DREES, 2019.

44 « Les retraités et les retraites », *Panoramas de la DREES*, 2018.

45 Carole BONNET et Jean-Michel HOURRIEZ, « Égalité entre hommes et femmes à la retraite : quels rôles pour les droits familiaux et conjugaux ? », *Population*, n° 67, 2012, p. 133-158.

46 Marianne MÜLLER, « 728 000 résidents en établissements d'hébergement pour personnes âgées en 2015. Premiers résultats de l'enquête EHPA 2015 », *Études et résultats*, DREES, n° 1015, 2017.

47 Solène BILLAUD, *Partager avant l'héritage, financer l'hébergement en institution. Enjeux économiques et mobilisations familiales autour de personnes âgées des classes populaires*, thèse de sociologie, EHESS, 2010, p. 105-108.

## Notes du chapitre 3 (pages 91 à 131)

1 Nicolas HERPIN et Jean-Hugues DÉCHAUX, « Entraide familiale, indépendance économique et sociabilité », *art. cit.* Dans les classes populaires, les femmes, qu'elles soient veuves ou séparées, hébergent plus souvent leurs enfants, dès lors que leur logement le permet. Elles prennent aussi plus souvent en charge leurs vieux parents.

2 Emilia SCHIJMAN, *À qui appartient le droit ? Ethnographier une économie de pauvreté*, LGDJ, Paris, 2019.

3 Florence WEBER, *Penser la parenté aujourd'hui*, *op. cit.*

4 Jean de LA FONTAINE, *Fables, les animaux malades de la peste*, 1678.

5 Nicolas HERPIN, *L'Application de la loi. Deux poids, deux mesures*, Le Seuil, Paris, 1977 ; Marc GALANTER, « Why the "haves" comes out ahead : speculations on the limits of legal changes », *Law and Society Review*, n° 33, 1974, p. 95-160.

6 William FELSTINER, Richard ABEL et Austin SARAT, « The emergence and transformation of disputes : naming, blaming, claming », *Law and Society Review*, n° 15, 1981, p. 631-654 ; Patricia EWICK et Susan SILBEY, *The Common Place of Law : Stories From Everyday Life*, University of Chicago Press, Chicago, 1998.

7 Pour une critique, voir Laura B. NIELSEN, « Situating legal consciousness. Experiences and attitudes of ordinary citizens about law and street harassment », *Law and Society Review*, n° 34, 2000, p. 1055-1090 ; Lorenzo BARRAULT-STELLA et Alexis SPIRE, « Quand les classes supérieures s'arrangent avec le droit », *Sociétés contemporaines*, n° 108, 2017, p. 5-14.

8 Ordonnance n° 45-2590 du 2 novembre 1945, article 1er.

9 Ezra N. SULEIMAN, *Les Notaires. Les pouvoirs d'une corporation*, Le Seuil, Paris, 1987.

10 Lucien KARPIK, *Les Avocats. Entre l'État, le public et le marché, XIII*e*-XX*e *siècles*, Gallimard, Paris, 1995 ; Christian BESSY, *L'Organisation des activités des avocats, entre public et marché*, LGDJ, Paris, 2015.

11 Le calcul réalisé est le suivant : les notaires enregistrent environ 300 000 déclarations de succession par an pour plus de 500 000 décès.

12 Annie FOUQUET, « Les femmes chefs d'entreprise : le cas français », *Travail, genre et sociétés*, vol. 13, n° 1, 2005, p. 31-50 ; Annie FOUQUET, Jacqueline LAUFER et Sylvie SCHWEITZER, « Les femmes chefs d'entreprise : la parité pour demain ? », *in* Jean-Claude DAUMAS (dir.), *Dictionnaire historique des patrons français*, Flammarion, Paris, 2010, p. 816 et suivantes.

13 Sébastien RUZ, *Pour une sociologie des sociétés civiles immobilières. Logiques patrimoniales, dynamiques familiales et professionnelles, identités sociojuridiques. Le cas de la région lyonnaise (1978-1998)*, thèse de doctorat en sociologie et anthropologie, université Lumière-Lyon 2, Lyon, 2005.

14 Camille HERLIN-GIRET, *Rester riche*, *op. cit.*, p. 69-88.

15 Le calcul réalisé est le suivant : en 2010, alors que les notaires de France enregistrent 320 000 déclarations de succession, seuls 16 836 actes successoraux ont fait l'objet d'une saisine du tribunal. Seuls 4 753 couples divorcés ont fait appel au tribunal pour trancher un litige en matière de liquidation du régime matrimonial, soit moins de 3 % des 175 261 demandes de divorce la même année.

16 https://cutt.ly/KeXkvDm

17 Éric BUREAU et Emmanuel MAROLLE, « Héritage Hallyday, le temps de l'apaisement », *Le Parisien/Aujourd'hui en France*, 16 octobre 2019.

18 Robert H. MNOOKIN et Lewis KORNHAUSER, « Bargaining in the shadow of the law : the case of divorce », *The Yale Law Journal*, vol. 88, n° 5, 1979, p. 950-997.

19 Corinne DELMAS, *Les Notaires en France. Des officiers de l'authentique entre héritage et modernité*, Presses universitaires de Rennes, Rennes, 2019.

20 D'après le « Rapport sur les professions réglementées de l'Inspection générale des finances », n° 2012 M05703, ministère de l'Économie et des Finances, mars 2013, tome I, les charges de notaire titulaire se cèdent pour des montants représentant 2,2 années de bénéfices (p. 52) ; le prix moyen d'acquisition du capital pour un nouvel entrant (que ce soit le prix total d'un office individuel ou le prix d'une société au prorata des parts détenues en moyenne par associé) était de 652 831 euros en 2011 (p. 37).

21 Ezra N. SULEIMAN, *Les Notaires*, *op. cit.*, p. 88.

22 George MARCUS et Peter HALL, *Lives in Trust : the Fortunes of Dynastic Families in Late Twentieth-Century America*, Westview Press, Boulder, 1992.

23 Autorité de la concurrence, « Avis n° 18-A-08 du 31 juillet 2018 relatif à la liberté d'installation des notaires et à une proposition de carte révisée des zones d'implantation, assortie de recommandations sur le rythme de création de nouveaux offices notariaux », p. 62.

24 Corinne Delmas, « Le genre d'une profession à patrimoine », *Travail, genre et sociétés,* n° 41, p. 127-145.

25 Autorité de la concurrence, *art. cit.*, p. 63.

26 *Ibid.*, p. 64.

27 Les analyses de cette section sont tirées de Céline Bessière, Muriel Mille et Gabrielle Schütz, « Les avocat·e·s en droit de la famille et leurs client·e·s. Variations sociales dans la normalisation de la vie privée », *Sociologie du travail,* n° 2, 2020.

28 Une enquête du Conseil national des barreaux en 2011 auprès de 205 cabinets d'avocats en France, toutes spécialités confondues, montre que la moyenne des honoraires pratiqués est dans une fourchette de 163-247 euros/heure, Les honoraires des 82 cabinets pratiquant le droit de la famille sont nettement en dessous : entre 144 et 209 euros/heure. Christian Bessy, *L'Organisation des activités des avocats, op.cit.*, p. 101.

29 Défenseur des droits, « Conditions de travail et expériences des discriminations dans la profession d'avocat·e en France », 2018.

30 Base « 4 000 Affaires familiales » (voir annexe méthodologique), 758 dossiers de divorces contentieux.

31 Lorsque la profession du client·e n'est pas connue (5 cas), le rendez-vous est en moyenne plus court : 31 minutes.

32 Brooke Harrington, *Capital Without Borders. Wealth Managers and the One Percent*, Harvard University Press, Cambridge et Londres, 2016 ; Camille Herlin-Giret, *Rester riche, op. cit.*

33 Gilles Laferté, *L'Embourgeoisement : une enquête chez les céréaliers,* Raisons d'agir, Paris, 2018.

34 Philip Milburn, « L'honoraire de l'avocat au pénal : une économie de la relation professionnelle », *Droit et société,* n° 26, 1994, p. 175-195.

35 Au moment de l'enquête, un divorce par consentement mutuel à l'aide juridictionnelle totale est rémunéré 685 euros HT, un divorce contentieux à partir de 776,56 euros HT, avec la possibilité de dépassement en cas d'incident jusqu'à 365 euros HT supplémentaires.

36 Michel Pinçon et Monique Pinçon-Charlot, *Grandes Fortunes. Dynasties familiales et formes de richesse en France,* Payot, Paris, 1996.

37 Olivier Schwartz, « Peut-on parler des classes populaires ? », *La Vie des idées*, 2011 [1998] (http://www.laviedesidees.fr/Peut-on-parler-des-classes.html).

38 Céline Bessière et Sibylle Gollac, « Des exploitations agricoles au travers de l'épreuve du divorce. Rapports sociaux de classe et de sexe dans l'agriculture », *Sociétés contemporaines,* n° 96, p. 77-108, 2014.

39 Céline Bessière et Sibylle Gollac, « Des usages sociaux différenciés d'un nouvel outil juridique : la mise en œuvre des renonciations en matière successorale dans les offices notariaux », *in* Cécile Péres (dir.), *Renonciations et successions, quelles pratiques ?* Defrénois, coll. « Expertise notariale », Issy-les-Moulineaux, 2017.

40 La loi de 2001 a étendu à tous les conjoint·es survivant·es les droits qu'ouvrait cette donation à ses bénéficiaires.

41 Céline Bessière, Émilie Biland, Abigail Bourguignon, Sibylle Gollac, Muriel Mille et Hélène Steinmetz, « “Faut s’adapter aux cultures, maître !” La racialisation des publics de la justice familiale en France métropolitaine », *Ethnologie française*, vol. 1, n° 169, 2018, p. 131-140.

42 Source : Base *Affaires familiales*, 4 450 justiciables ayant un·e avocat·e impliqué·es dans des dossiers de divorce et hors divorce archivés en 2013.

## Notes du chapitre 4 (pages 133 à 166)

1 L’accès des femmes à des droits égaux à ceux des hommes en matière successorale fait actuellement débat dans plusieurs pays de droit musulman, notamment en Tunisie et au Maroc, et dans des pays, comme le Sénégal, où des groupes politiques plaident pour un droit de la famille de statut personnel (c’est-à-dire dépendant de la religion des individus). Pour une analyse des enjeux de ces débats, voir notamment : Marième N’Diaye, *La Réforme du droit de la famille. Une comparaison Sénégal-Maroc*, Les Presses de l’université de Montréal, Montréal, 2016.

2 Pierre Lamaison, « La diversité des modes de transmission : une géographie tenace », *Études rurales*, n° 110-111-112, 1988, p. 119-175 ; Hervé Le Bras et Emmanuel Todd, *L’Invention de la France. Atlas anthropologique et politique*, Gallimard, Paris, 2012 [1981].

3 Lee Holcombe, *Wives and Property : Reform of the Married Women’s Property Law in Nineteenth-Century England*, University of Toronto Press, Toronto, 1983.

4 Carole Shammas, « Re-assessing the married women’s property acts », *Journal of Women’s History*, vol. 6, n° 1, 1994, p. 9-28.

5 Jean-Louis Halpérin, « Le droit privé de la Révolution : héritage législatif et héritage idéologique », *Annales historiques de la Révolution française*, n° 328, 2002, p. 135-151 ; *Histoire du droit privé français depuis 1804*, Presses universitaires de France, Paris, 2012.

6 En atteste la comparaison au xix^e^ siècle entre les différents États américains soumis à l’un ou l’autre système, *cf.* Carole Shammas, Marylynn Salmon et Michel Dahlin, *Inheritance in America, From Colonial Time to the Present*, Rutgers University Press, New Brunswick, 1987, p. 84. Cela reste vrai aujourd’hui, l’inégalité de richesse entre les hommes et les femmes est moins importante dans les pays qui proposent un régime communautaire (partiel ou total) par défaut, par rapport aux pays où règne la séparation des biens, *cf.* Carmen D. Deere et Cheryl R. Doss, « The gender asset gap… », *art. cit.*

7 « Les dons et legs faits au fils de celui qui se trouve successible à l’époque de l’ouverture de la succession sont toujours réputés faits avec dispense du rapport. Le père venant à la succession du donateur n’est pas tenu de les rapporter » (article 847 du code civil, toujours en vigueur) ; « Pareillement, le fils venant de son chef à la succession du donateur n’est pas tenu de rapporter le don fait à son père, même quand il aurait accepté la succession de

celui-ci ; mais si le fils ne vient que par représentation, il doit rapporter ce qui avait été donné à son père, même dans le cas où il aurait répudié sa succession » (article 848 du code civil, toujours en vigueur).

8 Stéphanie HENNETTE-VAUCHEZ, Marc PICHARD et Diane ROMAN (dir.), *La Loi et le genre. Études critiques de droit français,* CNRS Éditions, Paris, 2014, p. 315 et suivantes.

9 Nous nous inscrivons ici dans la perspective de la sociologie du droit américaine, notamment Jon B. GOULD et Scott BARCLAY, « Mind the gap : the place of gap studies in sociolegal scholarship », *Annual Review of Law and Social Science*, n° 8, 2012, p. 323-335 ; Lauren EDELMAN, *Working Law : Courts, Corporations, and Symbolic Civil Rights,* University of Chicago Press, Chicago, 2016.

10 Céline BESSIÈRE, « Reversed accounting : Legal professionals, families and the gender wealth gap in France », *Socio-Economic Review*, 2019.

11 « Les descendants d'un exploitant agricole qui, âgés de plus de dix-huit ans, participent directement et effectivement à l'exploitation, sans être associés aux bénéfices ni aux pertes et qui ne reçoivent pas de salaire en argent en contrepartie de leur collaboration, sont réputés légalement bénéficiaires d'un contrat de travail à salaire différé sans que la prise en compte de ce salaire pour la détermination des parts successorales puisse donner lieu au paiement d'une soulte à la charge des cohéritiers », et les articles suivants (code rural, art. L. 321-13 à L. 321-21).

12 Luc BOLTANSKI et Arnaud ESQUERRE, *Enrichissement. Une critique de la marchandise*, Gallimard, Paris, 2017, p. 132.

13 L'avantage des hommes en matière d'héritage de biens professionnels est attesté par des enquêtes statistiques dans de nombreux pays. Pour la France, voir Sibylle GOLLAC, « Travail indépendant... » *art. cit.* ; Luc ARRONDEL et Anne LAFFERÈRE, « Les partages inégaux de successions entre frères et sœurs », *Économie et statistique*, n° 256, 1992, p. 29-42 ; aux États-Unis, Andrew BURKE, Felix FITZROY et Michael NOLAN, « What makes a die-hard entrepreneur ? Beyond the "employee or entrepreneur" dichotomy », *Small Business Economics,* n° 31, 2008, p. 93-115 ; en Australie, Siobhan AUSTEN, Therese JEFFERSON et Rachel ONG, « The gender gap in financial security : what we know and don't know about Australian households », *Feminist Economics*, n° 3, 2014, p. 25-52.

14 Céline BESSIÈRE, *De génération en génération, op. cit.*, p. 183 et suivantes.

15 Les ménages dont la personne de référence est un agriculteur retraité ou un indépendant (artisan, commerçant, chef d'entreprise) retraité sont plus susceptibles, toutes choses égales par ailleurs (à âge, niveau de patrimoine et de revenus, diplôme, nombre d'enfants donnés), d'avoir transmis une partie de leur patrimoine de leur vivant par donations, selon les données de l'enquête « Patrimoine » en 2010. *Cf.* Bertrand GARBINTI, Pierre LAMARCHE et Laurianne SALEMBIER, « Héritages, donations et aides aux ascendants et descendants », *INSEE Références. Les*

*revenus et le patrimoine des ménages*, 2012, p. 62.

16 Pour des exemples, Céline BESSIÈRE, *De génération en génération, op. cit.*, p. 95 et suivantes.

17 https://www.notaires.fr/fr/entreprise/transmission-reprise/la-transmission-d'une-entreprise [page consultée le 6 mars 2019].

18 https://www.notaires.fr/fr/donation-succession/donation/aménager-la-réserve-héréditaire-le-pacte-de-famille ; https://www.notaires.fr/fr/donation-succession/donation/succession-donation-partage-et-donation-transgénérationnelle, entre autres [pages consultées le 6 mars 2019].

19 https://www.notaires.fr/fr/immobilier-fiscalité/fiscalité-et-gestion-du-patrimoine/la-société-civile-immobilière-familiale-sci [page consultée le 6 mars 2019].

20 « La donation-partage », *Les Mémos-Conseils par des notaires*, Paris, 2004.

21 Groupe Monassier, *Patrimoine et entreprise*, n° 61, 2015, p. 4.

22 *Ibid.*

23 Notamment, Marion GALY-RAMOUNOT, « Lӕticia Hallyday, la disgrâce d'une reine », *Madame Figaro*, 1er mars 2018.

24 Élise KARLIN, « Du fric, des larmes et des images », *L'Express*, n° 3477, 21 février 2018.

25 Stéphanie MARTEAU, « La guerre de la com' », *L'Express*, n° 3482, 28 mars 2018.

26 Pascale ROBERT-DIARD, « À l'audience sur la succession de Johnny Hallyday, l'affaire familiale devient cause patriotique », *Le Monde*, 31 mars 2018.

27 Selon le rapport n° 378 (2000-2001) au nom de la commission des lois sur la proposition de loi relative aux droits du conjoint survivant et la proposition de loi visant à améliorer les droits et les conditions d'existence des conjoints survivants et à instaurer dans le code civil une égalité successorale entre les enfants légitimes et les enfants naturels ou adultérins, par Nicolas About, p. 11-12 (http://www.senat.fr/dossier-legislatif/ppl00-224.html).

28 Les propositions du 100e Congrès des notaires de France, à Paris, les 16 au 19 mai 2004, « code civil, les défis d'un nouveau siècle », présidé par Sophie Chaine ; quatrième commission « Liberté, Égalité, Familles », présidée par Didier Coiffard, rapporteur Yves Delecraz, quatrième proposition : « La réserve conjugale ».

29 Didier COIFFARD, « La réserve conjugale », *Droit et patrimoine*, n° 125, 2004, p. 40-46.

30 Julie Minoc montre qu'une autre manière de gérer le patrimoine de ces « veuves » pour les enfants et de s'assurer de sa conservation est de demander un placement sous mesure de protection juridique, dont l'exercice revient à un proche (essentiellement des enfants pour les plus de soixante-dix ans) dans près de la moitié des cas : Julie MINOC, « Psychiatrisation des décisions de protection judiciaire des majeurs et *social blind* », communication présentée au séminaire JUSTINES – Justice et inégalités au prisme des sciences sociales, Cresppa-CSU, Paris, 17 juin 2019.

31 Céline BESSIÈRE et Sibylle GOLLAC, « Des exploitations agricoles au travers de l'épreuve du divorce. Rapports sociaux de classe et de sexe dans l'agriculture », *Sociétés contemporaines*, n° 96, 2014, p. 77-108.

32 Alexandre PIQUARD, « Le divorce de Jeff Bezos crée de l'incertitude sur Amazon et son empire », *Le Monde*, 20 janvier 2019.

33 Sébastien DURIER, « Après une rupture d'union, l'homme reste plus souvent dans le logement conjugal », *art. cit.*

34 Giulia FERRARI, Carole BONNET et Anne SOLAZ, « "Will the one who keeps the children keep the house ?" », *art. cit.*, p. 376.

35 Lorsque des parents (mariés ou non mariés) judiciarisent leur séparation, la résidence des enfants est fixée chez la mère dans 70 % des cas, pour seulement 12 % de résidence chez le père et 18 % de résidence alternée, *cf.* Maud GUILLONNEAU et Caroline MOREAU, *La Résidence des enfants de parents séparés. De la demande des parents à la décision du juge. Exploitation des décisions définitives reçues par les juges aux affaires familiales au cours de la période comprise entre le 4 juin et le 15 juin 2012*, ministère de la Justice, pôle d'évaluation de la justice civile, 2013.

36 Base « 4 000 Affaires familiales » (voir annexe méthodologique), 259 dossiers de liquidation où les ex-époux étaient propriétaires de leur domicile conjugal au moment du divorce et pour lesquels on connaît le destin de ce bien.

37 Source : ensemble des décisions contenant une demande de prestation compensatoire (n = 3 200), parmi les 14 219 jugements de divorce prononcés dans des tribunaux de grande instance de métropole et d'Outre-Mer entre le 16 septembre et le 25 octobre 2013. *Cf.* Zakia BELMOKHTAR et Julie MANSUY, « En 2013, neuf prestations compensatoires sur dix sous forme de capital », *Infostat Justice*, n° 144, 2016.

38 Pierre BOURDIEU, *Le Sens pratique*, Éditions de Minuit, Paris, 1980, p. 10.

## Notes du chapitre 5 (pages 167 à 197)

1 Sibylle GOLLAC, « Faire ses partages. Le règlement d'une succession et sa mise en récits dans un groupe de descendance », *Terrain*, n° 45, 2005, p. 113-124

2 Pauline GRÉGOIRE-MARCHAND, « La fiscalité des héritages : connaissances et opinions des Français », *Document de travail, France stratégie*, n° 2, 2018.

3 Jens BECKERT, *Inherited Wealth*, Princeton University Press, Princeton, 2008 [2004].

4 Nicolas FRÉMEAUX, *Les Nouveaux Héritiers*, *op. cit.*, p. 60 et suivantes ; Jens BECKERT, « Why is the estate tax so controversial ? », *Society*, vol. 45, n° 6, 2008, p. 521-528.

5 Nicolas FRÉMEAUX, *Les Nouveaux Héritiers*, *op. cit.*, p. 93.

6 Nicolas DELALANDE et Alexis SPIRE, *Histoire sociale de l'impôt*, La Découverte, Paris, 2010, p. 99.

7 Jonathan GOUPILLE-LEBRET, « Combien ont coûté les réformes de l'impôt sur les successions mises en place en France depuis 2000 », *Revue économique*, vol. 67, n° 4, 2016, p. 913-936.

8 Emmanuel SAEZ et Gabriel ZUCMAN, *Le Triomphe de l'injustice. Richesse, évasion fiscale et démocratie*, Le Seuil, Paris, 2020 [2019].

9 Clément DHERBECOURT, « Peut-on éviter une société

d'héritiers ? », *Note d'analyse, France Stratégie*, n° 51, 2017.

10 Source : Comptabilité nationale en 2015. Jonathan GOUPILLE-LEBRET et Jose INFANTE, « Behavioral responses to inheritance tax : evidence from notches in France », *Journal of Public Economics*, n° 168, 2018, p. 21-34.

11 Article 787 du code général des impôts.

12 Alexis SPIRE, *Résistances à l'impôt, attachement à l'État. Enquête sur les contribuables français*, Le Seuil, Paris, 2018.

13 https://www.notaires.fr/fr/le-tarif-du-notaire [page web consultée le 1er juin 2017].

14 Alexis SPIRE, *op. cit.*, p. 117 et suivantes.

15 Camille HERLIN-GIRET, *Rester riche, op. cit.* ; Michel PINÇON et Monique PINÇON-CHARLOT, *Tentative d'évasion (fiscale)*, La Découverte, Paris, 2015.

16 Alexis SPIRE, « La domestication de l'impôt par les classes dominantes », *Actes de la recherche en sciences sociales*, n° 190, mai 2011, p. 58-71.

17 Source : enquête sur un échantillon de 3 895 décisions rendues par les JAF en 2012. Zakia BELMOKHTAR, « Une pension alimentaire fixée par les juges pour deux tiers des enfants de parents séparés », *Infostat Justice*, n° 128, 2014.

18 Émilie BILAND, *Gouverner la vie privée. L'encadrement inégalitaire des séparations conjugales en France et au Québec*, ENS Éditions, Lyon, 2019, p. 180.

19 Justine FAURE, interview de Stéphanie Lamy, « Comment en finir avec les pensions alimentaires non payées ? », LCI, 25 février 2019.

20 Camille HERLIN-GIRET, *Rester riche, op. cit.*

21 *Ibid.*

22 Robert PROCTOR et Londa SCHIEBINGER (dir.), *Agnotology. The Making and Unmaking of Ignorance*, Stanford University Press, Stanford, 2008 ; Emmanuel HENRY, *Ignorance scientifique et inaction publique. Les politiques de santé au travail*, Les Presses de Sciences Po, Paris, 2017.

23 Nicholas CONFESSORE, « How to hide $400 million », *The New York Times Magazine*, 30 novembre 2016.

24 Florence WEBER, *Le Travail au noir : une fraude parfois vitale ?* Éditions Rue d'Ulm, Paris, 2008.

25 Irène THÉRY, *Le Démariage. Justice et vie privée*, Odile Jacob, Paris, 1993.

## Notes du chapitre 6 (pages 199 à 234)

1 Constance Gay, « Justice : entre femmes juges et prévenues, existe-t-il une solidarité féminine ? », *Le Point*, 30 août 2012.

2 Sur la rhétorique des associations de défense des pères qui associent la forte proportion de résidence des enfants fixée chez la mère à la féminisation de la magistrature, voir Aurélie FILLOD-CHABAUD, « Les JAF sont-ils anti-papas ? », *Délibérée*, n° 2, 2017, p. 92-95.

3 Isabelle SAYN et Cécile BOURREAU-DUBOIS, *Le Traitement juridique des conséquences économiques du divorce*, Bruylant, Bruxelles, 2018, notamment Yann FAVIER, « Les justifications des prestations entre ex-époux : modélisation

des formes de compensation des inégalités post-conjugales dans neuf pays européens », p. 39-49.

4 *Ibid.*, p. 14.

5 Voir par exemple Carole Bonnet et Jean-Michel Hourriez, « Veuvage, pension de réversion et maintien du niveau de vie suite au décès du conjoint : une analyse sur cas types », *Retraite et société*, vol. 56, n° 4, 2008, p. 71-103.

6 Lucy apRoberts, « Les pensions de réversion du régime général : entre assurance retraite et assistance veuvage », *Retraite et société*, vol. 54, n° 2, 2008, p. 93-119.

7 Paul Hobeika, « Retraite, veuvage, réversion : comment les rapports sociaux de sexe se recomposent-ils à l'âge de la retraite ? », Journée d'études « Intersectionnalité en pratique. Approches empiriques et méthodologiques de l'imbrication des rapports de domination », Centre Maurice-Halbwachs, 11 juin 2019.

8 Hélène Belleau, *Quand l'amour et l'État rendent aveugles : le mythe du mariage automatique,* Presses universitaires de Québec, Québec, 2011 ; Émilie Biland-Curinier et Gabrielle Schütz, « Les couples non mariés ont-ils des droits ? Comment juristes, intellectuels et journalistes ont construit l'affaire "Éric c Lola", *Canadian Journal of Law and Society/Revue canadienne droit et société,* vol. 30, n° 3, 2015, p. 323-343 ; Rosemary Auchmuty, « The limits of marriage protection : in defence of property law », *Oñati Socio-legal Series*, vol. 6, n° 6, 2016, p. 1196-1224 (https://ssrn.com/abstract=2887017) ; Michelle Cottier et Johanna Muheim, « Travail de care non rémunéré et égalité de genre en droit de la famille suisse. Une évaluation critique du nouveau droit de l'entretien de l'enfant », *Revue de droit suisse,* 2019, p. 61-88

9 Marine Boisson et Vanessa Wisnia-Weill, « Désunion et paternité », *Note d'analyse. Questions sociales*, Centre d'analyse stratégique, n° 294, 2012, p. 15 ; Bruno Jeandidier, « Prestation compensatoire : étendre la solidarité aux conjoints de fait », *in* Isabelle Sayn et Cécile Bourreau-Dubois, *Le Traitement juridique des conséquences économiques du divorce, op. cit.*, p. 73-88.

10 Anne Revillard, « Le droit de la famille : outil d'une justice de genre ? Les défenseurs de la cause des femmes face au règlement juridique des conséquences financières du divorce en France et au Québec (1975-2000) », *L'Année sociologique*, n° 59, 2009, p. 345-370.

11 Zakia Belmokhtar et Julie Mansuy, *art. cit.*, p. 4. Ce chiffre atteignait 97 % en 2003 comme en 1994, voir Ève Roumiguières, « Des prestations compensatoires sous forme de capital et non plus de rente », *Infostat Justice,* n° 77, 2004.

12 Arnaud Régnier-Loilier, « Nouvelle vie de couple, nouvelle vie commune ? Processus de remise en couple après une séparation », *Population,* vol. 74, n° 1-2, 2019.

13 Ève Roumiguières, *art. cit.*

14 Zakia Belmokhtar et Julie Mansuy, « En 2013, neuf prestations compensatoires sur dix sous forme de capital », *Infostat Justice,* n° 144, 2016.

15 Cité dans Collectif Onze, *op. cit.*, p. 236.

16 Cécile Bourreau-Dubois, Bruno Jeandidier et Julie

Mansuy, « Les enjeux redistributifs de la prestation compensatoire : une analyse statistique de 5 000 décisions de divorce », *in Le Traitement juridique des conséquences économiques du divorce*, *op. cit.* p. 127-150. Parmi les 14 219 jugements de divorce prononcés dans des tribunaux de grande instance de métropole et d'Outre-Mer entre le 16 septembre et le 25 octobre 2013, l'échantillon comprend l'exhaustivité des décisions avec demande de prestation compensatoire (n = 3 224) et un tirage aléatoire de 2 250 affaires sans demande de prestation compensatoire.

17 Zakia Belmokhtar et Julie Mansuy, « En 2013, neuf prestations sur dix sous forme de capital », *art. cit.*

18 Collectif Onze, *Au tribunal des couples*, *op. cit*, p. 51 et suivantes.

19 Isabelle Sayn, « Recourir à un barême pour fixer la prestation compensatoire ? Portée et limite de l'outil », *op. cit.* p. 151-167.

20 Christine Delphy, « Agriculture et travail domestique : la réponse de la bergère à Engels », *Nouvelles Questions féministes*, n° 5, 1983, p. 3-18 ; Alice Barthez, *Famille, travail et agriculture*, Economica, Paris, 1982 ; Rose-Marie Lagrave (dir.), *Celles de la terre. Agricultrices : l'invention politique d'un métier*, éditions de l'EHESS, Paris, 1987 ; Odile Dhavernas, *Le Partage professionnel de l'entreprise conjugale : travail des femmes et discours juridique*, CNRS, Paris, 1986.

21 Ariane Pailhé et Anne Solaz « Inflexions des trajectoires professionnelles des hommes et des femmes après la naissance d'enfants », *Recherches et prévisions*, n° 90, 2007, p. 5-16.

22 Collectif Onze, *op. cit.*, p. 240.

23 Cécile Bourreau-Dubois et Myriam Doriat-Duban, « La couverture des coûts du divorce : le rôle de la famille, de l'État et du marché », *Population*, vol. 71, n° 3, 2016, p. 489-512, et sa critique, notamment Céline Bessière et Sibylle Gollac, « Le cache-sexe de la théorie économique », *Population*, vol. 71, n° 3, 2016, p. 519-523.

24 Étudiant la différenciation des pratiques de travail chez les juges des enfants, hommes et femmes, Delphine Serre et Anne Paillet soulignent les rapports genrés aux stéréotypes de genre : les magistrates mettent à distance les stéréotypes de genre en limitant au maximum les pratiques et les discours pouvant renvoyer au « maternage », tandis que les magistrats se préoccupent nettement moins des assignations de genre. *Cf.* Anne Paillet et Delphine Serre, « Les rouages du genre. La différenciation des pratiques de travail chez les juges des enfants », *Sociologie du travail*, vol. 56, n° 3, 2014, p. 342-364.

25 Céline Bessière et Muriel Mille, « Le juge est (souvent) une femme. Conceptions du métier et pratiques des magistrates et magistrats aux affaires familiales », *Sociologie du travail*, vol. 55, n° 3, 2013, p. 341-368.

26 Yoan Demoli et Laurent Willemez, « Les magistrats, un corps professionnel féminisé et mobile », *Infostat Justice*, n° 161, 2018.

27 Laurence Bachmann, *De l'argent à soi. Les préoccupations sociales des femmes à travers leur rapport à*

*l'argent,* Presses universitaires de Rennes, Rennes, 2009.

28 Base « 4 000 Affaires familiales ».

29 Parmi les 563 dossiers de divorce contentieux archivés en 2013 que nous avons consultés, les ex-conjoints avaient liquidé leur patrimoine conjugal avant le jugement de divorce dans seulement 26 % des cas (base « 4 000 Affaires familiales »).

30 Thomas MORIN, « Écarts de revenus au sein des couples », *art. cit.*

31 Cela a été montré par l'enquête pionnière sur les affaires familiales dans les années 1980 d'Irène THÉRY, *Le Démariage, op. cit.*, et confirmé dans l'enquête du COLLECTIF ONZE, *op. cit.*, dans les années 2010.

32 Sur la période 2012-2017, d'après l'enquête « Cadre de vie et sécurité » de l'INSEE, 71 % des personnes qui ont déclaré avoir été victimes de violence de la part d'un·e conjoint·e ou d'un·e ex-conjoint·e durant l'année précédente étaient des femmes. *Cf.* Hélène GUEDJ et André MOREAU, *Rapport d'enquête « cadre de vie et sécurité » 2018. Victimation, délinquance et sentiment d'insécurité,* ministère de l'Intérieur, décembre 2018.

33 Catherine CAVALIN, « Comment le genre habite-t-il les violences ? (et *vice versa*) », postface de l'ouvrage d'Anne LAMBERT, Pascale DIETRICH-RAGON et Catherine BONVALET (dir.), *Le Monde privé des femmes. Genre et habitat dans la société française,* éditions de l'INED, Paris, 2018, p. 307.

34 Solenne JOUANNEAU et Anna MATTEOLI, « Les violences au sein des couples au prisme de la justice familiale. Invention et mise en œuvre de l'ordonnance de protection », *Droit et société,* n° 99, 2018, p. 305-321.

## Notes du chapitre 7 (pages 235 à 267)

1 Olivier SCHWARTZ, « Peut-on parler des classes populaires ? », *La Vie des idées*, 2011 [1998] (http://www.laviedesidees.fr/Peut-on-parler-des-classes.html).

2 Thomas MORIN, « Écarts de revenus au sein des couples. Trois femmes sur quatre gagnent moins que leur conjoint », *INSEE Première*, n° 1492, 2014.

3 *Ibid.* Cette proportion s'accroît nettement décile après décile : 22 % dans le deuxième décile, 32 % dans le troisième décile, elle atteint 50 % à partir du quatrième décile et entre 60 % et 70 % pour tous les autres.

4 Anne EYDOUX et Marie-Thérèse LETABLIER, « Familles monoparentales et pauvreté en Europe : quelles réponses politiques ? L'exemple de la France, de la Norvège et du Royaume-Uni », *Politiques sociales et familiales*, n° 98, 2012, p. 21-36.

5 Source : INSEE, 2015. Observatoire des inégalités, « Famille monoparentale rime souvent avec pauvreté », 30 novembre 2017 (https://www.inegalites.fr/Famille-monoparentale-rime-souvent-avec-pauvrete?id_theme=15) [page consultée le 20 sept 2019].

6 « Pauvreté en condition de vie de 2004 à 2016. Enquête statistique sur les ressources et conditions de vie », dont les résultats sont consultables à l'adresse suivante : https://www.insee.fr/fr/statistiques/31357

89?sommaire=3135798#consulter-sommaire.

7 Source : échantillon démographique permanent de l'INSEE, 2015. Sébastien Durier, « Après une rupture d'union, l'homme reste plus souvent dans le logement conjugal », *op. cit.*

8 Source : enquête « Logement » de l'INSEE, 2006. Corentin Trevien, « Habiter en HLM : quel avantage monétaire et quel impact sur les conditions de logement ? », *Économie et Statistique*, n° 471, 2014, p. 38

9 *Ibid.*

10 Rémi Lenoir, *Généalogie de la morale familiale*, Le Seuil, Paris, 2003 ; Jacques Commaille, Pierre Strobel et Michel Villac, *La Politique de la famille*, La Découverte, Paris, 2002.

11 Émilie Biland, *Gouverner la vie privée, op. cit.*

12 « Rapport sur la création d'une agence de recouvrement des impayés de pension alimentaire », Inspection générale des affaires sociales, Inspection des finances et Inspection générale des services judiciaires, septembre 2016 (consultable en ligne : http://www.igas.gouv.fr/IMG/pdf/2016-071R.pdf).

13 Collectif Onze, *Au tribunal des couples, op. cit.*, p. 218-219.

14 Base « 4 000 Affaires familiales », 1 313 affaires hors divorce ou postdivorce.

15 Richard Hoggart, *La Culture du pauvre*, Éditions de Minuit, Paris, 1991 [1957].

16 Yasmine Siblot, « Je suis la secrétaire de la famille ! La prise en charge féminine des tâches administratives entre subordination et ressource », *Genèses*, n° 64, 2006, p. 46-66.

17 Zakia Belmokhtar, « Une pension alimentaire fixée par les juges pour deux tiers des enfants de parents séparés », *Infostat Justice*, n° 128, 2014.

18 Cécile Bourreau-Dubois, Bruno Deffains, Myriam Doriat-Duban, Eliane Jankeliowitch-Laval, Bruno Jeandidier, Ouarda Kherlifi, Éric Langlais et Jean-Claude Ray, *Les Obligations alimentaires vis-à-vis des enfants de parents divorcés : une analyse économique au service du droit*, rapport pour la Mission de recherche droit et justice du ministère de la Justice et de la Mission recherche (MiRE) du ministère de l'Emploi et de la Solidarité, 2003.

19 Collectif Onze, *Au tribunal des couples, op. cit.*, p. 208 et suivantes.

20 Valérie Carrasco et Clément Dufour, « Les décisions des juges concernant les enfants de parents séparés ont fortement évolué dans les années 2000 », *Infostat Justice*, n° 132, 2015.

21 Émilie Biland, *Gouverner la vie privée, op. cit.*, p. 198.

22 Françoise Dekeuwer-Deffossez, *Rénover le droit de la famille. Propositions pour un droit adapté aux réalités et aux aspirations de notre temps*, rapport au garde des Sceaux, ministre de la Justice, La Documentation française, Paris, 1999 ; pour une discussion de ce principe et sa mise en pratique, Le Collectif Onze, *Au tribunal des couples, op. cit.*, p. 178 et suivantes ; Émilie Biland, *Gouverner la vie privée, op. cit.*

23 Anne-Marie Devreux, « Autorité parentale et parentalité. Droits des pères et obligations des mères ? », *Dialogue*, n° 165, 2004, p. 57-68.

24 Voir : http://www.justice.fr/simulateurs/pensions/bareme ; sur l'histoire de la mise en place de ce barème en France, Émilie BILAND, *Gouverner la vie privée, op. cit.*, p. 193 et suivantes.

25 Cécile BOURREAU-DUBOIS, Bruno JEANDIDIER et Bruno DEFFAINS. « Un barème de pension alimentaire pour l'entretien des enfants en cas de divorce », *Revue française des affaires sociales*, n° 4, 2005, p. 101-132 ; Isabelle SAYN, Bruno JEANDIDIER et Cécile BOURREAU-DUBOIS, « La fixation du montant des pensions alimentaires : des pratiques et un barème », *Infostat Justice*, n° 116, 2012.

26 Henri MARTIN, « Calculer le niveau de vie d'un ménage : une ou plusieurs échelles d'équivalence ? », *Économie et statistique*, n° 491-492, 2017, p. 101-119.

27 « Le "coût de l'enfant" », rapport et propositions adoptés par consensus par le Haut Conseil de la famille lors de sa séance du 9 juillet 2015 (consultable ici : http://www.hcfea.fr/IMG/pdf/Note_Cout_de_l_enfant_DEF.pdf).

28 Voir notamment Ana PERRIN-HEREDIA, « Faire les comptes : normes comptables, normes sociales », *Genèses*, vol. 84, n° 3, 2011, p. 69-92.

29 Florence WEBER, *Le Travail au noir : une fraude parfois vitale ?, op. cit.*

30 Zakia BELMOKHTAR, « La contribution à l'entretien et l'éducation de l'enfant, deux ans après le divorce », *Infostat Justice*, n° 141, avril 2016, p. 4.

31 Solène CORDIER, « Pensions alimentaires : un nouveau système pour lutter contre les impayés », *Le Monde*, 19 septembre 2019.

32 Émilie BILAND, *Gouverner la vie privée, op. cit.*, p. 196 et suivantes.

33 Union des caisses nationales de la Sécurité sociale, « Document de support concernant l'instance nationale de concertation branche famille », Paris, 12 juillet 2017.

34 Amandine MATHIVET, Hélène CERETTO, Hayet IGUERTSIRA et Xavier ZUNIGO, « Étude sur l'allocation de soutien familial en lien avec la contribution à l'entretien et l'éducation de l'enfant », *Dossier d'études CNAF*, n° 172, août 2014.

35 Nathalie AUPHANT, « Pensions alimentaires : bientôt un service public », *Actualités sociales hebdomadaires*, 27 septembre 2019.

36 Justine Faure, interview de Stéphanie Lamy, *art. cit.*

37 Louis MORICE, interview de Stéphanie Lamy, « Le nonversement des pensions alimentaires est une violence faite aux femmes », *L'Obs*, 8 mars 2019.

38 Émilie BILAND, *Gouverner la vie privée, op. cit.*

39 Alexis Spire a montré au sujet de l'administration fiscale à quel point le contrôle des revenus des justiciables de classes populaires s'avère plus aisé que celui des plus riches, grâce aux recoupements possibles des fichiers informatiques des différentes administrations de l'État social. Alexis SPIRE, *Faibles et puissants face à l'impôt*, Raisons d'agir, Paris, 2012.

40 Marcel MAUSS, *Essai sur le don. Forme et raison de l'échange dans les sociétés archaïques*, Presses universitaires de France, Paris, 2007 [1925].

41 Émilie BILAND, *Gouverner la vie privée, op. cit.*, p. 189.

42 *Ibid.*

43 COLLECTIF ONZE, *Au tribunal des couples*, *op. cit*, p. 219-224.

44 Ana PERRIN HEREDIA, « La gestion du budget : un pouvoir paradoxal pour des femmes de classes populaires », *in* Anne LAMBERT, Pascale DIETRICH-RAGON et Catherine BONVALET (dir.), *Le Monde privé des femmes*, *op. cit.*, p. 193-212.

45 Louise MICHEL, *Mémoires de Louise Michel écrits par elle-même*, F. Roy libraire-éditeur, Paris, chapitre IX, 1886, p. 100-112.

## Notes de la conclusion (pages 269 à 280)

1 Deux manuels de référence en langue française l'attestent : Laure BERENI, Sébastien CHAUVIN, Alexandre JAUNAIT et Anne REVILLARD, *Introduction aux études sur le genre*, De Boeck Université, Bruxelles, 2012 ; Isabelle CLAIR, *Sociologie du genre*, Armand Colin, Paris, 2012.

2 Laure BÉRÉNI, « Une nouvelle génération de chercheuses sur le genre. Réflexions à partir d'une expérience située », *Contretemps*, 2012, mis en ligne le 19 juin 2012, (https://www.contretemps.eu/une-nouvelle-generation-de-chercheuses-sur-le-genre-reflexions-a-partir-dune-experience-situee).

3 Isabelle CLAIR et Maxime CERVULLE, « Lire entre les lignes : le féminisme matérialiste face au féminisme poststructuraliste », *Comment s'en sortir ?*, n° 4, 2017, p. 1-22.

4 Joan SCOTT, « Genre : une catégorie utile d'analyse historique », *Cahiers du GRIF*, n° 37-38, 1988 [1986].

5 Lucie BARGEL, Céline BESSIÈRE, Magali DELLA SUDDA, Sibylle GOLLAC, Stéphanie GUYON, Alexandra OESER et Séverine SOFIO, « Appropriations empiriques du genre », introduction du numéro spécial *(En)quêtes de genre*, *Sociétés et Représentations*, n° 24, 2007, p. 5-10.

6 Tania ANGELOFF et Céline BESSIÈRE, « Enseigner le genre, un devoir de dissidence. Retour sur quatre années d'introduction à la sociologie du genre à l'université Paris-Dauphine », *Travail, genre et sociétés*, n° 31, 2014, p. 85-100 [avec la participation d'A. Bonduelle, J. Dabert et G. Laval].

7 Rose-Marie LAGRAVE, « Recherches féministes ou recherches sur les femmes ? », *Actes de la recherche en sciences sociales*, n° 83, 1990.

8 Danielle CHABAUD, Virginie DESCOUTURES, Anne-Marie DEVREUX et Eleni VARIKAS, *Sous les sciences sociales, le genre*, La Découverte, Paris, 2010.

9 Laure BERENI *et al.*, *Introduction aux études sur le genre*, *op. cit.*, p. 18.

10 Christine DELPHY, *L'Ennemi principal*, *op. cit.* ; Andrée MICHEL, *Sociologie de la famille et du mariage*, Presses universitaires de France, Paris, 1986 [1972] ; Colette GUILLAUMIN, *Sexe, race et pratique du pouvoir*, Côté-femmes, Paris, 1992.

11 Silvia FEDERICI, *Revolution at Point Zero. Housework, Reproduction, and Feminist Struggle*, Common Notions/PM Press, Brooklyn/Oakland, 2012.

12 Danièle KERGOAT, *Se battre, disent-elles…*, La Dispute, Paris, 2012.

13 Comme en témoigne la création de la revue *Travail, genre et sociétés*

en 1999, par Marlaine Cacouault-Bitaud, Delphine Gardey, Jacqueline Laufer, Margaret Maruani, Chantal Rogerat, Rachel Silvera et Philippe Alonzo.

14 Rémi Lenoir, *Généalogie de la morale familiale*, *op. cit.*

15 Cette spécificité française est bien mise en évidence par les travaux proposant une comparaison avec le Québec : Anne Revillard, *La Cause des femmes dans l'État. Une comparaison France-Québec*, Presses universitaires de Grenoble, Grenoble, 2016 ; Émilie Biland, *Gouverner la vie privée*, *op. cit.*

16 Monique Wittig, *La Pensée straight,* Éditions Amsterdam, Paris, 2018 [1992] ; David Halperin, « The normalization of queer theory », *Journal of Homosexuality,* vol. 45, 2003.

17 Anne-Marie Devreux, « "Le droit, c'est moi". Formes contemporaines de la lutte des hommes contre les femmes dans le domaine du droit », *Nouvelles Questions féministes*, vol. 28, 2009, p. 36-51 ; Aurélie Fillod-Chabaud, « Dénonciation, régulation et réforme du droit de la famille par les groupes de pères séparés : ce que nous apprend la comparaison France-Québec », *Revue Femmes et Droit*, vol. 28, n° 2, 2016, p. 617-641 ; Édouard Leport, « Construire les hommes comme des victimes irresponsables », *GLAD !* (mis en ligne le 1er juillet 2018, consulté le 14 août 2019 : https://www.revue-glad.org/1048).

18 Pauline Delage, *Violences conjugales : du combat féministe à la cause publique*, Presses de Sciences Po, coll. « Domaine genre », Paris, 2017 ; Océane Pérona, « La difficile mise en œuvre d'une politique du genre par l'institution policière : le cas des viols conjugaux », *Champ pénal/Penal field*, vol. 14, 2017 ; Solenne Jouanneau et Anna Matteoli, « Les violences au sein du couple au prisme de la justice familiale », *art. cit.*

19 Bernard Lahire, *Tableaux de famille. Heurs et malheurs scolaires en milieu populaires*, Gallimard, Paris, 1995 ; Gaële Henri-Panabiere, *Des « héritiers » en échec scolaire*, La Dispute, Paris, 2010.

20 Pierre Bourdieu (dir.), *La Misère du monde*, Le Seuil, Paris, 1993, notamment p. 711-718.

21 Anaïs Collet, *Rester bourgeois. Les quartiers populaires, nouveaux chantiers de la distinction*, La Découverte, Paris, 2015.

22 Guy Desplanques, « La chance d'être aîné », *Économie et statistique*, n° 137, 1981, p. 53-56 ; Bernard Lahire, *Tableaux de famille*, *op. cit.* ; Wilfried Lignier, *La Petite Noblesse de l'intelligence. Une sociologie des enfants surdoués*, La Découverte, Paris, 2012.

23 Sylvie Cromer, Sandrine Dauphin et Delphine Naudier. « L'enfance, laboratoire du genre. Introduction », *Cahiers du Genre*, vol. 49, n° 2, 2010, p. 5-14 ; Muriel Darmon, *La Socialisation*, Armand Colin, Paris, 2016 ; Martine Court, *Sociologie des enfants*, La Découverte, Paris, 2017.

24 Stéphane Beaud, *80 % au bac… et après ? Les enfants de la démocratisation scolaire*, La Découverte, Paris, 2003.

25 Anne Revillard, Karine Lenpen, Laure Béréni, Alice Debauche et Emmanuelle Latour, « À la recherche d'une analyse féministe

du droit dans les écrits francophones », *Nouvelles Questions féministes*, vol. 28, 2009, p. 4-10 ; Anne-Marie DEVREUX et Coline CARDI, « Le genre et le droit : une co-production », *Cahiers du genre*, n° 57, 2014, p. 5-18 ; Stéphanie HENNETTE-VAUCHEZ, Marc PICHARD et Diane ROMAN (dir.), *La loi et le genre*, *op. cit.*

# Table des matières

CPI
FIRMIN-DIDOT
27650 Mesnil-sur-l'Estrée

Composition Facompo, Lisieux.
Achevé d'imprimer par CPI Firmin Didot
à Mesnil-sur-l'Estrée en janvier 2020.
Dépôt légal : février 2020
Numéro d'imprimeur : 156949
*Imprimé en France*